Radwanderführer Ostfriesland

Die schönsten Radtouren

- Rundtouren
- Streckentouren

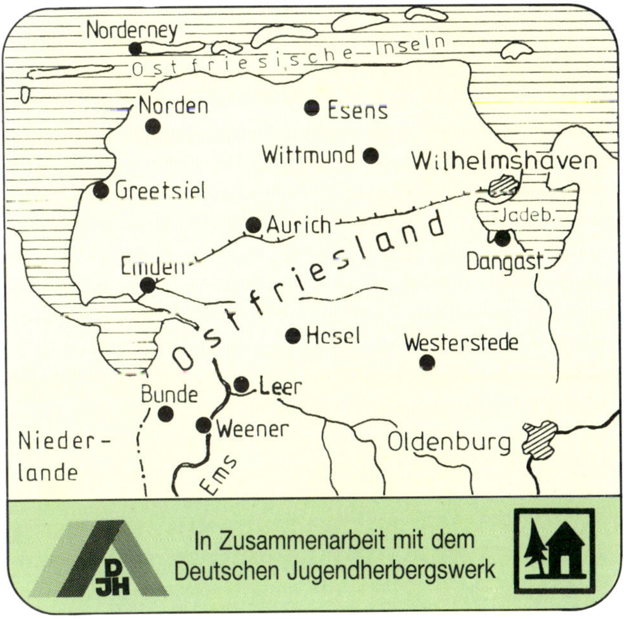

In Zusammenarbeit mit dem Deutschen Jugendherbergswerk

Kompass Radwanderführer

Radwanderführer Ostfriesland

Ausgewählt, abgeradelt
und beschrieben
von Ferdinand Dupuis-Panther
und Helmuth Weiß

Deutscher Wanderverlag
Dr. Mair & Schnabel & Co. · Stuttgart

wandern+
radwandern

Die große Wanderbuch-Reihe
für grenzenloses Wandern

Gesamte Kartographie:
Mairs Geographischer Verlag
(Generalkarte 1:200000,
Blatt 3/4)
Ausschnitte bearbeitet von
Ing.-Büro Adolf Benjes

Übersichtskarten: Adele Greschner

Umschlagbild:
Foto: Inselgemeinde Nordseebad Juist
und Bild auf Seite 2:
Pilsumer Leuchtturm
(*Foto:* Ferdinand Dupuis-Panther)

3., überarbeitete Auflage 1995

ISBN 3-8134-0270-3

Satz: Gerda Kaul, D-73240 Wendlingen
Druck: Druckhaus Vogel, D-70771 Leinfelden-Echterdingen
Printed in Germany

Gedruckt auf 100% chlorfrei gebleichtes Papier

Inhalt

Übersichtskarte 10
Orts- und Sachverzeichnis 12
Bilderverzeichnis 16
Zu diesem Buch 17
Ostfriesland, seine Landschaft, seine Leute 19
Verhalten im Straßenverkehr 212
Anschriftenverzeichnis, Jugendherbergen 214
Weitere Kompass Wander- und Radwanderführer 215

Wilhelmshaven und das Wangerland

Rundfahrten

Nr. Seite

1 Rund um Wilhelmshaven (24,7 km) 22
3 Rund um Hooksiel (13,2 km) 31
4 Hooksiel – Horumersiel – Hooksiel (16 km) 33
5 Hooksiel – Oldorf – Waddewarden – Hooksiel (20 km) . . . 35
6 Hooksiel – St. Joost – Wiarden – Minsen – Schillig – Horumersiel – Hooksiel (31 km) 37
7 Oldorf – Tettens – Ziallerns – Hohenkirchen – Oldorf (14 km) 40

Streckenfahrt

2 Wilhelmshaven – Burg Kniphausen – Fedderwarden – Hooksiel (29 km) 27

Vom Wangerland ins Jeverland

Streckenfahrt

8 Hooksiel – Oldorf – Sillenstede – Jever (48 km) 42

Im Varelland

Rundfahrten

9 Dangast – Ellernserdamm – Dangaster Moor – Dangast (19,4 bzw. 10 km) 47
10 Dangast – Varel – Dangast (17 km) 50

Die Friesische Wehde

Rundfahrten

11 Zetel – Bockhorn – Neuenburg – Zetel (16,7 km) 53
12 Zetel – Ruttelerfeld – Zetel (27 bzw. 17 km) 57

Zu Tour 27 **Rekonstruiertes Grassodenhaus aus der Zeit der Moorkolonisation in Moordorf** (Foto: Ferdinand Dupuis-Panther)

Im Jeverland

Rundfahrten

13 Sande – Schortens – Silland – Sande (13 km) 60
14 Sande – Dykhausen – Wasserschloß Gödens – Sande (11 km) 62
15 Sande (Ems-Jade-Kanal) – Wilhelmshaven – Accumersiel – Middelsfähr – Schaardeich – Mariensiel – Sande (30 km) 65
16 Sande – Neustadtgödens – Sande (28,5 km) 70
17 Mariensiel – Sande – Mariensiel (9 km) 74

Im Harlingerland

Rundfahrten

18 Neuharlingersiel – Carolinensiel – Wirdum – Neuharlingersiel (26 km) 76
19 Neuharlingersiel – Ostbense – Neuharlingersiel (17 km) 79
20 Neuharlingersiel – Bensersiel – Esens – Neuharlingersiel (24 km) 80
21 Bensersiel – Westerburer Polder – Bensersiel (13 km) 83
22 Bensersiel – Utgast – Esens – Oldendorfer Hammer – Bensersiel (14 km) 85
23 Esens – Thunum – Esens (11 km) 87
24 Esens – Ostbense – Bensersiel – Esens (14 km) 89
25 Esens – Holtgast – Esens (17,5 km) 90

Rund um die alte Residenz Aurich

Rundfahrten

26 Aurich – Ostgroßefehn – Westgroßefehn – Aurich (44 km) 92
27 Aurich – Großes Meer – Moordorf – Aurich (40 km) 97
28 Aurich – Ostfriesland Äquator – Aurich (15 km) 102
29 Auricher Mühlentour (10 km) 105
30 Aurich – Upstalsboorm – Aurich (10,5 km) 107

Streckenfahrt

31 Aurich – Ewiges Meer – Marienhafe (32,4 km) 109

Vom Brookmerland in die nördliche Krummhörn

Streckenfahrt

32 Marienhafe – Greetsiel (15 km) 114

Rundfahrten

33 Greetsiel – Pilsum – Manslagt – Pilsum – Greetsiel (22 km) 116
34 Greetsiel – Eilsum – Jennelt – Greetsiel (18 km) 121
35 Greetsiel – Visquard – Greetsiel (10,5 km) 124

Im Brookmerland

Rundfahrten

36 Osteel – Marienhafe – Osteel (22 km) 126
37 Osteel – Norden – Osteel (32 km) 129
38 Norden – Norddeich – Norden (22,5 km) 134
39 Norden – Ostermarsch – Neßmersiel – Dornum – Nesse – Hage – Norden (45 km) 138
40 Rund um Norderney (21,5 km) 144

Streckenfahrt

41 Dornum – Aurich (21,5 km) 148

Zwischen Großefehn und Uplengen

Streckenfahrt

42 Aurich – Hesel (22 km) 151

Rundfahrt

43 Hesel – Boekzeteler Meer – Hesel (21 km) 153

Emden und die südliche Krummhörn

Rundfahrten

44 Mit dem Fahrrad durch Emden (4,8 km) 156
45 Emden – Canum – Sielmönken – Freepsum – Hinte – Osterhusen – Suurhusen – Emden (33,5 km) 159
46 Emden – Larrelt – Twixlum – Campen – Loquard – Rysum – Wybelsum – Emden (41,7 km) 165
47 Emden – Petkum – Uphuser Meer – Uphusen – Emden (28 km) 171
48 Pewsum – Canum – Woltzeten – Heiselhusen – Campen – Upleward – Groothusen – Pewsum (24 km) 175

Rund um Leer

Rundfahrt

49 Leer-Loga – Stickhausen – Leer-Loga (30 km) 179

Im Rheiderland

Rundfahrten

50 Bunde – Bunderhee – Ditzumerverlaat – Ditzum – Ditzumerverlaat – Bunde (46 km) 183

51 Bunde – Wymeer – Stapelmoor – Weener – Holthusen – Bunde (30,5 km) 187

52 Bunde – Holtgaste – Jemgum – Critzum – Marienchor – Böhmerwold – Bunde (40 km) 192

Im Grenzland unterwegs

Rundfahrt

53 Bunde – Nieuweschans – Oudeschans – Bellingwolde – Bunde (36 km) 196

Zwischen Rheiderland und Westoverledingen

Rundfahrten

54 Weener – Diele – Stapelmoor – Weener (19,1 km) 202

55 Weener – Bingum – Weener (16,5 km) 204

56 Weener – Driever – Esklum – Folmhusen – Ihrhove – Weener (28 km) 206

In Rhauderfehn

Rundfahrt

57 Westrhauderfehn – Folmhusen – Westrhauderfehn (23 km) 209

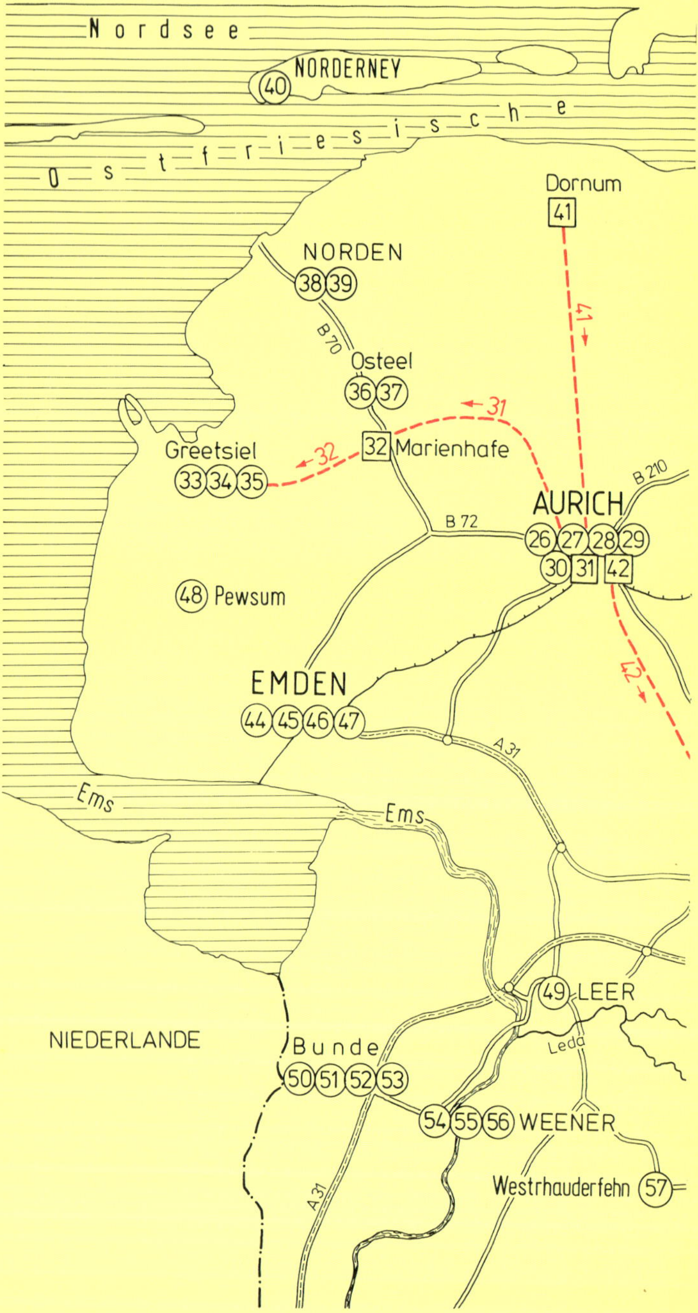

Nordsee
NORDERNEY
40
Ostfriesische
Dornum
41
NORDEN
38 39
B 70
Osteel
36 37
31
32
Marienhafe
Greetsiel
33 34 35
AURICH
B 210
B 72
26 27 28 29
30 31 42
48 Pewsum
EMDEN
44 45 46 47
A 31
Ems
Ems
49 LEER
Leda
NIEDERLANDE
Bunde
50 51 52 53
54 55 56 WEENER
Westrhauderfehn 57
A 31

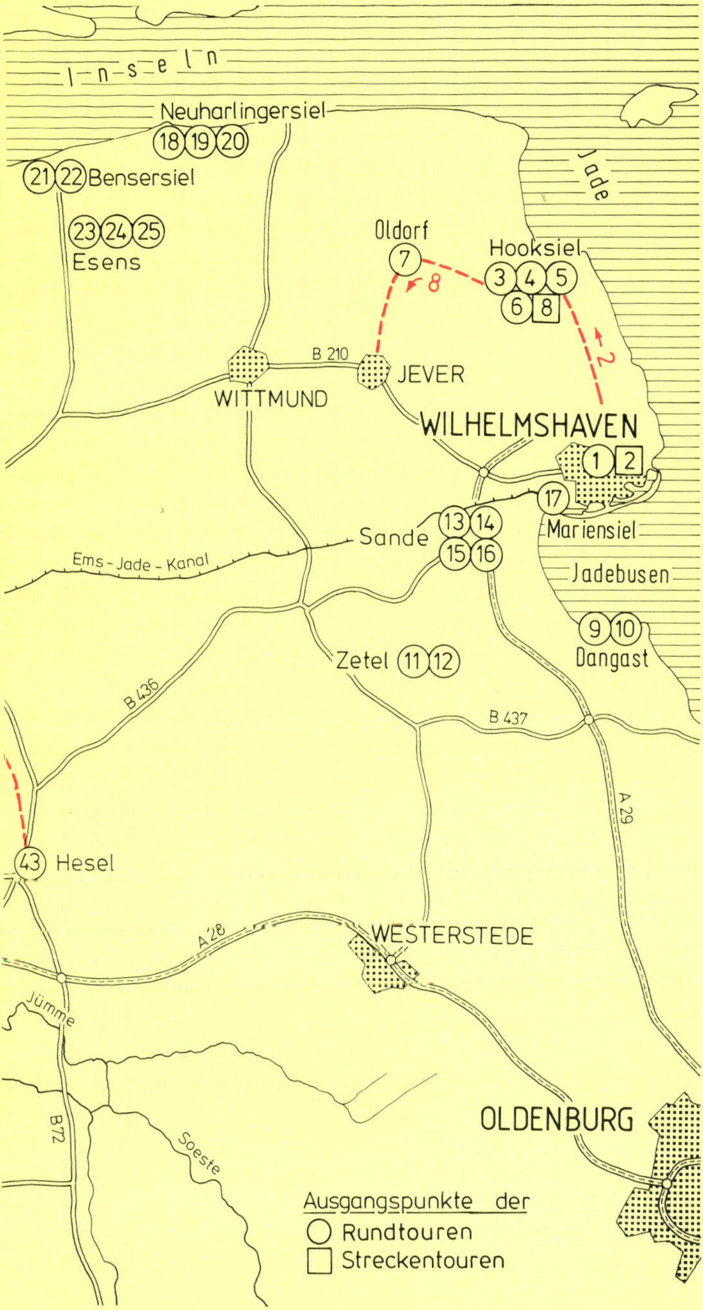
I n s e l n
Neuharlingersiel
18 19 20
21 22 Bensersiel
23 24 25
Esens
Jade
Oldorf
7
8
Hooksiel
3 4 5
6 8
2
B 210
JEVER
WITTMUND
WILHELMSHAVEN
1 2
17
13 14
Sande
15 16
Mariensiel
Ems - Jade - Kanal
Jadebusen
9 10
Dangast
Zetel 11 12
B 436
B 437
A 29
43 Hesel
A 28
WESTERSTEDE
Jümme
B 72
Soeste
OLDENBURG
Ausgangspunkte der
Rundtouren
Streckentouren

Orts- und Sachverzeichnis

Mit Nummern-Angaben der betreffenden Fahrten;
schräg-gedruckte Zahlen weisen auf Kurzbeschreibung im Text hin.

Aaltukerei 50
Abelitz-Moordorf-Kanal *27*
Altenhof 17
Altfunnixsiel *18*
Amdorf *49*
Appingen 35
Athensche Mühle 52
Aurich *26, 27,* 28, 29, 30, 31, 41, 42

Bagband 42
Bagbander Mühle 42
Bellingwold *53*
Beningafehn 43
Bensersiel 20, *21,* 22, 24
Berumerfehn 31
Berumerfehnkanal 31
Bingum *55*
Bismarckdenkmal 37, 38
Bockhorn 11
Bockwindmühle *39*
Boetzetelerfehn *43*
Boetzeteler Meer *43*
Boen *51*
Bohlenbergen 12
Bohlenbergerfeld 12
Böhmerwold 50, 52
Bonneschans 53
Bontekai 2, 15
Borßum 47
Borßumer Kanal 47
Bredderwarden 2
Bunde *50,* 51, 52, 53
Bunderdeich 32
Bunderhee *50*
Bunderneuland 53
Burg Hinte 45
–, Kniphausen *2*
–, Stickhausen 49

Cäciliengroden 16
Campen *46,* 48
Campener Leuchtturm *46*
Canum *45,* 48
Carolinensiel 18
Critzum 52

Dangast *9,* 10
Dangaster Moor 9
Degentief 32
Deichmühle 37, 39
Diele *54*
Ditzum *50*
Ditzumerhammrich 50
Ditzumerverlaat 50
Dornum *39,* 41
Dornumer Bockwindmühle 41
Dornumer Schloß 29
Dornumersiel 21
Driever *56*
Dykhausen 14
Dyksterhusen 50

Ebkeriege 15
Eggelingen 8
Eilsum *34*
Ellenserdamm 9
Ellenserdammersiel 9
Emden *44,* 45, 46, 47
Ems-Jade-Kanal 14, *15,* 16, 17, 27, 29, 30, 42, 47
Ems-Jade-Wanderweg 2, 14, 15, 17, 47
Esens 20, 22, *23,* 24, 25
Esklum *56*
Evenburg *49*
Ewiges Meer *31*
Extum 30

Falderdelft 44
Fedderwarden 2
Fehnmuseum Eiland *26*
Ferstenborgum 55
Folmhusen 56, *57*
Förrien 6
Förriesdorf 8
Frau-Johanna-Mühle 44
Freepsum 45

Radler (Foto: Ferdinand Dupuis-Panther)

Fridericussiel *37*
Friesenborgsche Mühle 32
Friesendamm 1

Geniusdeich 1
Georgswall 26, 30
Glansdorf *57*
Greetsiel *32*, 33, 34, 35
Greetsieler Zwillingsmühlen *33*, 34
Grenzübergang Dünebroek 53
Grohpolderdeich 40
Groote Gracht 46
Groothusen *48*
Groothuser Marwe 46
Groß Midlum 45
Groß Ostiem 13
Großefehn *26*
Großefehnkanal 42
Großes Meer *27*
Großheide-Südcoldinne *31*
Groß Holum 19, 20

Haddien 5
Hage *39*
Hamswehrum 48
Haneburg *49*
Hartward 19
Hatzumerfehn 50
Hebrighausen 14
Heidmühle 13
Heiselhusen *48*
Hesel *42*, 43
Hinte *45*
Hohenkirchen *7*
Hohentiefersiel 6
Holtgast 25
Holtgaste 52
Holthusen 51
Holtrop *26*
Hookmeer Naturschutzgebiet 3
Hooksiel *2*, *3*, 4, 5, 6, 8
Horsten 12
Horumersiel *1*, 6
Huisinga-Windmühle 50

Ihlowerhörn 26
Ihrhove 56, *57*
Irenehof 13

Jemgum *52*
Jemgumgaste 52
Jennelt *34*
Jever *8*
Jheringsfehn 43

Kaiser-Wilhelm-Denkmal 40
Kaiserhof 4, 6
Kammerschleuse 51
Kellingwold 50
Kesselschleuse *47*
Kiefeld 43
Kirchborgum 55
Klein Schweinebrück 11
Kopperhörner Mühle 2, 15
Koppersand 46
Krummhörn *33*
Kunsthalle Emden 44, 45, 46
Küstersmaat 6

Lambertshof 27
Larrelt *46*
Leer *49*
Leezdorf 31
Leybogen 46
Leybuchtpolder 32
Leylecker Hörn 15, 17
Leysand 46
Linteler Marsch 39
Loga *49*
Loquard *46*
Lübbertsfehn 26
Lütetsburg *39*
Lütgeland *18*
Lütetsburger Polder *39*

Maade 15
Manslagt *33*
Margens 20
Marienchor *50*, 52
Marienhafe 31, 32, *36*
Mariensiel 15, *17*
Marschhausen 14
Middelsfähr 15
Middelstenborgum 55
Midlum *52*
Minsen 6
Mittegroßefehn 42
Möhlenwarf *52*
Moordorf *27*
Mövensteeg 46
Mühlenlohne 46

Nationalpark Haus Dangast *9*
Nesse *39*
Nesseburg 54
Neßmergrode 39
Neßmersiel 39
Nettelburg 49
Neu Barstede 27
Neu Wiegboldsbur 27
Neuefehn 43
Neuburg 49
Neuenburg *11*
Neuenburger Urwald *11*
Neufunnixsiel 18
Neuharlingersiel 18, 19, *20*
Neustadtgödens 16
Nieuweschans 53
Nobiskrug 23
Norddeich *38*
Norden *37*, 38, 39
Norderaltendeich 6
Norderney *40*
Nordgeorgsfehnkanal *49*

Oberahmer Mühle 16
Oesterdeich 7
Oldenburger Damm 15, 17
Oldendorfer Hammer 22
Oldendorp 50
Oldendorper Hammrich 50
Oldorfer Warf 8
Oldorf *5*, 7, 8
Ossie-Äquator *28*, 33
Ostbense 19, 24
Osterhörn 47
Osterhusen 45
Ostermarsch *39*
Ostfriesland-Äquator *28*
Ostfrieslandwanderweg 26, 28, 29, *57*
Ostgroßefehn *26*
Ostseel *36*, 37
Osteeler Altendeich 36
Oudeschans *53*

Petershörn 9
Petershörnsiel 9
Petkum *47*
Pewsum 48
Pferdehof Rieken 18

Pilsum *33*
Pilsumer Leuchtturm 33
Pogum 50
Ponyhof Albers 19
Prinz-Adalbert-Denkmal 15

Raher Schleuse 27
Rahe 30
Ralenbüschen 10
Ratjebogen 46
Ratsdelft 44, 47
Rhaudermoor 57
Robert-Koch-Haus 15
Rüstringer Berg 1
Rutteler Mühle 12
Ruttelerfeld 12
Rysum *46*

Sande *13,* 14, 15, 16, 17
Sander See 13
Sandergroden 16
Sanderahm 16
Sandhorst 41
Sauteler Tief 43
Schaardeich 15
Schafdeich 21
Schafdeich Constantia 46
Schafhauser Wald 25
Schillig 6
Schirumer Leegmoor 26
Schloß Alt Marienhausen *15*
Schloß Neuenburg 11
Schmidtshörn 4, 6, 8
Schöpfwerk Collingwolde 56
–, Normoor 49
–, Stapelmoor 54
Schortens *13*
Schonorther Sommerpolder 32
Schottsche Mühle 36
Schweinebrücker Fuhrenkämpe 12
Sengwarden 2
Seriemer Mühle *18*
Siebetsburg 15
Sielhafenmuseum *18*
Sielmönken *45*
Silland 13
Sillenstede *8*
Soltborg 52
Spetzerfehnkanal 42
St. Georgiwold 52
St. Joost *6*
St. Jooster Groden 6
–, Mühle 5, 8
Stapelmoor *51,* 54
Steensche Mühle *29*

Am Deich (Foto: Ferdinand Dupuis-Panther)

Steinhausersiel 9
Stickhausen 49
Stiftsmühle *29*
Stumpens 6
Süderneuland 37
Suurhusen *45*

Tannenhausen 31, 41
Tettens *7*
Theene 27
Thunum 23
Trecktief 45
Twixlum 46

Ulbargen 42
Up Diek 27
Upgant-Schott 31, 36
Uphusen *47*
Uphuser Meer 47
Upleward *48*
Upstalboorm *30*
Urwald Bockhorn 11
Utgast 22
Uthwerdum 27
Utlandshörn 38
Uttumer Tief 34

Varel *10*
Victorburer Moor 27
Visquard *35*
Vosbergsche Mühle *29*
Voslapper Schullandheim 12

Waddewarden *5*
Waddewarder Hof 8
Wasserschloß Gödens *14*
Wasserschöpfmühle 16
Weener *51*, 54, 55, 56
Weenermoor 52
Weerdascher Mühle 39
Werdum *18*
Werfttor 15
West Victorbur 27
Westeraccumersiel *21*
Westerburer Polder 21
Westerende Holzloog 27
Westerhusen 45
Westermarsch 38
Westgaster Mühle 38
Westgroßefehn *26*
Westrhauderfehn *57*
Westrum 8
Wiarden *6*
Wiardergroden 6
Wichers Mühle 54
Wiegboldsbur 27
Wiefels 8
Wilhelmshaven *1*, 2, 15
Wirdum 36
Witte Molen 53
Woltzeten 46, *48*
Woquard 48
Wrisse 26
Wüppelser Groden 6
Wybelsum *46*
Wymeer *51*

Zetel *11*, 12
Ziallerns *7*
Zissenhausen 8

Bilderverzeichnis

Pilsumer Leuchtturm 2
Grassodenhaus 6
Radler 13
Am Deich 15
Ems-Jade-Kanal 19
JH Wilhelmshaven 23
Wilhelmshaven 25
Burg Kniphausen 29
Hooksiel 35
JH Ruttelerfeld 53
Neuenburger Schloß 55
Magnuskirche, Sande 61
Ems-Jade-Kanal 63
Schloß Alt Marienhausen 67
Neustadtgödens 71
JH Carolinensiel 77
Neues Schloß Aurich 93
Moordorf 101
Ostfriesland-Äquator 103
Dornum, Schloß 107
Hafen Greetsiel 117
Greetsiel 119
Radfahrer 123
Greetsieler Zwillingsmühlen 127
Theelkammer Norden 133
Norden 135
Windmühlen 137
Dornum, 143
JH Norderney 145
Bockwindmühle in Dornum 150
JH Emden 155
Emden 161
Friedrich Wilhelm, Standbild 168
Campen 170
Pewsum, Burg 177
Radler 178
Weener 187
Radfahrer 191
Nieuweschans 195
Oudeschans 199
Nieuweschans 201

Zu diesem Buch

Ostfriesland, das Land am Meer, flach wie ein grünes Brett, verborgen hinter Deichen, über die nur die roten Dächer der Häuser hinwegragen, ist geprägt durch die Marsch, eingepolderten, dem Meer abgerungenen Flächen, die landwirtschaftlich genutzt werden, einige Hochmoore, die unter Naturschutz gestellt sind, und in der Friesischen Wehde durch einen Geestrücken, auf dem der Urwald von Neuenburg-Bockhorn steht. Nicht die Höhenunterschiede machen beim Radwandern zu schaffen, sondern der Wind, der zumeist aus der »falschen« Richtung weht.

Angezogen werden wir nicht nur durch die Sakralbauten im Wangerland, den trutzigen Fluchtkirchen, sondern auch durch die Kunst der Orgelbauer in der Krummhörn, die Kunstschätze der Henri-Nannen-Stiftung in Emden und die über das Land verteilten Galerieholländermühlen.

Zumeist wird von uns detektivischer Spürsinn verlangt, wenn wir die Kirchenschätze Ostfrieslands bewundern wollen. Häufig sind die evangelisch-reformierten Kirchen verschlossen. Nur an wenigen Kirchentüren entdecken wir einen Hinweis auf den Küster oder den Pfarrer, bei dem wir nach dem Schlüssel fragen können. Ausnahmen sind die Kirche zu Petkum und zu Bunde, aber auch die St.-Bartholomäus-Kirche in Dornum, die Ludgeri-Kirche zu Norden, die St.-Georg-Kirche in Weener sowie die Garnisonskirche in Nieuweschans.

Die von uns ausgewählten Touren haben Herr Helmuth Weiß und ich alleine abgeradelt. Die Touren rund um Aurich, Norden, Greetsiel, Emden, Leer, Bunde und Weener habe ich gemeinsam mit meinem Schwiegervater und meiner Frau unternommen. Wir haben mit kleineren Touren begonnen und uns dann an die längeren »gewagt«. Im Vordergrund stand dabei, Touren auszuwählen, die für jedermann geeignet sind. Auch mein 67jähriger Schwiegervater hat Tagestouren, die langer als vierzig Kilometer waren, mühelos bewältigt.

Die ausgewählten Rundtouren sind um einige wenige Streckentouren wie die zwischen Dornum und Aurich oder Wilhelmshaven und Hooksiel ergänzt worden. In erster Linie haben wir jedoch Touren von einem Standquartier aus abgeradelt und in diesem Radwanderbuch vorgestellt. Wir beginnen mit unseren Touren im Wangerland und beenden unseren Radwanderurlaub im Rheiderland und in Westoverledingen nahe der deutsch-niederländischen Grenze.

Die Touren 10 und 18 bis 24 hat Herr Helmuth Weiß abgeradelt und beschrieben.

Die Kilometerangaben im Text sind mit Hilfe eines Analogtachometers ermittelt worden. Sie sind jeweils anhand der Karten nochmals überprüft worden. Meßungenauigkeiten gegenüber Digitaltachometern sind dabei nicht ausgeschlossen.

Die angegebenen Fahrzeiten sollen nur zur groben Orientierung dienen. Je nach körperlicher Verfassung und Witterungsbedingungen können mal weniger und mal mehr Kilometer in einer Stunde zurückgelegt werden. Nach unseren Erfahrungen können mühelos zehn Kilometer in der Stunde geradelt werden, ohne sich dabei körperlich vollständig zu verausgaben.

Höhenunterschiede in einer von Marsch und Poldern bestimmten Landschaft, die mühsam dem Meer abgerungen worden ist, sind selten und daher zu vernachlässigen. Ostfriesland ist nicht nur flach, bisweilen liegt es sogar wie bei Freepsum und Ditzumerverlaat unter dem Meeresspiegel.

Trotz der Sorgfalt, die wir auf die Recherche für dieses Buch gelegt haben, ist nicht auszuschließen, daß sich die Verhältnisse vor Ort geändert haben, wenn Sie mit dem Rad unterwegs sind. Insbesondere veränderte Radwegeführung, Erneuerung und Neuanlage von Radwegen und Instandsetzungsarbeiten an Sielen sind nicht vorhersehbar. Auch die Beschaffenheit der von uns zumeist befahrenen landwirtschaftlichen Nutzwege, die häufig mit Verbundsteinen oder Wegeplatten gepflastert sind, kann sich im Laufe der Zeit ändern. Hier sind es vor allem die Verwerfungen, die das Radfahren zu einem Hindernisrennen werden lassen. Soweit uns Informationen über die Wegebeschaffenheit wichtig erschienen, sind sie im Text aufgenommen worden.

Wer mit dem eigenen Fahrrad anreisen möchte, sollte wissen, daß eine Mitnahme von Rädern in den Bussen nicht möglich ist.

Für Anregungen und Ergänzungen sind wir dem aufmerksamen Leser und begeisterten Radwanderer überaus dankbar.

Wer nicht nur Sonnenschein erwartet, wenn er mit dem Rad entlang der Nordseeküste unterwegs ist, entdeckt mit Sicherheit den Liebreiz der Landschaft, vor allem aber die Kunstschätze und Sehenswürdigkeiten, von denen einige aus der Zeit ostfriesischer Häuptlingsgeschlechter stammen.

Weitere Informationen über Unterkünfte, Fahrradverleih, Öffnungszeiten von Museen und die Anschriften der jeweiligen Fremdenverkehrsvereine in Ostfriesland erhalten Sie beim Fremdenverkehrsverband Nordsee – Niedersachsen – Bremen e.V. (Bahnhofstr. 19–20, Postfach 1820, D-26008 Oldenburg).

Wir wünschen allen viel Spaß bei Wind und Wetter, mit und ohne gelben Ostfriesennerz.

Ferdinand Dupuis-Panther/Helmuth Weiß

Ostfriesland – seine Landschaft, seine Leute

Ostfriesland liegt zwischen dem 53. und 54. Breitengrad im Nordwesten des Bundeslandes Niedersachsen. Der Dollart und die Ems im Westen sowie der Jadebusen bei Wilhelmshaven im Osten sind die natürlichen Grenzen dieser Region, die im Süden vom Oldenburger Land und Emsland begrenzt wird.

Die Marsch, Hoch- und Niederungsmoore und die Geest, aber auch das Watt und die Dünen prägen die Landschaft Ostfrieslands.

Menschen haben über Jahrhunderte hinweg dem Meer mit Hilfe von Sielen und Deichen Land abgetrotzt und so fruchtbares Schwemmland, die Marsch, vor den Gezeiten geschützt. Dieses zähe Ringen um Neu- und Ackerland hat sich in Ortsnamen wie Altendeich, Bordumer Oberdeich, Greetsiel, Neufunnixsiel und Friedrichsgroden niedergeschlagen. Siedlungen konnten in der Marsch zunächst nur auf einer Wurt oder Warf angelegt werden, da sie zu Zeiten entstanden, als die Eindeichung erst langsam begann.

Die Hochmoore entstanden während der Nacheiszeit in Gegenden mit Wasserüberschuß. Sie verdanken ihre Entstehung abgestorbenen Pflanzenteilen, die sich nicht restlos zersetzten, sondern sich ansammelten und unter Luftabschluß chemisch in Torf umgewandelt wurden. Hochmoore werden von einem Tep-

Zu Tour 14–17, 27, 29, 30, 42, 47 **Ems-Jade-Kanal**
(Foto: Ferdinand Dupuis-Panther)

pich aus Torfmoosen überzogen. Nur wenige Zwergsträucher und schmalblättrige Riedgräser finden wir hier.

Neben Torfmoos gedeihen hier der Sonnentau, der auf tierische Kost »eingestellt« ist, die Moosbeere und die vom Aussterben bedrohte Blumenbinse. Im Randbereich des lebendigen Hochmoores finden wir den Gagelstrauch und die Moorlilie. Hier sehen wir, wenn auch selten, den Großen Brachvogel, die Kreuzotter und den Moorfrosch.

Durch die Moorkolonisation, die Besiedlung des Moores wie in den Fehndörfern von Rhauderfehn und Großefehn, durch die Trockenlegung mit Hilfe von Entwässerungskanälen, den Wieken, sowie durch den intensiven auch industriellen Torfabbau sind nur noch wenige lebendige Hochmoore erhalten geblieben. Zugänglich sind zum Beispiel Teile des Herren- und des Spolsener Moores bei Zetel und die Bockhorner Jührde bei Bockhorn.

Neben den Hochmooren finden wir Niederungsmoore, die aufgrund von Gewässerverlandungen entstanden sind. Diese Gebiete sind heute weite Wiesengebiete, die Meeden, wie unweit des Großen Meeres südwestlich von Aurich.

Die Geest ist die sandige eiszeitliche Aufschüttungslandschaft, wie wir sie unter anderem in der Friesischen Wehde finden. Siedlungen der Geest sind die sogenannten »Gastdörfer« wie Holtgaste und Ostergaste. Für die Geest sind die Wallhekken mit ihrem Bestand an Eichen, Birken und Buchen, aber auch an Rot- und Sanddorn charakteristisch.

Durch die Einrichtung des Nationalparks Niedersächsisches Wattenmeer soll nicht nur das »biologische Kraftwerk« Watt geschützt werden, sondern vor allem der aus Sand-, Schlick- und Grünflächen bestehende Lebensraum der Seehunde, aber vor allem der Wattvögel wie der Säbelschnäbler, der Rotschenkel, Austernfischer und Regenpfeifer erhalten werden.

Etwa neun Millionen Vögel fallen jährlich in Ostfriesland ein, um auf ihrem Flug gen Süden einen Zwischenstop einzulegen. Weißwangen- und Ringelgänse überwintern gar an der ostfriesischen Nordseeküste.

Für die dem Festland vorgelagerten Inseln sind die ausgedehnten Dünen typisch.

Obgleich unter Schutz gestellt, ist das Wattenmeer bedauerlicherweise in seinem Bestand durch den Massentourismus, Militärübungen, vor allem aber durch die Industrieansiedlungen und die Umweltverschmutzung der großen Flußsysteme Weser und Ems sowie der Nordsee gefährdet.

Wer sich vor und während seines Ostfriesland-Urlaubs näher mit dem Wattenmeer beschäftigen möchte, wendet sich an die

Nationalparkverwaltung Niedersächsisches Wattenmeer (Virchowstraße 1, D-26382 Wilhelmshaven). Auf den in diesem Radwanderführer vorgeschlagenen Touren von Hooksiel nach Horumersiel, auf Norderney und rund um Dangast kommen wir auch an regionalen Nationalparkhäusern vorbei, deren Besuch sich lohnt.

Da alles Wissenswertes aus der Geschichte Ostfrieslands und über die Sehenswürdigkeiten in den einzelnen Tourenbeschreibungen nachzulesen ist, möchte ich an dieser Stelle nur die prächtigen Orgeln und Orgelprospekte Ostfrieslands als Besonderheit hervorheben. Also unterbrechen Sie hin und wieder ihre Radtour für einen Besuch der Kirchen mit ihren Kunstschätzen.

Gespöttelt und gewitzelt wurde viel über die Ostfriesen, weniger über den Spaßmacher Otto, der aus Emden stammt, sondern über all die anderen Bewohner der Waterkant. Stur und dickköpfig sollen sie sein, aber auch rebellisch. Hatten sie sich nicht einst mit den Vitalienbrüdern um Störtebeker gegen die Hamburger verschworen? Gab es nicht in Ostfriesland genossenschaftliche Ständeorganisationen zu einer Zeit, als die Macht der absoluten Herrscher nicht hinterfragt werden durfte?

Auch diesem Teil der Geschichte werden wir bei unseren Radtouren auf die Spur kommen.

Auf unseren Touren werden wir dann auch hautnah erleben, was es mit dem Boßeln, diesem ostfriesischen Volkssport auf sich hat. Schon während der ersten Tage werden uns die Markierungen auf den kleinen Nebenstraßen, die wir befahren, auffallen. Besonders an den Wochenenden zwischen September und März tummeln sich Dutzende von Ostfriesen bei Wind und Wetter auf der Straße, ziehen mit Boßelkugeln aus Holz und Vollgummi von Markierung zu Markierung, holen mit dem Boßelsucher »verirrte« Kugeln aus den Gräben, nehmen Anlauf, um die Kugel möglichst weit zu werfen und beteiligen sich am sportlichen Wettkampf. Tausende von Ostfriesen sind zum Boßeln in Vereinen organisiert.

Wer nicht von der Waterkant kommt, sondern aus anderen Teilen Deutschlands, wird sich auch erst einmal an den anderen Zungenschlag gewöhnen müssen. Im Nordwestzipfel Deutschlands wird zumeist Plattdeutsch geredet, aber auch hier gibt es gegen den »Dörst een Beer am Avend«, geht so mancher am »Fieravend an Diek« spazieren. Na, dann wünschen wir uns doch ein wenig »Sünnschien« (Sonnenschein) und keinen »Schuur« (Schauer), wenn wir mit dem Rad zwischen Geest und Watt unterwegs sind.

1 Rund um Wilhelmshaven

Verkehrsmöglichkeiten Von der BAB 28 aus Bremen und BAB 29 aus Oldenburg kommend, am Abzweig Wilhelmshavener Kreuz auf die Bundesstraße 210, dann über die Bismarckstraße und den Mühlenweg oder vom Abzweig Fedderwarden in Richtung Innenstadt über die Langewerther Landstraße, Schaareihe, Bismarckstraße und den Mühlenweg. Bundesbahnverbindungen bestehen auf den Strecken Hannover – Bremen – Oldenburg – Wilhelmshaven und Münster – Oldenburg – Wilhelmshaven. Innerstädtische Buslinien führen vom ZOB Hauptbahnhof zum Mühlenweg (kein Fahrradtransport).
Parkmöglichkeiten Im Mühlenweg.
Tourenlänge 24,7 Kilometer.
Fahrzeit 2½ bis 3 Stunden.
Höhenunterschiede Zu vernachlässigen.
Karten 1:50000 L 2514 Wilhelmshaven, L 2314 Hooksiel; 1:200000 Generalkarte, Blatt 3/4.
Wissenswertes Gegründet wurde die Stadt *Wilhelmshaven* aufgrund preußischer Initiative zwischen den Dörfern Heppens und Neuende. König Wilhelm I. veranlaßte zwischen 1856 und 1869 die Anlage eines Kriegshafens. 1919 wurden die oldenburgischen Dörfer zur Stadt Rüstringen zusammengefaßt, die heute Teil von Wilhelmshaven ist. In Wilhelmshaven befand sich einst eine Burg des Edo Wiemken d. Ä., die Sibetsburg von 1383. Der fünf Meter hohe Burghügel und das Gelände der Vorburg sind noch erhalten geblieben, obgleich seit dem 17. Jahrhundert auf dem Burggelände eine Grünanlage entstanden ist.

Das Rathaus aus dem Jahr 1929 wurde von Fritz Höger geschaffen. Es ist ein langgestreckter Klinkerbau mit Mittelturm, der 49 Meter hoch ist und als Wasserreservoir genutzt wird. Der Högersche Entwurf entspricht dem damaligen Zeitgeschmack des Expressionismus und der Neuen Sachlichkeit.

Das Robert-Koch-Haus in der Nähe des Bahnhofs ist ein Neo-Renaissance-Bau, heute Gesundheitsamt. Beachtenswert ist das Glockenspiel. Im ehemaligen Fort Rüstersiel befindet sich das Institut für Vogelkunde mit Ausstellungen über das Vogelleben. Nicht nur die Plastiken der preußischen Herrscher, sondern auch die Kaiser-Wilhelm-Brücke von 1906/7, vom bekannten Hafenbaumeister Ernst Troschel entworfen, erinnert an Preußens Gloria. Wilhelmshaven als Marinestützpunkt ist nicht nur durch die Anlagen der Bundesmarine gegenwärtig, sondern auch durch die Christus- und Garnisonskirche, eine neugotische

Zu Tour 1, 2, 15 **Jugendherberge Wilhelmshaven**
(Foto: Deutsches Jugendherbergswerk)

Kreuzkirche, von 1869 bis 1872 entstanden. Sie diente ursprünglich der evangelischen Marine- und Zivilgemeinde als Gotteshaus. Im Hafenbereich entlang der Uferpromenade sind einige Industriedenkmäler wie das Dampflok-Denkmal am Bontekai, eine Dampflok 44606, zu sehen. Hier liegt das Weser-Feuerschiff »Norderney«, ein ehemaliges Segelschiff, das zum Feuerschiff umgebaut wurde. Unweit davon die »Kapitän Meyer«, ein dampfbetriebener Seetonnenausleger aus Tönning, der bis 1983 in Betrieb war. Preußische Spuren sind das Prinz-Adalbert-Denkmal in Erinnerung an Prinz Adalbert, den ersten Admiral der preußischen Marine. Der Entwurf stammt von Karl Schuler. Nahebei das Werfttor I, ein Haupttor zur früheren Kaiserlichen Werft. Im Torbogen ist ein Briefkasten mit Aufschrift »Kaiserliche Werft« zu sehen.

Die Kopperhörner Mühle, einst Bockwindmühle, nun Galerieholländer seit 1839, befindet sich im Mühlenweg nicht weit vom Högerschen Rathaus am Berliner Platz.

Die Jade-Windenergie-Wilhelmshaven GmbH betreibt den ersten Großwindpark Deutschlands. Im Einsatz befinden sich Windenergiekonverter des Typs Monopteros 50.

Geniusbank und Geniusdeich entstanden 1939 bis 1941 durch Eindeichung und Landgewinnung. Am Jadebusen liegt auch der Rüstringer Berg, 13,2 Meter hoch und die höchste Erhebung der Stadt. Ein Küstenmuseum bietet Ausstellungen über die Entwicklung der Nordseeküste, über Schiffahrts- und Stadtgeschichte.

Tourenbeschreibung Wir beginnen unsere Tour am *Mühlenweg/Göker Straße* und fahren auf dem Radweg stadtauswärts zum Heppenser Groden. Nach sechshundert Metern gelangen wir an die *Heinrichstraße* und dann an die *Rudolfstraße.* Über die *Einigungsstraße* hinwegfahrend, gelangen wir nach etwa einem Kilometer an die *Norderneystraße,* in die wir nach rechts einbiegen. Nach wie vor benutzen wir den Radweg. Wir passieren die Heppenser Straße und den Halligenweg, fahren dann rechts in die *Helgolandstraße* und benutzen dort den Fuß- und Radweg. Wir setzen die Fahrt über *Borkumer Straße* und *Alter Deichsweg* zum *Friesendamm* fort. In den Friesendamm fahren wir nach links hinein. Wir radeln zunächst links und dann rechts auf einem Fuß- und Radweg, der asphaltiert ist. Entlang der Straße mit Binsen und Riedgras bewachsene Entwässerungsgräben.

Bis zum Abzweig auf den Friesendamm sind es vom Ausgangspunkt der Tour etwa zwei Kilometer. Die erste Querstraße nach links endet am Gelände der Bundesmarine (Militärische Sicherheitszone!). Wir fahren an der Abzweigung Ölhafendamm

Zu Tour 1, 2, 15 **Das Rathaus Wilhelmshaven wurde 1929 von Fritz Höger geschaffen** (Foto: Ferdinand Dupuis-Panther)

vorbei weiter geradeaus. Am Bürgerwald vorbei folgen wir der Straßenverschwenkung bis zur Maade. Dreieinhalb Kilometer vom Ölhafendamm entfernt kommen wir an der Maade und dem Abzweig zum Kraftwerk an. Wir fahren auf gleichem Weg ein Stück in Richtung Wilhelmshaven zurück. An einem kleinen Pfad, der rechts auf einen Deich zuläuft, biegen wir ein und fahren dann zum Deich. Dort angelangt, biegen wir nach rechts ab. Unterhalb des Deiches stehen neue Einfamilienhäuser. Auf der beplatteten Deichkrone fahren wir an einem halblinks gelegenen Sportplatz vorbei zur *Maade* (nördliche Richtung). Werktags ist das Radfahren auf dem Deich frei, ansonsten haben Fußgänger den Deich für sich. Am Deichende fahren wir links ab und an der Maade entlang Richtung Neuengrodendeich. Die Brücke an der *Rüstersieler Straße* passieren wir, um dann rechts hinter der Brücke abzubiegen. Wir kommen dabei am Hotel »Zur Schönen Aussicht«, am Bootshafen an der Maade und am Hotelparkplatz vorbei und folgen der linken Verschwenkung des Weges. Wir setzen unsere Fahrt auf dem Deich in Richtung Voslapp fort. Neuneinhalb Kilometer von unserem Ausgangspunkt entfernt stoßen wir auf den Abzweig nach Voslapp nach einem weiteren Kilometer auf den Abzweig Flutstraße und Geniusbank mit dem Hinweis auf den Campingplatz.

Nachdem wir unter zwei Brücken hindurchgefahren sind, biegen wir nach rechts auf den *Geniusdeich* ab; linker Hand befindet sich unterhalb des Deiches eine Schule (Tiarkstraße). Den Abzweig zum Geniusdeich haben wir nach einer Fahrt von etwa zwölf Kilometern erreicht. Nach einem weiteren Kilometer sind wir am Campingplatz angelangt, ehe wir dann nach einem weiteren Kilometer an den Außendeich und die *Niedersachsenbrücke* gelangen. Dort biegen wir nach rechts ab und fahren in Richtung Kraftwerk.

Am Außendeich befinden sich Informationstafeln zur Kühlwassereinleitung für den Betrieb des Kraftwerks. Sechshundert Meter hinter dieser Informationstafel befindet sich an der Maade beim *Maadesiel* das Kraftwerk der Preußen Elektra. Der 275 Meter hohe Schornstein ist schon aus der Ferne sichtbar.

Wir fahren am Kraftwerk vorbei und lassen die Maade und das Siel links liegen. So kommen wir zur Klappbrücke über die Maade. Dort fahren wir nach links und dann wieder nach links in den *Neuen Seedeich* bis zum Außendeich, wo wir rechts abbiegen und dadurch am Ölhafen mit seinen Tanks vorbeikommen. Geradeausfahrend stoßen wir auf den *Rüstringer Berg*. An ihm vorbei fahren wir bis zum Ende des Öltanklagers, dann links ab und am Straßenende nach rechts in Richtung Friesendamm. Dort angekommen, biegen wir nach links ab und befahren anschließend den *Friesendamm,* um zum Ausgangspunkt unserer Tour zurückzufahren.

2 Wilhelmshaven – Burg Kniphausen – Fedderwarden – Bredderwarden – Sengwarden – Hooksiel

Verkehrsmöglichkeiten Von der BAB 28 aus Bremen und BAB 29 aus Oldenburg kommend, vom Abzweig Wilhelmshavener Kreuz auf die Bundesstraße 210, dann über die Bismarckstraße und den Mühlenweg oder vom Abzweig Fedderwarden in Richtung Innenstadt über Langewerther Landstraße, Schaareihe, Bismarckstraße und Mühlenweg; Bundesbahnverbindungen auf den Strecken Hannover – Bremen – Oldenburg – Wilhelmshaven und Münster – Oldenburg – Wilhelmshaven. Innerstädtische Buslinien (kein Fahrradtransport) führen vom ZOB Hauptbahnhof zum Mühlenweg.
Parkmöglichkeiten Im Mühlenweg.
Tourenlänge 29 Kilometer.
Fahrzeit 3 bis 3½ Stunden.
Höhenunterschiede Keine.
Karten 1:50000 L 2514 Wilhelmshaven, L 2314 Hooksiel; 1:200000 Generalkarte, Blatt 3/4.
Wissenswertes *Wilhelmshaven* siehe Tour 1. – Die *Burg Kniphausen,* erbaut 1438, war einst Häuptlingssitz, dann Sitz einer Herrlichkeit. Nach Feuersbrunst 1708 zerstört, wurde der Marstall zur gräflichen Wohnung umgebaut. 1862 fiel der Besitz an den Fürsten Edzard zu Inn- und Knyphausen. – *Hooksiel* siehe Tour 3.
Tourenbeschreibung Wir beginnen am gleichen Ort wie Tour 1 und fahren über die *Einigungsstraße* und *Ölhafendamm* in Richtung *Norderneystraße.* Wir biegen von der Norderneystraße etwa fünfhundert Meter nach dem Beginn der Tour nach rechts in den *Alten Deichsweg* ab, an dessen Ende wieder nach rechts und dann links in die *Wangeroogstraße* und schließlich von dort links in die *Helgolandstraße,* wo sich rechter Hand bis zum Ende der Straße ein Radweg befindet. Nach etwa eineinhalb Kilometern sind wir an der *Jachmannstraße,* in die wir nach rechts abbiegend hineinfahren.

Nachdem wir fünfzig Meter in der Jachmannstraße unterwegs sind, wechseln wir auf die andere Seite (Höhe Marinearsenal/

Hannoversche Straße). Weiterfahrend überqueren wir nach zwei Kilometern Fahrt die *Jachmannbrücke* mit Brückenwärterhaus. Rechter Hand sehen wir die Marinehafenanlage (Achtung! Fotografierverbot). Wir kommen in einer leichten Rechtskurve an der *Ebertstraße* vorbei und stoßen auf die *Manteuffel-* und *Rheinstraße* mit dem Abzweig nach links zur Kaiser-Wilhelm-Brücke. An der Ampelanlage biegen wir nach links in die *Ahrstraße,* der wir geradeaus bis zum *Bontekai* folgen. Am Kai liegt das Feuerschiff »Norderney« von 1907. Links von uns befindet sich die Kaiser-Wilhelm-Brücke. Am Bontekai unterhalb der Brücke befindet sich ein Parkplatz. Hier beginnt am Wasser entlang der *Ems-Jade-Wanderweg* (72 km von Wilhelmshaven nach Emden). Auf diesem in Richtung Emden unterwegs, radeln wir an einer Schiffsantriebsschraube und einer Boje in unmittelbarer Nähe von Neubauten der Wohnungsbaugesellschaft Jade vorbei. Der Wegebelag variiert hier zwischen grobem Kies-Sandbelag und verbundsteingepflasterter Promenade. An den Kaianlagen liegt auch die »Käpitän Meyer«. Nur achthundert Meter von ihr entfernt, hat man die Dampflok 44606 aufgestellt, die einst Güterzüge von Rheine nach Emden zog und durch Freigänger der Justizvollzugsanstalt Wilhelmshaven restauriert wurde. An einem Tanklager vorbeifahrend, wählen wir den nächsten Abzweig nach rechts zur *Weserstraße.* Dort fahren wir nach links und bis zur Kreuzung Virchowstraße/Weserstraße; anschließend in die *Virchowstraße* nach rechts ein. Der Radweg in der Virchowstraße endet am Bunker an der Rheinstraße. Von der Virchowstraße aus fahren wir rechts in die *Ebertstraße* bis zum *Friedrich-Wilhelm-Platz* mit seiner Grünanlage. Durch diese hindurchfahrend, gelangen wir zur *Marktstraße.* Rechter Hand steht auf dem Platz der »Werftarbeiter« von Professor Otto. Aus der Grünanlage biegen wir rechts in die Marktstraße ein und fahren auf das alte Werfttor der ehemaligen kaiserlichen Werft an der Gökerstraße zu. Wir kehren zurück bis zur *Adalbertstraße* mit dem Standbild Prinz Adalberts, kommen an der Kunsthalle, die linker Hand liegt, vorbei, biegen nach links auf die *Victoriastraße* und radeln dann bis zur Virchowstraße. Dort geht es rechts auf der *Bremer Straße* bis zum *Parkmittelweg,* an

Zu Tour 2 **Burg Kniphausen** (Foto: Ferdinand Dupuis-Panther)

dessen Ende wir schließlich links abbiegen, um auf der *Bismarckstraße* bis zum *Mühlenweg* zu fahren. Dort biegen wir nach rechts zur *Kopperhörner Mühle* ab und fahren dann an der Mühle über den *Mühlenweg* (hier Radwege) nach links zum *Berliner Platz*. Von dort führt uns der Weg nach rechts in die *Berliner Straße* bis zum *Postgang,* wo wir nach rechts zum *Rathausplatz* gelangen. Hier befindet sich das in Klinker erbaute Rathaus nach einem Entwurf von Höger. Am Rathaus geht es gleich wieder nach rechts, nachdem wir an der Post vorbeigefahren sind, um auf die *Bismarckstraße* zu fahren. In sie fahren wir nach rechts ein. An der nächsten Kreuzung mit Ampelanlage halten wir uns dann nach links. Dies ist die Berliner Straße, auf der wir bis zur *Kopperhörner Straße* weiterfahren. Durch ein Villenviertel setzen wir die Fahrt fort. So kommen wir zur *Kirchreihe,* fahren von dort links in die *Herbartstraße* bis zur *Friedensstraße,* wo wir nach links abbiegen. Am Friedhof und dem Krematorium vorbei radeln wir bis zum *Neuengrodener Weg* und dann nach rechts.

Wir fahren nun bis zum Kiosk am Stadtpark. Hinter diesem geht es nach links in den Stadtpark hinein und am See angekommen, nach rechts bis zum Fitness-Pfad und dort nach links. Am Ende des unbefestigten Weges geht es rechts ab in Richtung Fachhochschule an der *Friedrich-Paffrath-Straße.* Auf dem dortigen Radweg gelangen wir, nach Norden fahrend, über die Maade hinweg an Altengroden vorbei bis zur BAB 29. Vor der Autobahnauffahrt folgen wir einem Weg in rechter Verschwenkung in Richtung Sportanlage des Rüstringer e. V.

Wir fahren unter der BAB 29 hindurch bis zur nächsten Weggabelung. Dort biegen wir nach rechts und gleich wieder links, der Ausschilderung »Burg Kniphausen« folgend, ab. Über einen Verbundsteinweg erreichen wir *Grashaus Hohenwerth,* nachdem wir nunmehr etwa fünfzehn Kilometer zurückgelegt haben. Auf einem landwirtschaftlichen Nutzweg, dem *Hohenwerther Weg,* radeln wir nun weiter, biegen schließlich an der Kreuzung Hohenwerther Weg/Kreisstraße 338 nach rechts ab in Richtung Fedderwarden. Wir überfahren die BAB 29 und erreichen nach einer etwa achtzehn Kilometer langen Tour und einer Fahrzeit von etwa zwei Stunden die *Burg Kniphausen.*

Vom Burggelände kommend, fahren wir nach links ab in Richtung Kreisstraße 338 nach *Fedderwarden.* Auf der *Fedderwarder Straße* unterfahren wir die Hooksieler Landstraße und setzen die Fahrt dann in der *Poststraße* fort, die in *Lange Straße* Richtung Sengwarden nach rechts verschwenkt. Unsere Fahrt wird parallel zum Verbindungstief bis zum Abzweig nach Fedderwardergroden fortgesetzt. Wir fahren dort nach rechts über die *Hooksieler Landstraße* hinweg auf der Landesstraße 811 bis *Bredderwarder Weg,* dort links eingebogen und dem Weg durch den Ort folgend, radeln wir dann links in Richtung Hooksieler Straße, die wir nun unterfahren. Wir setzen unsere Fahrt bis zur *Sengwarder Landstraße* fort und halten uns dann nach rechts in Richtung *Sengwarden.*

Durch den Ort hindurchfahrend und die Kirche links liegen lassend, gelangen wir wieder zurück auf die *Hooksieler Landstraße* nach Hooksiel. Auf dieser Landstraße benutzen wir den Radweg, der sich linker Hand befindet und erreichen als Tagesziel den Hafen von *Hooksiel* mit dem alten Siel.

3 Rund um Hooksiel

Verkehrsmöglichkeiten Auf der BAB 29 bis AS Fedderwarden und weiter auf der L 810 und L 10 in Richtung Hooksiel; Busse verkehren auf den Strecken Jever – Hooksiel und Wilhelmshaven – Hooksiel – Schillig (kein Fahrradtransport).
Parkmöglichkeiten Am Hafen vor den Packhäusern.
Tourenlänge 13,2 Kilometer. **Fahrzeit** 1 bis 1½ Stunden.
Höhenunterschiede Keine.
Karten 1:50000 L 2314 Hooksiel; 1:200000 Generalkarte, Blatt 3/4.
Wissenswertes *Hooksiel* ist ein kleines verträumtes Fischerstädtchen, dessen herausragendes Bauwerk die privat genutzte Burg Fischhausen aus dem Jahr 1578 ist. Am Hafen Hooksiel ist ein Mudderboot aus dem Jahr 1925 ausgestellt, das bis 1956 im Einsatz war, um den Hafen und die Fahrrinnen freizuräumen. Weiterhin sehen wir einen Stockanker der Kaiserlichen Flotte von 1914 das Scherbrett eines Hochseefischers und die Kurrketten der Schollen- und Krabbenfischer.

Störtebecker soll 1397 bis 1402 regelmäßig am Hook geankert haben. Der erste Schiffsverkehr wird für 1495 bestätigt. Bei der 1550 stattgefundenen Belagerung von Esens wurde über das Hook für Proviantnachschub gesorgt. Der Sielbau begann 1546 mit dem ersten Holzsiel; 1588 kam ein zweites mit zwei Kammern hinzu. Das Hooksiel wurde 1885 auf zwei Stemmtorpaare außen und einem Stemmtorpaar innen ausgebaut. Die Drempelhöhe betrug damals eineinhalb Meter. 56 km² Niederschlagsgebiet wurde über dieses Siel entwässert.

Der Ort am Siel war Umschlagplatz für Waren, die getreidelt bis Jever gelangten. Für Hin- und Rückweg brauchte man vier Tage. Im Jahre 1778 wurden 1152 Hessen über Hooksiel nach Stade und England verschifft, um in England als Soldaten zu dienen. Die Stadt fiel an die Zaren, als 1793 Katharina II. das Jeverland erbte. 1803/07 waren die Jahre mit dem größtem Umschlag. 1807 bis 1810 folgte die Zeit der holländischen Besetzung, anschließend bis 1813 die der französischen.

Die Packhäuser am Hafen wurden 1821 errichtet. Am 4. 2. 1825 wurden alle Häuser auf dem nördlichen Flügeldeich durch Sturmflut zerstört. 1962 wurde mit 5,94 Meter über NN die höchste Sturmflut erreicht, deren Marke am Packhaus angebracht worden ist.

Tourenbeschreibung Die Tour beginnt am Sieltor des *Hooksieler Tiefs* in der Nähe der alten Packhäuser. Wir folgen dem Verlauf der Landesstraße 10 durch den Ort bis zur *Bäderstraße,* wo wir nach rechts abbiegen. Geradeaus fahren wir zum *Hookmeer Naturschutzgebiet* und zum Binnentief. Eineinhalb Kilometer fahren wir auf der Bäderstraße, bis wir an den Deich gelangen. Wir fahren durch eine Unterführung geradeaus weiter und am Abzweig zur Rennbahn, die links liegt, vorbei. Etwa eineinhalb Kilometer nach der Unterführung biegen wir nach rechts in Richtung Hooksieler Binnentief ab. Am *Binnentief* angelangt, wenden wir uns auf unbefestigtem Weg nach links und folgen dem Verlauf der Uferlinie des Binnentiefs bis zum *Hookmeer Surfstrand* und der dortigen Freizeitanlage. Über den Parkplatz hinweg wechseln wir hinüber zum nördlich des Binnentiefs gelegenen Badestrand. Oberhalb des Strandes fahren wir auf dem Deich Richtung Rennbahn zurück, bis wir wieder an der Deichunterführung angekommen sind. Rechter Hand befinden sich mehrere Campingplätze.

4 Hooksiel – Horumersiel – Hooksiel

Verkehrsmöglichkeiten Auf der BAB 29 bis AS Fedderwarden und weiter auf der L 810 und L 10 in Richtung Hooksiel. Busse verkehren zwischen Jever – Hooksiel und Wilhelmshaven – Hooksiel – Schillig (kein Fahrradtransport).
Parkmöglichkeiten Parkplätze entlang der Bäderstraße, auch an der Jade-Rennbahn.
Tourenlänge 16 Kilometer.
Fahrzeit 1¾ bis 2¼ Stunden.
Höhenunterschiede Keine.
Karten 1:50000 L 2314 Hooksiel, L 2312 Wangerland; 1:200000 Generalkarte, Blatt 3/4.
Wissenswertes *Hooksiel* siehe Tour 3. – *Horumersiel* ist staatlich anerkanntes Nordseeheilbad mit Wellenschwimmbad. Das Wattenmeer-Haus gibt mit den Aquarien und seinen informativen Fotowänden Einblicke in das Ökosystem Wattenmeer, der trockenfallenden Flächen bei Niedrigwasser, der Salzwiesen, Dünen, Strände und Sandbänke, Priele und Wattströme.

Wattenmeer im eigentlichen Sinne ist das durch die Gezeiten geprägte Schwemmland. Viele Nordseefische wie die Scholle, die Seezunge, der Hering haben hier, ebenso wie Nordseegarnelen, ihre Kinderstube. Neun Millionen Vögel mit ihren etwa 100 Arten fallen auf ihrem Zug aus der Arktis auf Sand, Schlick und Salzwiesen ein; Weißwangen- und Ringelgänse ebenso wie Seeschwalben und Säbelschnäbler. In Horumersiel läßt sich die Radtour für eine Wattwanderung unter fachkundiger Führung unterbrechen.
Tourenbeschreibung Vom Deich in der Nähe der Campingplätze an der *Bäderstraße* aus fahren wir nach links in Richtung Horumersiel. Ein Hinweispilz weist auf das 5,2 Kilometer entfernt gelegene Seebad hin. Auf dem Deich entlang fahrend, erreichen wir, nachdem wir am *Wangertief* den Deich verlassen haben und an diesem vorbeigefahren sind, nach etwa einer halben Stunde den Ortseingang von *Horumersiel*. Wir halten uns am Wangersiel links und fahren an der T-Gabelung nach links in

Richtung Ortsmitte ab. Wir radeln auf unserem Weg am Meerwasserwellenbad und am Wattenmeer-Haus vorbei, immer der Straße *Zum Hafen* folgend.

Nach etwa sechs Kilometern vom Tourbeginn befinden wir uns auf der *Goldstraße,* die verschwenkt nach rechts zur *Störtebekerstraße* wird. Dort am Ortsausgang befindet sich der Hinweis auf Wilhelmshaven (24 km) und Hooksiel (9 km). Etwa vierhundert Meter vom Ortsausgang entfernt liegt rechts der Abzweig nach Minsen und links über die Landesstraße 10 nach *Wiarder Altendeich.* Wir fahren am *Kaiserhof* nach links ab und erreichen nach etwa einer Stunde Gesamtfahrzeit den Abzweig nach Hohenkirchen. Etwa drei Kilometer von hier befindet sich in Richtung Hooksiel der Abzweig nach Oldorf. Wir setzen unsere Fahrt auf dem Radweg in Richtung Hooksiel über *Schmidtshörn* bis zur *Bäderstraße* fort. Wir biegen in die Bäderstraße ein und fahren zurück in Richtung Wellenschwimmbad, Jade-Rennbahn und Badestrand von *Hooksiel.*

5 Hooksiel – Oldorf – Waddewarden – Hooksiel

Verkehrsmöglichkeiten Auf der BAB 1, dann über die BAB 29, aus Oldenburg kommend bis zur AS Fedderwarden und auf der »Störtebeckerstraße« nach Hooksiel. Von Bremen in Richtung Oldenburg und von dort über Varel und Sande mit der Bundesbahn nach Wilhelmshaven und von dort mit dem Bus nach Hooksiel. Eine weitere Busverbindung besteht auf der Linie Jever – Waddewarden – Hooksiel – Hohenkirchen.
Parkmöglichkeiten Am Hafen vor den Packhäusern.
Tourenlänge 20 Kilometer.
Fahrzeit 1¾ Stunden.
Höhenunterschiede Nicht erwähnenswert.
Karten 1:50000 L 2312 Wangerland, L 2314 Hooksiel; 1:200000 Generalkarte, Blatt 3/4.
Wissenswertes *Hooksiel* siehe Tour 3. – *Horumersiel* siehe Tour 4.

Zu den Kirchenschätzen des Wangerlandes gehört die romanische, später gotisch erweiterte Marienkirche *Oldorf* mit einem geschnitzten Eichenholzaltar aus dem 15. Jahrhundert und einem Sandsteintaufbecken, das im Jahre 1498 gestiftet wurde.

Auch in der Kirche von *Waddewarden* finden wir mit dem Altar von 1661 eine kulturelle Kostbarkeit hinter dicken Kirchen-

Zu Tour 2–6, 8 **Mudderboot in Hooksiel** (Foto: Ferdinand Dupuis-Panther)

Auch in der Kirche von *Waddewarden* finden wir mit dem Altar von 1661 eine kulturelle Kostbarkeit hinter dicken Kirchenmauern, die einst die Menschen vor den bedrohlichen Sturmfluten schützten.

Tourenbeschreibung Vom *Hooksieler Hafen* aus fahren wir in nördlicher Richtung am Kurmittelhaus und an der Bäderstraße, die links abgeht, vorbei in Richtung Schmidtshörn. Hinter Schmidtshörn fahren wir zuerst über das Crildumer, dann das Wüppelser Tief, ehe wir nach einer Tour von etwa fünf Kilometern nach links Richtung Oldorf abbiegen. Zunächst fahren wir an der ehemaligen *St. Jooster Mühle* vorbei, ehe wir dann, am Gut Obenhausen und Bonnhausen auf dem *Gammenser Weg* vorbeifahrend, an die Kreuzung Gammenser und Tammhauser Weg gelangen, die etwa fünf Kilometer von der Landesstraße 10 entfernt ist. Dort fahren wir links ab nach *Oldorf*. Bei der Durchfahrt durch den Ort kommen wir, auf der *Neuwarfer Straße* fahrend, an der Marienkirche vorbei, ehe wir die T-Kreuzung mit dem Hinweis Richtung Jever und Hohenkirchen erreichen. Wir setzen unsere Fahrt in Richtung Jever nach links, aus Oldorf herausfahrend, fort.

Zwischen St. Jooster Mühle und Oldorf hat die Krummhörner Straße erst eine Klinker- und Verbundsteindecke. Ab Wayenstraße ist sie asphaltiert. Zur Orientierung auf dieser Straße dient ein Infopilz an der Kreuzung Gammenser/Tammhauser Weg mit dem Hinweis »Oldorf 1,5 km« und »Horumersiel 9,5 km«. Die Fahrt führt uns im übrigen durch eine typische

Marschlandschaft, in der Rapsanbau und Weidewirtschaft mit Schwarzbuntvieh vorherrschen.

Wir fahren nun auf der Kreisstraße 87 (ohne Radweg!), bis wir an die Kreuzung mit der Ausschilderung nach Hooksiel und Jever gelangen, die wir nach einer Fahrt von etwa einer Viertelstunde erreicht haben. Hier radeln wir, nachdem wir von Oldorf aus etwa drei Kilometer zurückgelegt haben, nach links auf die Landesstraße 12 in Richtung Hooksiel und erreichen nach einer Fahrt von etwa fünfzehn Minuten *Waddewarden* mit seiner trutzigen Kirche. Neben der Kirche steht das Haus »To'n Slagboom« von 1770 mit dem Sinnspruch »Soll Gottes Segen auf mir ruhn, so kann kein Feind mir schaden« über dem Eingang. Wir fahren von dort aus in Richtung Hooksiel weiter, lassen also den Abzweig nach Sillenstede, der sich vor dem heutigen Restaurant »To'n Schlagboom« befindet, links liegen.

Auf der bereits eingeschlagenen Route gelangen wir über die Landesstraße 12 nach *Haddien,* ehe wir wieder in *Schmidtshörn* angelangt sind, wo die Landesstraßen 12 und 10 aufeinandertreffen. An dieser Straßeneinmündung geht unsere Fahrt nach rechts weiter. Von hier aus ist es auf dem neben der Landesstraße gelegenen Radweg nur noch ein Kilometer bis Hooksiel. Wir fahren durch *Hooksiel* zu unserem Ausgangspunkt am Hafen zurück, wo sich neben dem Mudderboot noch weitere maritime Ausstellungsstücke befinden.

6 Hooksiel – St. Joost – Wiarden – Minsen – Schillig – Horumersiel – Hooksiel

Verkehrsmöglichkeiten Auf der BAB 1, dann über die BAB 29 aus Oldenburg bis zur AS Fedderwarden und auf der »Störtebeckerstraße« nach Hooksiel. Von Bremen in Richtung Oldenburg und von dort über Varel und Sande mit der Bundesbahn nach Wilhelmshaven und von dort mit dem Bus nach Hooksiel. Eine weitere Busverbindung besteht auf der Linie Jever – Waddewarden – Hooksiel – Hohenkirchen.

Parkmöglichkeiten Am Hafen vor den Packhäusern.

Tourenlänge 31 Kilometer. **Fahrzeit** 3 Stunden.

Höhenunterschiede Nicht erwähnenswert.

Karten 1:50000 L 2312 Wangerland, L 2314 Hooksiel; 1:200000 Generalkarte, Blatt 3/4.

Wissenswertes *Hooksiel* siehe Tour 3. – Die Backsteinkirche *St. Joost* wurde erst in der Reformationszeit eine Pfarrkirche,

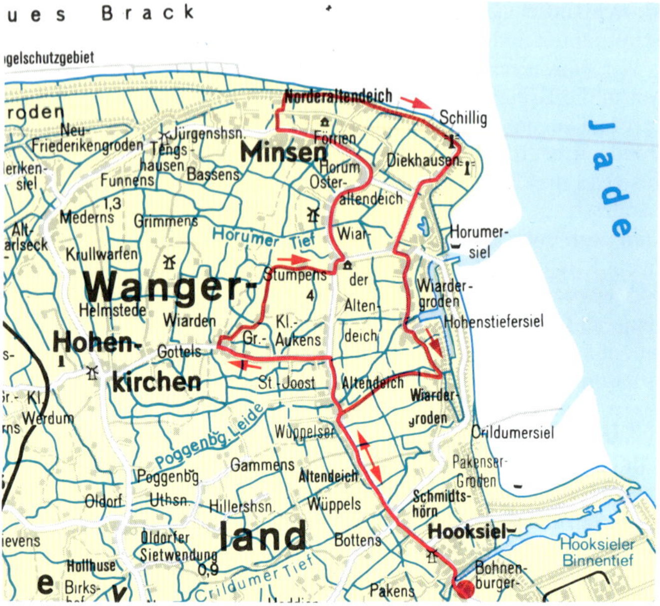

war sie doch zuvor eine Privatkapelle. – Ein weiterer sakraler Kunstschatz des Wangerlandes ist das Bildnis des Heiligen Jacobus, des Schutzheiligen der Wanderer, in der Kirche zu *Wiarden*. Die Kanzel der Wiarder Kirche ist eine Arbeit des Münstermannschülers Ommo Dirks und stammt von 1643. – Auf einer hohen Wurt ist die Kirche zu *Minsen* errichtet worden. Sie wurde wie auch einige andere des Wangerlandes im 13. Jahrhundert aus Granitquadern erbaut. – *Horumersiel* siehe Tour 4.

Tourenbeschreibung Wir beginnen unsere Tour wieder am Hafen und fahren von dort in Richtung Horumersiel. Nach etwa einer Viertelstunde haben wir den Abzweig von der Landesstraße 10 nach St. Joost erreicht. Wir biegen hier nach links ab, um zu der auf einer Wurt liegenden Kirche von *St. Joost* zu gelangen. Wir fahren von dort wieder zurück zur Landstraße, in die wir nach links einbiegen. Auf dem neben der Landesstraße rechts gelegenen Radweg setzen wir die Fahrt in nördlicher Richtung fort. Nach etwa fünfhundert Metern haben wir den Abzweig nach Wiarden erreicht. Ein Ortshinweisschild weist die Entfernung mit 2 Kilometern aus.

Wir fahren nach links auf die Landesstraße 9 ab und kommen rechts an einer Bushaltestelle vorbei. Nach etwa zehn Minuten haben wir *Wiarden* mit der Kirche an der Straße Am Ring erreicht. Es geht nun weiter auf unserer Tour, indem wir nach rechts in *Am Ring* einbiegen und an der Kirche vorbeifahren. Anschließend folgen wir dem weiteren Straßenverlauf bis zum Ende dieser Straße. An der dort befindlichen T-Kreuzung biegen wir nach links in den *Mahnweg,* aus Verbundsteinen bestehend, ein. Ein Hinweis weist auf Straßenschäden hin.

An der nächsten Kreuzung befindet sich ein Infopilz, der den Wiarder Hammer links und Stumpens rechts ausweist. Wir fahren hier nach rechts. Kurz vor dem Ortseingang *Stumpens* beginnt der asphaltierte Weg bis zur Landesstraße 10 (Horumersiel – Hooksiel). Folgt man den Angaben auf dem Hinweisschild an dieser Einmündung, so sind es von hier aus drei Kilometer und dreihundert Meter bis Wiarden. Wir fahren nach links auf die Landesstraße, bis wir zum *Kaiserhof,* der sich rechts befindet, gelangen. Gegenüber des Kaiserhofes führt die Kreisstraße 87 nach Minsen, laut Ausschilderung 4 Kilometer entfernt, und Carolinensiel, 17 Kilometer entfernt.

Wir fahren von der Landesstraße auf die Kreisstraße und folgen dem Straßenverlauf in rechter Verschwenkung. Über die Kreisstraße, den Störtebekerweg, kommen wir in Richtung Minsen an der *Mühle* vorbei, die links von uns liegt. Für die weitere Tour benutzen wir einen Radweg Richtung Horum und Förrien.

Durch *Förrien* hindurchfahrend kommen wir nach *Minsen.* Die Kirche befindet sich am *Alten Schulweg/Kirchstraße.* Wir setzen von dort unsere Fahrt in Richtung Hohenkirchen fort und biegen am *Norderaltendeich* rechts ein. Wir radeln weiter bis *Küstersmatt,* wo wir links ab zum Deich gelangen. Durch ein Tor hindurch kommen wir zu einem verkoteten Weg unterhalb des Deiches. Im Deichbereich wird nämlich Schafzucht betrieben, daher auch die Straßenverschmutzung. Wir fahren rechts am Deich ab in Richtung Schillig. Mit dem *Deichweg,* aus Betonplatten angelegt, haben wir *Schillig* erreicht. Unmittelbar am Deichweg und am Deich gelegen befindet sich rechts die Jugendherberge Schillig.

Wir biegen hier nach rechts ab und dann wieder links in die *Inselstraße,* um nach Schillig hineinzufahren. An der nächsten Kreuzung fahren wir nach rechts ab und können innerhalb von Schillig für unsere Fahrt einen linker Hand befindlichen Radweg benutzen. Von Schillig aus in Richtung Horumersiel benutzen wir die Kreisstraße 325. Dort, wo diese auf die Landesstraße 10 stößt, biegen wir nach links ab. Rechter Hand ist ein aus roten Verbundsteinen bestehender Radweg auf dem Bürgersteig angelegt. Auf unserer Fahrt kommen wir an der Post vorbei, wenn wir die *Goldstraße* befahren. Bei der Straßeneinmündung hinter der Post fahren wir rechts ab. Dort ist »Schmidtshörn 6 km« ausgeschildert. Über *Wiardergroden,* entlang des Hohentief, über *Hohentiefersiel, St. Jooster* und *Wüppelser Groden* führt die Tour zurück auf die Landesstraße 10. Von dort aus geht es über *Schmidtshörn* nach *Hooksiel* zurück.

Der Weg von Horumersiel nach St. Joostergroden besteht zum Teil aus Klinkersteinen. Zwischen St. Joostergroden und Wüppelsergroden ist er asphaltiert. Von Wüppelsergroden nach Hooksiel können wir entlang der Landesstraße einen Radweg benutzen.

7 Oldorf – Tettens – Ziallerns – Hohenkirchen – Oldorf

Verkehrsmöglichkeiten Über die BAB 29 und die B 210 sowie die Landesstraße 812. Busverbindungen zwischen Horumersiel und Hooksiel nach Oldorf.

Parkmöglichkeiten Auf der Neuwarfer Straße bei der Marienkirche.

Tourenlänge 14 Kilometer. **Fahrzeit** 1¾ Stunden.

Höhenunterschiede Nicht nennenswert.

Karten 1:50000 L 2312 Wangerland; 1:200000 Generalkarte, Blatt 3/4.

Wissenswertes *Oldorf* siehe Tour 5. – In *Tettens* wie auch in Hohenkirchen finden wir die typischen friesischen Granitquaderkirchen. Die Kirche in Tettens ist ein Saalbau aus der ersten Hälfte des 13. Jahrhunderts. Auffallend sind die von Christian Krüger bemalte Holzdecke und das von Ommo von Middoge gestiftete Sakramentenhaus aus Sandstein mit der Inschrift 1525. – *Ziallerns* besitzt die ursprüngliche Siedlungsform eines Wurtendorfes. Die eigentliche Wurt ist 50 Meter im Durchmesser und erhebt sich auf vier Meter. Der höchste Punkt der Wurt ist ein freier Platz, die Brink, auf die sich Vieh und Mensch bei Sturmfluten retteten. Siedlungsspuren lassen sich bis zur Zeit 200 vor unserer Zeitrechnung zurückführen. Neben kleinbäuerlichen Häusern finden wir das typische Gulfhaus. Das tiefgezogene Dach des Hauses erstreckt sich fast bis zum Boden. Dadurch entsteht der Eindruck, als ob sich diese Häuser in den Boden ducken. Das Gulfhaus ist das Haus der sogenannten Polderfürsten, Bauern mit größeren Gehöften. Sie besaßen meist repräsentative Häuser mit dahintergelegenen Stallteilen. – *Hohenkir-*

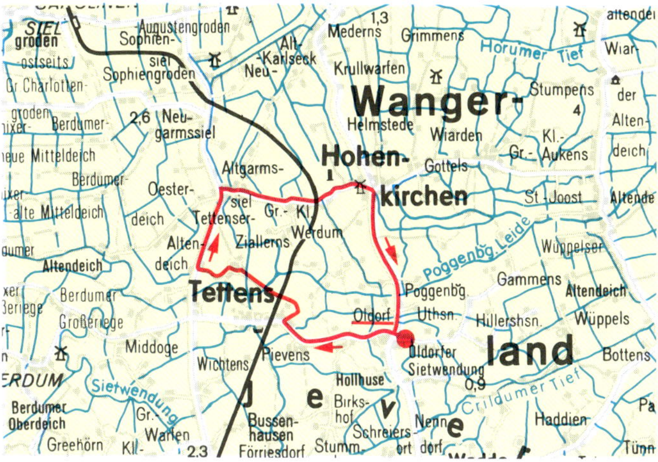

chen besitzt eine spätromanische Kirche aus der ersten Hälfte des 13. Jahrhunderts, die aus Granitquadern erbaut worden ist. Besonders hervorzuheben ist der Münstermannsche Altar aus dem Jahr 1620.

Tourenbeschreibung Wir beginnen unsere Tour vor der Kirche in *Oldorf*, die sich in der *Neuwarfer Straße* befindet. Von hier aus fahren wir in Richtung Kreisstraße 87, in die die Neuwarfer Straße einmündet. Wir biegen nach rechts in die Kreisstraße ein, um dann sofort wieder nach links in Richtung Tettens abzubiegen. Tettens ist mit 3 Kilometer ausgeschildert. Nach einer Tour von etwa fünfundzwanzig Minuten haben wir den Ortseingang von Tettens erreicht. Dort befindet sich rechter Hand ein Infopilz.

Wir befahren vom Ortseingang an die *Glockenstraße*, auf der wir zur Kirche von Tettens gelangen. Von dort aus fahren wir über die Glockenstraße zurück zum *Huniburger Weg*, der hinter Tettens links abzweigt. Auf einer dort vorhandenen Wegmarkierung sind Oldorf mit 3,5 Kilometer und Ziallerns mit 1,5 Kilometer ausgeschildert. Wir folgen dem Huniburger Weg über die nächsten fünfhundert Meter. Dann stößt dieser Weg auf eine T-Kreuzung. An ihr wenden wir uns nach links, um nach einem Kilometer in dem Warfendorf *Ziallerns* anzukommen. Wir umfahren das Dorf, indem wir uns links halten. Auf diesem Weg gelangen wir zur Landesstraße 8, an der wir erneut einen Weghinweis rechter Hand vorfinden. Auf ihm ist nach links »Middoge 2,2 km« ausgewiesen. Zudem befindet sich hier die Bushaltestelle für den Bus Jever – Tettens – Hohenkirchen – Carolinensiel – Harlingersiel – Harle. Für die Fahrt von Tettens bis zur Landesstraße 8 haben wir etwa eine Viertelstunde gebraucht. Wir biegen rechts in die Landesstraße ein. Die Landesstraße (Triftweg) befahren wir bis zur Kreuzung mit dem *Oesterdeich.* – Dort biegen wir nach rechts ab, um auf der Landesstraße 9 nach Hohenkirchen zu fahren. Nach dem dortigen Ortshinweisschild sind es noch 3 Kilometer bis Hohenkirchen und 12 Kilometer nach Horumersiel. Die Außengrenze von *Hohenkirchen* ist erreicht, wenn wir linker Hand den expressionistisch gestalteten Wasserturm erreicht haben.

Von hier aus benötigen wir nur noch fünf Minuten, um an der nächsten großen Kreuzung vor der Kirche von Hohenkirchen zu stehen. An dieser ampelgeregelten Kreuzung wenden wir uns für die Weiterfahrt nach rechts in Richtung Jever. Auf der Kreisstraße 87 fahren wir nun zurück nach *Oldorf.*

8 Hooksiel – Oldorf – Sillenstede – Jever

Verkehrsmöglichkeiten A 29 Oldenburg – Wilhelmshaven bis zur AS Fedderwarden und von dort L 10 nach Hooksiel. Busverbindungen bestehen auf den Linien Wilhelmshaven – Schortens – Jever, Jever – Hohenkichen – Schillig – Horumersiel – Hooksiel sowie Wilhelmshaven – Hooksiel. Bundesbahnverbindungen existieren von Oldenburg nach Wilhelmshaven und Jever.

Parkmöglichkeiten Am Hafen vor den Packhäusern.

Tourenlänge 48 Kilometer.

Fahrzeit 4½ bis 5 Stunden.

Höhenunterschiede Nicht erwähnenswert.

Karten 1:50000 L 2312 Wangerland, L 2314 Hooksiel, L 2512 Jever, L 2514 Wilhelmshaven; 1:200000 Generalkarte, Blatt 3/4.

Wissenswertes *Hooksiel* und *Oldorf* siehe Touren 3 und 5.

Sillenstede besitzt mit der St.-Florian-Kirche, aus Granitquadern erbaut, ein bedeutendes sakrales Baudenkmal. Der romanische Bau, im 12. Jahrhundert vollendet, gilt als größte Kirche im Jeverland. Seine Kunstschätze sind der Kreuzigungsaltar aus Bremer Werkstatt um 1500, der Orgelprospekt auf der Westempore von 1752, der Taufstein, aus Sandstein gehauen, aus der Mitte des 13. Jahrhunderts und die Renaissance-Kanzel aus der Mitte des 17. Jahrhunderts. Die Kirche hat einen freistehenden

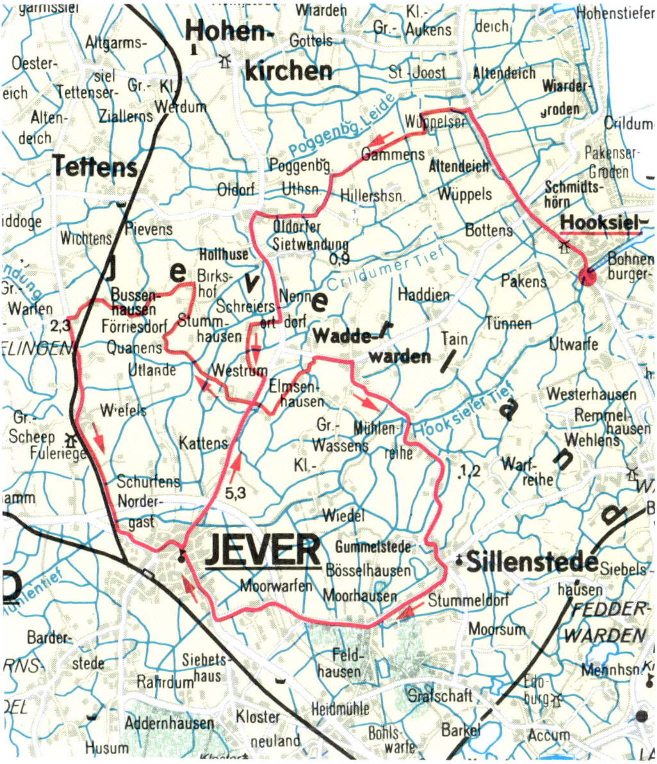

Glockenturm aus Tuff und Granit. Vor der Kirche steht ein Ehrenmal für Christopher Gecken 1812 und für Heinrich Schild, Ludwig Oetken, Johann-Gerhard Heeren 1870/71.

Jever liegt auf einem eiszeitlichen Geestrücken. Es war im Mittelalter an einer Bucht gelegen bzw. durch eine Fahrrinne mit dem Meer verbunden und wichtiger Handelsumschlagplatz. Münzen sind bereits im 10. und 11. Jahrhundert in Jever geprägt worden. 1536 erhielt die Stadt Stadtrechte.

Die ostfriesischen Häuptlingsgeschlechter der Wiemken und Tom Brok kämpften um die Oberherrschaft über Jever. Dabei obsiegten die Wiemken, deren Familienmitglieder sich durch Heirat mit den mächtigen Grafen zu Oldenburg verbündeten, die schließlich die Macht vollständig an sich nahmen. Unter dem Fräulein Maria, der Tochter Edzard des Großen, erlebte Jever ein »goldenes Zeitalter«, ehe die Stadt 1667 an das Haus der Fürsten zu Anhalt-Zerbst, das mit dem russischen Zarenhof in

Verbindung stand, überging. 1793 übernahm Katharina die Große vom letzten Fürsten von Anhalt-Zerbst, ihrem Bruder, die Regentschaft über die Stadt Jever. Die Bronzestatue des Fräulein von Jever in der Nähe des Schlosses, von Harro Magnussen geschaffen, wurde 1900 von Jever Bürgern gestiftet.

Das Schloß von Jever geht auf die Burganlage von Hajo Harda aus dem Jahre 1428 zurück. Der Zwiebelturm wurde im Auftrage des Fürsten Johann August von Anhalt-Zerbst 1731 bis 1736 im Barockstil errichtet. Heute Heimatmuseum.

Hinzuweisen ist auch auf das Glockenspiel an der Raiffeisen-Volksbank mit historischen Figuren. Angestimmt werden unter anderem Melodien wie »Mien Jeverland«, »Muß i denn« und »Es waren zwei Königskinder«.

Die Anhalt-Zerbstischen Kasernen, zwischen 1766 und 1779 entstanden, gehen auf die »Soldatenspielerei« des Fürsten zu Anhalt-Zerbst zurück, der immer wieder Soldaten aushob, die er dann an England verkaufte. Das Schlosserdenkmal von 1877 wurde in Erinnerung an den Geschichtsgelehrten Friedrich Christoph Schlosser geschaffen. Sein Geburtshaus befindet sich in der St.-Annen-Straße.

Das Jaspers-Haus ist ein klassizistisches Ensemble, in dem einst der Großvater des Philosophen Karl Jaspers lebte. Karl Jaspers verbrachte darin einen Teil seiner Kindheit.

Im Neubau der Stadtkirche befindet sich das Edo-Wiemken-Denkmal, das einstmals im Audienzsaal des Schlosses stand. Es ist eine Bildhauerarbeit des Flamen Cornelis Floris und Beispiel flämischer Renaissance.

Das jeversche Rathaus, ein Renaissancebau des frühen 17. Jahrhunderts enthält wertvolle Wandtäfelung des Holzschnitzers Folkhardt Fremers von 1614–1616, die Wappen und Zeichen der damaligen Bürgermeister darstellt.

Traditionelles Handwerk finden wir in der Historischen Werkstatt »Blaudruckerei«, wo Leinen- und Baumwollstoffe im Handdruck hergestellt und in Indigo-Küpe gefärbt werden.

Die Schlachtmühle Jever mit Landwirtschaftsmuseum wurde 1847/8 am jetzigen Standort gebaut. Sie lag ursprünglich am schiffbaren Hooksieler Tief. Diese Anbindung an Hooksiel wurde durch die Zuwerfung der Schlachte 1870 unterbunden.

Das Friesische Brauhaus zu Jever, wo das Jever Pilsener gebraut wird, ist mit den silbernen Türmen eines der Wahrzeichen der Stadt. Die Tradition des Brauens reicht in das 16. Jahrhundert zurück.

Tourenbeschreibung Von *Hooksiel* aus fahren wir am Kurmittelhaus und der *Bäderstraße* vorbei zunächst nach *Schmidtshörn.*

Etwa zehn Minuten nach dem Start der Tour haben wir das *St. Jooster Siel* überquert. Rechtsseitig befindet sich in Richtung Horumersiel ein Radweg, den wir benutzen. Wir erreichen die *Krummhörner Straße,* nachdem wir vom Siel aus etwa zehn Minuten unterwegs waren. Dort biegen wir nach links ab, kommen an der *St. Jooster Mühle,* einem Mühlenrest, der inzwischen zum Wohnhaus umgebaut wurde und am Gut Obenhausen vorbei. Am Abzweig nach Obenhausen befindet sich ein Infopilz, auf dem Oldorf mit 4,5 Kilometer angegeben ist. Für die nächsten etwa neunhundert Meter ist der Weg geklinkert und mit Verbundsteinen gelegt. Die *Wayenstraße* haben wir etwa nach einem Kilometer, vom Abzweig Obenhausen aus, erreicht. Etwa vierhundert Meter von hier geht es rechts nach *Oldewarfen* ab. Unterdessen befinden wir uns auf einem asphaltierten Weg.

Auf unserer Tour gelangen wir etwa drei Kilometer von Obenhausen entfernt auf die Kreuzung Gammenser und Tammhauser Weg. Von dort sind es laut Hinweis auf einem Infopilz noch 1,5 Kilometer nach Oldorf.

Auf den umliegenden Weiden können wir Wildenten, Lachmöven und Kiebitze entdecken. Wir fahren nach rechts ab, kommen dabei nach etwa dreihundert Metern an einem Umspannturm vorbei und folgen dann der weiteren Straßenverschwenkung, bis wir in *Oldorf* angekommen sind. Der Straßenbelag besteht aus Verbundsteinen. An der T-Kreuzung, an der wir ankommen, wenn wir die Kirche linker Hand passiert haben, geht es etwas versetzt geradeaus nach Ziallerns. Wir fahren jedoch nach links an der Gaststätte »Zur Jagdhütte« vorbei bis zur Straße *Oldorfer Wurf.* Nach Jever sind es von dort laut Ausschilderung 8 Kilometer. Nach einer Fahrt von etwa eineinhalb Kilometern, nachdem wir Oldorf erreicht haben, radeln wir am Gasthaus *»Oldorfer Baum«* und einer Bushaltestelle vorbei.

Anschließend queren wir nach einem weiteren Kilometer das *Crildumer Tief.* Wir befahren die Kreisstraße 87, auf der wir unmittelbar hinter dem Tief den Ortshinweis Strakens finden, der nach rechts weist. Wir biegen hier in den *Schreiersorter Weg* ein. Dann fahren wir an einem in einer Kurve gelegenen Gehöft vorbei, bis wir geradezu auf einen unbefestigten Weg stoßen. Auf dem gelangen wir zu einem weiteren Gehöft. Von diesem Gehöft aus biegen wir nach links ab, um wieder auf die Landesstraße 12 zu gelangen. Dort angekommen geht es nach rechts ab.

Beim Abzweig nach Westrum geht es rechts ab. Wir durchfahren *Westrum* und setzen anschließend unsere Fahrt nach *Förriesdorf* fort. Von dort aus geht es weiter nach *Zissenhausen* und

Eggelingen, Nachdem wir von Förriesdorf aus etwa fünf Kilometer unterwegs sind, überqueren wir Bahngleise. Am ersten Abzweig hinter den Bahngleisen geht es nach links in Richtung Wiefels.

Wiefels erreichen wir etwa eineinhalb Kilometer hinter diesem Abzweig. Dort fahren wir bis zur Straße *An der Warf,* wo die Kirche steht. Wir biegen nach rechts ein und fahren geradezu bis zum *Postamt.* Dort geht es wieder nach rechts ab, bis die Landesstraße 808 erreicht ist. Hier fahren wir nach links ab und folgen im weiteren der Ausschilderung nach Jever (3 km). Teilweise führt diese Straße entlang einer stillgelegten Bahnlinie. Uns steht auf der Fahrt von Wiefels nach Jever kein Radweg zur Verfügung!

An der Kreuzung mit der B 210 geht es nach links ab. Nun ist es noch etwa ein Kilometer nach *Jever.* Rechter Hand steht uns ein Radweg zur Verfügung, auf dem wir in die Stadtmitte gelangen. Wir fahren bis zum *Friesischen Brauhaus* und dort links ab in Richtung Waddewarden (6 km). Nach etwa einer halben Stunde sind wir von Jever aus am Abzweig nach Westrum linker Hand angekommen.

Nur wenige Meter dahinter biegen wir nach rechts in den *Gänseweg* ein. Auf diesem Weg bleibend, stoßen wir auf die Landesstraße 12. Dort biegen wir rechts ab, nachdem wir vom Abzweig Gänseweg aus etwa zwei Kilometer zurückgelegt haben. Auf einem Infopilz finden wir den Hinweis auf »Waddewarden 1,3 km«.

Dort angekommen, fahren wir am *Waddewarder Hof* rechts ab nach Sillenstede. Am Ortsausgang von Waddewarden halten wir uns an einer V-Gabelung links, fahren bis zum *Hooksieler Tief,* ignorieren den Abzweig nach rechts und fahren geradezu weiter. Nach einer Tour von etwa viereinhalb Kilometern von Waddewarden aus haben wir, auf der Kreisstraße 93 radelnd, den Ortseingang *Sillenstede* erreicht. Wenn wir dort auf die Soegestraße stoßen, geht es links ab. An der nächsten Straßengabelung geht es nach rechts und dann an der darauffolgenden nach links in Richtung Sengwarden. Auf der rechten Seite befindet sich im Mühlenweg direkt am Ortsausgang eine Mühle. Zuvor sind wir an der Kirche am Mühlenweg/Georg-Janßen-Weg vorbeigekommen. Mühle und Kirche sind etwa einen Kilometer vom Ortseingang entfernt, kommt man aus Richtung Waddewarden. Der Gaststätte »Kiebitznust« gegenüber steht ein Infopilz mit »Jever 10 km«. Auf unserer Fahrt nach Jever auf der Jeverschen Landstraße befahren wir einen rechtsseitig gelegenen Radweg. Nach etwa zwei Kilometern kommen wir ins Wandergebiet Jever-Schortens. Etwa siebenhundert Meter von hier durchfahren wir ein Landschaftsschutzgebiet, ehe wir nach weiteren etwa sechshundert Metern am Reitclub Moorhausen vorbeikommen, dessen Reitanlagen sich links befinden. Dahinter stoßen wir auf den Abzweig Moorwarfer Geestweg, der links nach Moorwarfen führt. Dort steht wiederum ein Infopilz mit Angaben »Sillenstede 3,8 km« und »Moorwarfen 1,2 km«. Etwa zwei Kilometer von hier entfernt, erreichen wir die Bundesstraße 210, auf der es nach rechts nach Jever geht.

Wir müssen die Bundesstraße überqueren, um den Radweg auf der linken Seite benutzen zu können. Nach etwa einem Kilometer auf dem *Mühlenweg* (B 210) fahrend, kommen wir an der *Anton-Günther-Straße* an einem Hinweis »Jugendherberge« vorbei. Über die Mühlenstraße kommen wir zum Alten Markt, der Raiffeisenbank mit dem Glockenspiel und dem Schloß. Gegenüber dem Schloß befindet sich die Statue des Fräuleins Maria.

9 Dangast – Ellenserdamm – Dangaster Moor – Dangast oder Petershörn – Dangast

Verkehrsmöglichkeiten BAB 29 aus Richtung Oldenburg bis Ausfahrt Varel-Obenstrohe; dort auf der Landesstraße L 819 nach Varel und auf der Bundesstraße B 437 in Richtung Bockhorn. Die Kreisstraßen K 111 und K 110 führen von Varel in Richtung Dangast. Bundesbahnverbindung der Strecke Oldenburg nach Wilhelmshaven über Varel. Busverbindung von Varel nach Dangast.

Parkmöglichkeiten Am Dangaster Siel bzw. Hafen.

Tourenlänge 19,4 bzw. 10 km. **Fahrzeit** 2 bzw. 1 Stunde.

Höhenunterschiede Nicht nennenswert.

Karten 1:50000 L 2514 Wilhelmshaven; 1:200000 Generalkarte, Blatt 3/4.

Wissenswertes *Dangast* wurde 1779 als Seebad durch Graf Bentinck gegründet. Es besitzt einen Sportboothafen seewärts vom Dangaster Tief, das für Kanufahrer und Windsurfer geeignet ist. Pechstein, Schmidt-Rottluff und Heckel aus der Künstlergruppe »Die Brücke«, aber vor allem Franz Radziwill, der von 1923 bis 1983 in einem Haus – Atelier und Wohnhaus – am Ortsausgang lebte und arbeitete, ließen sich im Bad Dangast nieder und entwickelten in einer Symbiose von Expressionismus und Neoromantik ihren eigenen Stil. Das sogenannte Radziwill-

Haus kann nur zu sehr unregelmäßigen Zeiten besucht werden, da es als Wohnhaus durch Radziwills Erben genutzt wird.

Das *Nationalpark-Haus Dangast* (Zum Jadebusen 179) ist als ein Informationszentrum eingerichtet worden, in dem man neben Literatur und Schaukästen auch andere Materialien zum Nationalpark Wattenmeer findet. Das Zentrum hat sich auf Informationen zum Jadebusen spezialisiert, der ein bedeutender Lebensraum für Wasser- und Wattvögel ist, die aus arktischen Gewässern kommen. Brandgänse, Spieß- und Pfeifenten, Strand- und Wasserläufer sowie Großer Brachvögel bevölkern monatelang die Salzwiesen im Außengroden. Einige dieser Vogelarten beziehen dort auch ihr Winterquartier.

Tourenbeschreibung Vom *Dangaster Hafen* aus, an dem sich gute Parkmöglichkeiten befinden, fahren wir über das Siel und das *Dangaster Tief,* das im expressionistischen Stil der Neuen Sachlichkeit in den 20er Jahren errichtet wurde. Von dort aus setzen wir auf dem Plattenweg unterhalb der Deichanlage unsere Fahrt in nördlicher Richtung fort. Nach etwa zwei Kilometern haben wir den ersten Informationspilz erreicht, der Richtungs- und Streckenangaben nach Mariensiel (10 km), Dangast (2,3 km) und *Ellenserdammersiel* (4,1 km) gibt. Wir setzen die Fahrt in Richtung Mariensiel fort, zunächst auf Verbundstein-, dann Asphaltweg mit Schlaglöchern. Nach einer Tour von insgesamt etwa drei Kilometern stoßen wir auf eine Weggabelung, die links nach Idagroden führt und geradeaus den Jadewanderweg ausweist. Wir folgen dem *Jadewanderweg* und gelangen etwa zwei Kilometer hinter dem Abzweig nach Idagroden an einen weiteren Infopilz, der die Richtung nach Mariensiel (6,5 km) anzeigt. Dort befindet sich über einen Lehrpfad ein direkter Zugang zum Wattenmeer. Von dort aus biegen wir nach links ab und stoßen siebenhundert Meter vom Lehrpfad entfernt auf einen Richtungshinweis nach Adelheidsgroden. Einen Verbundsteinweg befahren wir für die nächsten etwa zwei Kilometer, bis wir den Abzweig nach rechts, nach Ellenserdamm (2 km), erreicht haben. Geradeaus geht es weiter nach *Petershörnsiel* (2 km). Wir fahren hier nach rechts ab und kommen nun von der *Grodenstraße* zur *Sielstraße,* wo sich ein Infopilz mit Hinweis auf Dangast auf der linken Straßenseite befindet. An einer Bushaltestelle des Weser-Ems-Busses kommen wir vorbei, nachdem wir nach links in die Sielstraße eingebogen sind. An dieser Wegeinmündung führt die Straße nach rechts über 3,8 Kilometer nach Ellens.

Wir fahren nunmehr durch *Ellenserdammersiel.* Bis hierher waren wir etwa zwölf Kilometer unterwegs. An einer y-Gabe-

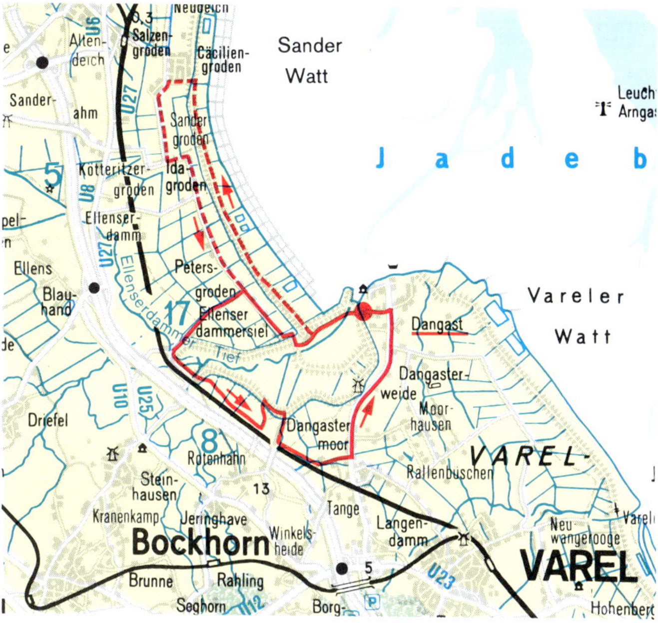

lung, die wir aus dem Ort kommend, erreichen, fahren wir links ab. Dort befindet sich ein erneuter Hinweis auf einem Infopilz mit der Angabe Dangast 9,8 Kilometer.

Nachdem wir das *Steinhausersiel* überfahren haben, wird aus dem Klinker- ein Sandweg. Wir fahren auf diesem, bis wir nach etwa achthundert Metern an einer Weggabelung ankommen. Dort angelangt, geht es nach rechts auf einen Sandschotterweg, der in einen Klinkerweg übergeht, wenn wir der Ausschilderung auf dem Infopilz nach Dangast (7,7 km) folgen. Über diesen Klinker- bzw. Schotterweg fahrend, der später asphaltiert ist, kommen wir schließlich zu einem ersten Abzweig nach links. An diesem fahren wir jedoch vorbei und biegen erst unmittelbar vor den Bahngleisen, die wir danach erreichen, nach links ab. Seit der Überquerung des Steinhausersiels sind wir etwa vier Kilometer unterwegs gewesen.

Wir befahren nun den *Tangener Moorweg*, der auf die Kreisstraße 110 stößt. Hier biegen wir nach links ab und fahren Richtung Dangast durch *Dangastermoor*. Am Ortseingang von Dangast befindet sich links das Nationalpark-Haus. Von der *Edo-Wiemken-Straße* fahren wir nach links in die Sielstraße, wo sich nahe der Einmündung auf der rechten Seite das Radziwill-Haus befindet. Die *Sielstraße* führt direkt zum Hafen zurück.

Alternativ bietet sich eine kürzere Tour an, die, statt nach etwa sechseinhalb Kilometern nach rechts in Richtung Ellenserdamm abzubiegen, weiter geradeaus führt. Auf einer gutausgebauten Teerstraße fahren wir über einen Graben, ehe wir nach links abzweigen, um dann anschließend auf einem Betonplattenweg am Dangaster Tief entlangzufahren. Nach etwa zwei Kilometern haben wir einen Informationspilz mit dem Hinweis Dangast 2,3 Kilometer erreicht. Wir folgen diesem Hinweis bis zum Siel und Hafen und kommen so am Parkplatz am Hafen an.

10 Dangast – Varel – Dangast

Verkehrsmöglichkeiten BAB 29 aus Richtung Oldenburg bis Ausfahrt Varel-Obenstrohe; dort auf die Landesstraße L 819 nach Varel und auf der Bundesstraße B 437 in Richtung Bockhorn. Die Kreisstraßen K 111 und K 110 führen von Varel in Richtung Dangast. Bundesbahnverbindung auf der Strecke Oldenburg nach Wilhelmshaven über Varel. Busverbindung von Varel nach Dangast.
Parkmöglichkeiten Parkplatz am Hafen von Dangast.
Tourenlänge 17 Kilometer.
Fahrzeit 1½ Stunden.
Höhenunterschiede Nicht nennenswert.
Karten 1:50000 L 2514 Wilhelmshaven; 1:200000 Generalkarte, Blatt 3/4.
Wissenswertes *Dangast* siehe Tour 9. – *Varel,* alter friesischer Häuptlingssitz, erstmals erwähnt 1124. Seit 1386 fast ununterbrochen unter oldenburgischer Herrschaft. Schloßkirche (Baubeginn im 13. Jh.) mit sehenswerter Ausgestaltung (1613–1618 von Ludwig Münstermann). Reich verzierter Altaraufsatz. Wasserturm an der Oldenburger Straße mit weitem Rundblick. Fünfgeschossiger Galerieholländer von 1847 mit kleiner Ausstellung, eine der größten Mühlen Deutschlands. Heimatmuseum.
Tourenbeschreibung Ausgangspunkt ist der Parkplatz am *Hafen* von *Dangast.* Wir fahren bis zum Ende des Parkplatzes und halten uns auf dem gepflasterten Weg direkt am Wasser entlang. Kurz nach drei Holzfiguren auf der rechten Seite geht es geradeaus nicht mehr weiter, wir biegen nach rechts ab über einen Hof auf die Teerstraße, der wir nach links folgen. Wir passieren einen Campingplatz auf der linken Seite. An der Kreuzung geht es geradeaus weiter in den *Kukshörner Weg.* Links liegt das

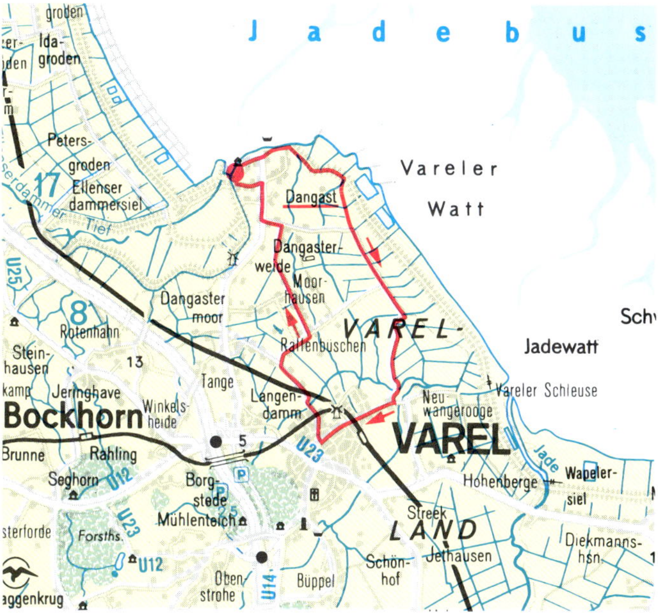

Meerwasserbad von Dangast. Wir setzen unsere Tour auf einem gut gepflasterten Weg auf dem Deichrücken fort. Kurz vor dem nächsten Campingplatz biegen wir nach rechts ab, nun radeln wir unterhalb des Deiches. Der Untergrund besteht aus Betonplatten. Zwei Schafsgatter müssen überwunden werden, Fahrradübergänge sind allerdings vorhanden. Nach insgesamt 2,7 Kilometern zweigt eine Straße nach rechts ab, der wir in eine Wiesenlandschaft hinein folgen. Hundert Meter weiter beginnt eine holprig gepflasterte Strecke. Nach einem Kilometer erreichen wir eine Kreuzung, wir fahren geradeaus weiter auf die Teerstraße, ein gesonderter Radweg existiert nicht. Nach insgesamt fünfeinhalb Kilometern, kurz bevor die Straße eine Rechtskurve macht, biegen wir links ab in den gepflasterten *Kohlhofweg*. Nach sechshundert Metern geht es auf Betonplatten weiter. Erneut auf einen gepflasterten Weg kommen wir nach weiteren neunhundert Metern. Links liegt, nicht weit entfernt, die Schleuse zum Vareler Tief. Wieder ist der Weg unbequem holprig, bis wir nach fünfhundert Metern auf eine Betonstraße treffen, in die wir rechts einbiegen. Nun geht es am *Vareler Tief* entlang. Nach 1,2 Kilometern stoßen wir auf eine Bundesstraße, wir biegen nach links ab, überqueren das Vareler Tief und fahren auf der Bundesstraße weiter. Nach zweihundert Metern haben wir das Ortsschild von *Varel* erreicht. Nach einhundert Metern geht es rechts ab, wir folgen dem entsprechenden Hinweisschild. Ab hier beginnt auf beiden Seiten der Straße ein Fahrradweg. Wir kommen an eine Brücke und überqueren die Bahnlinien, wir haben mittlerweile fast zehn Kilometer zurückgelegt und befinden uns in der *Mühlenstraße.* Vorbei geht es an gut erhaltenen Hausfassaden aus dem 19./20. Jahrhundert, nach zweihundert Metern eine gut restaurierte Mühle von 1847. Sie kann besichtigt werden. Die Kirche von Varel und den *Marktplatz* haben wir nach fünfhundert Metern erreicht. Vom Marktplatz her kommend biegen wir nach rechts in die Mühlenstraße und gleich wieder links in die *Düsternstraße* ein. Wir folgen der Hauptverkehrsstraße, die jetzt *Dangaster Straße* heißt. Nach siebenhundert Metern überqueren wir zum ersten Mal die Bahnlinie, nach weiteren dreihundert Metern zum zweiten Mal. Kurz dahinter macht die Straße einen scharfen Knick nach links. Wir folgen der Hauptstraße, ein Fahrradweg ist nicht vorhanden. Wir kommen nach *Rallenbüschen,* Stadt Varel. Nach etwa neunhundert Metern biegen wir rechts ab Richtung Moorhausen. Wir radeln weiterhin auf einer geteerten Straße ohne Fahrradweg, rechts und links von Bäumen gesäumt. Wir kommen am Westweg vorbei, den wir links liegen lassen, ebenso wie den Mittelweg. Sollte es regnen, findet man hier ein Unterstellhäuschen. Ungefähr achthundert Meter nach dem Abzweig Richtung Moorhausen biegen wir nach links in die *Medenstraße.* Wir befinden uns nun in einer reizvollen Allee, wenngleich sie ein bißchen holprig gepflastert ist. Nach zwei Kilometern erreichen wir wieder einen Teerweg, in den wir links Richtung Dangast einbiegen. Fünfhundert Meter weiter sind wir an der Hauptverkehrsstraße nach Dangast, auf die wir nach rechts einbiegen. Auf beiden Seiten der Straße existieren Fahrradwege. Wir passieren das Nationalparkhaus auf der rechten Seite. Nach wenigen hundert Metern endet der Fahrradweg und wir müssen auf der Hauptstraße weiterfahren. An der nächsten Kreuzung geht es links ab in die *Sielstraße,* wo wir nach fünfzig Metern das *Franz-Radziwill-Haus* passieren und bald wieder an unserem Startpunkt angelangt sind.

11 Zetel – Bockhorn – Neuenburg – Zetel

Verkehrsmöglichkeiten BAB 29 bis Abfahrt Bockhorn-Neuenburg und B 437 nach Zetel (Marktplatz). Busverbindungen bestehen auf der Linie Varel – Bockhorn – Zetel. Bahnverbindungen sind, aus Richtung Oldenburg und Bremen kommend, nur nach Varel, Sande und Wilhelmshaven vorhanden.
Parkmöglichkeiten An der Kirche von Zetel.
Tourenlänge 16,7 Kilometer.
Fahrzeit 1¾ Stunden.
Höhenunterschiede Geringfügige Steigung von Zetel zum Naturschutzgebiet »Urwald Bockhorn-Neuenburg«.
Karten 1:50000 L 2512 Jever, L 2714 Varel, L 2712 Westerstede; 1:200000 Generalkarte, Blatt 3/4.
Wissenswertes Die Kirche von *Zetel* stammt aus der Mitte des 13. Jahrhunderts. Zum Bau wurden Granitquader und Backsteine verwendet. Der dort befindliche Kreuzigungsaltar wurde im 15. Jahrhundert geschaffen. Zu beachten ist auch das Nordwestdeutsche Schulmuseum Zetel.

Der *Neuenburger Urwald* östlich von Neuenburg mit 660 Hektar Gesamtfläche und einem unberührten Waldbestand, sogenannter Hude-Wald, von 28 Hektar wurde seit dem 17. Jahrhundert nicht mehr forstwirtschaftlich genutzt, so daß in diesem

Zu Tour 11, 12 **Jugendherberge Ruttelerfeld**
(Foto: Deutsches Jugendherbergswerk)

Naturdenkmal jahrhundertealte Buchen und Eichen ebenso wie Pirole, Schwarzspechte und Blaukehlchen zu finden sind.

Im Ort *Neuenburg* steht das gleichnamige Schloß des Grafen Gerhard von Oldenburg, das 1462 als Grenzburg gegen die Friesen entstanden ist. Das Wappen des Grafen Johann von 1596 schmückt Wände des Innenhofes. Nahebei befindet sich ein Freilichtmuseum mit Backhaus, Rauchkate, Ziehbrunnen und Scheune.

Tourenbeschreibung Vom Parkplatz vor der Friesenkirche von *Zetel* aus fahren wir links ab. Über eine kopfsteingepflasterte Straße gelangen wir nach etwa fünfzig Metern an die Hauptstraße, in die wir nach rechts einbiegen. Die Ortsmitte von Zetel haben wir nach etwa hundertfünfzig Metern erreicht. Die *Jakob-Borchers-Straße,* die eine rechte Verschwenkung nimmt, überqueren wir und fahren nach halblinks weiter. Wir folgen dabei der Ausschilderung nach Bockhorn. An der überquerten Straßenkreuzung befinden sich ein Ortshinweisschild nach Bockhorn/Westerstede/Neuenburg sowie Hinweise zum Schwimmbad nach halblinks, zum Schulmuseum Zetel nach rechts.

Vierhundert Meter nach der Kreuzung überfahren wir einen beschrankten Bahnübergang an der Bahnlinie Varel – Bockhorn – Zetel (Güterverkehr). Auf Höhe der linker Hand gelegenen Straße *An der Hasenweide* beginnt in Richtung Bockhorn ein auf dem Bürgersteig befindlicher Radweg. Zwei Kilometer vom Ausgangspunkt der Tour entfernt, steigt am Ortsausgang von

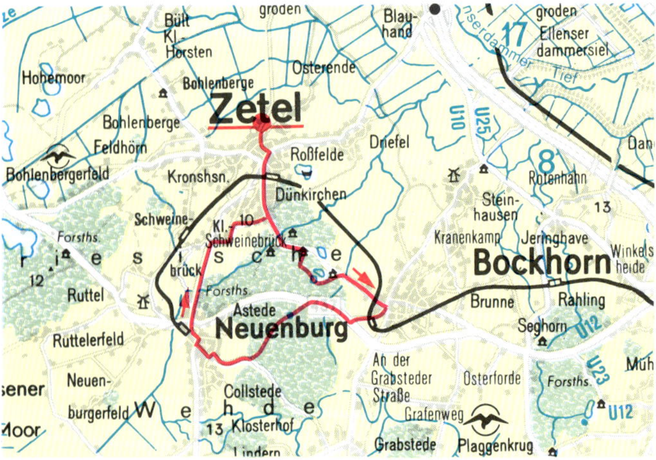

Zu Tour 11, 49 **Neuenburger Schloß** (Foto: Ferdinand Dupuis-Panther)

Zetel das Gelände leicht an. Durch ein Landschaftsschutzgebiet fahren wir in Richtung Bockhorn, das drei Kilometer entfernt ist. Die Straße Zetel – Bockhorn überqueren wir einen Kilometer nach dem Ortsausgang und fahren dann nach rechts in das Naturschutzgebiet *Urwald Bockhorn.* Dort angekommen, folgen wir teilweise einer Rundwanderwegmarkierung mit rotem Punkt. Wir benutzen für unsere Fahrt einen unbefestigten Waldweg, der nach etwa neunhundert Metern auf eine Weggabelung stößt. Hier fahren wir links ab. Danach setzen wir unsere Fahrt solange fort, bis wir zu einer T-Kreuzung gelangen, wo wir wieder nach links abbiegen. Auf diesem Weg die Fahrt fortsetzend, kommen wir aus dem Naturschutzgebiet heraus. Wir stoßen schließlich auf eine Ziegelei. Linker Hand befindet sich ein Informationspilz mit dem Hinweis »Bockhorn 1,2 km«. Aus dem »Urwald« und der *Totenstraße* herauskommend, die im Wandergebiet Urwald Bockhorn liegen, biegen wir nach rechts in Richtung Bockhorn ab. Für die weitere Tour benutzen wir den Radweg, der sich auf der linken Straßenseite befindet. Wir kommen dabei am Schwimmbad – liegt rechter Hand – und am Mini-Golf-Platz – liegt linker Hand – vorbei. Schließlich erreichen wir die Ortsgrenze von *Bockhorn,* die fünf Kilometer von unserem Ausgangspunkt entfernt ist. Wenige Meter nach dem Erreichen des Ortseinganges ist ein Bahnübergang zu überqueren. Nach weiteren zweihundertfünfzig Metern sind wir *Am Markt* angelangt und stehen dort vor der Kirche, um die wir herumfahren (Straßen Am Markt und Am Glockenturm).

Von hier aus geht es in die *Grabstedter Straße* und dann in der unübersichtlichen Kurve Grabstedter/Neuenburger Straße nach rechts in die *Neuenburger Straße.* Am Ortsausgang Bockhorn befindet sich ein Hinweisschild »Neuenburg 4 km«. Von nun an können wir wieder einen Radweg benutzen, wenn wir durch Rapsfelder und am *Urwald Bockhorn* vorbeiradeln. An der nächsten Kreuzung biegen wir nach rechts ab. Den Radweg entlang der Bundesstraße 437 benutzend, kommen wir am *Totenweg* vorbei, der rechts und links abzweigt. Wir wenden uns nach links und radeln in den Wald hinein. Dort stoßen wir auf einen Hinweis »Neuenburg 3,7 km«. Teilweise auf einem sandigen Weg, parallel zu einer Kleinbahn, fahren wir solange geradeaus weiter, bis wir auf eine befestigte Asphaltstraße stoßen. Wir fahren dem Hinweis nach Neuenburg nach und biegen hier rechts ab. Nach zwei Kilometern haben wir *Neuenburg* erreicht.

Für vierhundert Meter fahren wir geradeaus, ehe wir nach links abzweigen. Bis zu einer Verkehrsinsel setzen wir unsere Tour fort, biegen rechts ein und fahren solange weiter, bis wir an eine Kreuzung stoßen, wo wir gleichfalls nach rechts abbiegen. Wir kommen dabei an der Norddeutschen Maschinen- und Fahrzeug-Zentrale vorbei und benutzen auf unserer Fahrt den linksseits gelegenen Radweg.

Eineinhalb Kilometer vom Ortseingang entfernt, stoßen wir auf den *Schloßgang,* biegen nach links und kommen zu *Schloß Neuenburg.* Vor dem Schloß biegen wir nach rechts ab, um dann an der nächsten Querstraße wieder nach rechts abzufahren.

An dieser ampelgeregelten Kreuzung fahren wir nach links ab und setzen unsere Fahrt in Richtung Zetel fort. Auf der Landesstraße 815 radelnd, passieren wir den Friedhof und das Ehrenmal am Rande des Naturschutzgebietes Urwald Bockhorn-Neuenburg.

Nach einem weiteren Kilometer haben wir *Klein Schweinebrück* erreicht, wo es nach rechts abgeht. Auf der *Klein Schweinebrücker Straße* fahren wir bis zum Ortseingang *Zetel* und zur *Oldenburger Straße.* Den Ortseingang von Zetel haben wir nach einer Tourenlänge von etwa vierzehn Kilometern erreicht. An der Oldenburger Straße (K 102) biegen wir nach links ab und setzen danach auf dem rechtsseitig gelegenen Radweg unsere Fahrt in Richtung Ortsmitte fort. Wir kommen *An der Hasenweide* mit dem Hinweis Naturfreundehaus vorbei. Von der Oldenburger Straße biegen wir an der Kreuzung mit dem Hinweis »Bockhorn – Westerstede – Neuenburg« nach halbrechts ab. Danach geht es über die Kirchstraße zur St.-Martin-Kirche.

12 Zetel – Ruttelerfeld – Zetel oder Bohlenbergerfeld – Zetel

Verkehrsmöglichkeiten BAB 29 Abfahrt Bockhorn-Neuenburg und B 437 nach Zetel (Marktplatz). Busverbindungen bestehen auf der Linie Varel – Bockhorn – Zetel. Bahnverbindungen gibt es, aus Richtung Oldenburg und Bremen kommend, nach Varel, Sande und Wilhelmshaven.
Parkmöglichkeiten An der Kirche von Zetel.
Tourenlänge 27 bzw. 17 Kilometer.
Fahrzeit 2¾ bzw. 1¾ Stunden.
Höhenunterschiede Nicht nennenswert.
Karten 1:50000 L 2512 Jever, L 2714 Varel, L 2712 Westerstede; 1:200000 Generalkarte, Blatt 3/4.
Wissenswertes *Zetel, Neuenburg* siehe Tour 11.
Tourenbeschreibung Die St.-Martin-Kirche in *Zetel* ist der Ausgangspunkt dieser Tour. Von dort geht es nach links in die Straße *Westerende* und weiter links in die *Marschstraße.* Von dort aus biegen wir an einer Y-Gabelung nach links in einen Akkerweg ab, nachdem wir etwa siebenhundert Meter geradelt sind. Wir verlassen dabei die Straße in Richtung Zeteler Marsch. An der nächsten Weggabelung bleiben wir auf dem Weg der geradeaus weiterführt, bis wir nach etwa siebenhundert Metern wieder auf einer befestigten Straße angelangt sind. Dort fahren wir nach links. Wir sind nunmehr auf dem Wanderweg in Richtung Hohenmoor unterwegs. Nachdem wir fur etwa eineinhalb Kilometer auf diesem asphaltierten Wanderweg geradelt sind, kommen wir wieder in Zetel an.

An der Kreuzung Schulweg/Eschstraße fahren wir rechts ab nach Bohlenbergen. Wir setzen unsere Fahrt auf den Kreisstraßen 102 und 36 fort und erreichen etwa eineinhalb Kilometer von Zetel entfernt den Landkreis Wittmund und nach weiteren etwa siebenhundert Metern *Horsten.* Wir biegen nach links auf die Bundesstraße 436, wo wir auf dem Radweg fahren können, der auf Höhe eines rechter Hand gelegenen Betonwerkes endet, das etwa einen Kilometer vom Ortsausgang Horsten steht.

Etwa einen Kilometer vom Betonwerk entfernt, fahren wir an einem linker Hand gelegenen Segelflughafen vorbei. Für etwa eineinhalb Kilometer geht es weiter geradeaus, ehe wir auf die Kreuzung Friedeburger Straße/Marxer Hauptstraße stoßen, wo wir nach links abbiegen. Sobald wir den Hinweis »Ruttelerfeld« erreicht haben, geht es nach rechts in Richtung Remels (17 km) ab. Auf der B 437 sind »Neuenburg 5 km« und »Varel 18 km« ausgeschildert. Linker Hand liegt ein Bundeswehrgelände inmitten eines Nadelwaldes. Etwa fünfhundert Meter hinter dem Bundeswehrgelände biegen wir in einer Rechtsverschwenkung von der Kreisstraße 301 nach links auf einen Waldweg ab. Dabei kommen wir zunächst am *Voslapper Schullandheim* und dann am Evangelischen Ferienheim vorbei. Wir befahren nun die *Schweinebrücker Fuhrenkämpe*. Durch dieses Waldgebiet hindurchfahrend, gelangen wir auf den *Spolsener Weg*. Hier geht es gleich links ab, um dann an der nächsten Straßeneinmündung rechts abzubiegen und dem Hinweis Rutteler Feld, der sich linker Hand befindet, zu folgen. An der nächsten T-Kreuzung mit Vorfahrtachten-Beschilderung fahren wir nach links ab. Ruttelerfeld ist mit 1,4 Kilometer ausgeschildert. Wir fahren weiter geradeaus nach Ruttelerfeld zur Jugendherberge, die wir rechts liegen lassen. Etwa fünfhundert Meter dahinter zweigt rechts die *Spolsener Moorstraße* ab, auf der es laut Ausschilderung noch 6,5 Kilometer nach Neuenburg sind. Unsere Tour setzen wir geradeaus nach Ruttel fort, laut Ausschilderung 1 Kilometer.

An der Bundesstraße 437 wieder angekommen, geht es nach rechts. Linker Hand befindet sich unweit der Straßeneinmün-

dung die noch arbeitende *Rutteler Mühle.* Etwa siebenhundert Meter hinter der Mühle haben wir auf dem *Mühlenweg Neuenburg* erreicht.

Von dort an befindet sich auf der linken Seite ein Radweg. Etwa vierhundert Meter nach dem Ortseingang Neuenburg stoßen wir auf die Ausschilderung Schweinebrück. Wir setzen nach links abzweigend unsere Fahrt fort und haben nach etwa fünfhundert Metern den Ortsausgang Neuenburg erreicht. An dieser Stelle ist »Zetel 3 km« ausgeschildert.

Zunächst kommen wir durch ein kleines Waldstück und fahren entlang der Güterbahn, die rechts von uns liegt. Dabei folgen wir der Rechtsverschwenkung der Straße, bis wir an eine Straßengabelung stoßen. An dieser fahren wir nach rechts über die Bahngleise und dann weiter bis zur Landesstraße 815. Diese überqueren wir, um nach *Klein Schweinebrück* zu gelangen. Von dort aus halten wir uns links und fahren nach Zetel. Wir bleiben solange auf der Straße zwischen Klein Schweinebrück und Zetel, bis wir die Kreisstraße 102 erreicht haben. Dort angekommen, biegen wir nach links ab und fahren in Richtung Ortsmitte weiter.

Von da aus geht es durch die *Jakob-Borchers-Straße,* dann in die *Kirchstraße* bis *Westerende* und zur Friesenkirche.

Als alternative Tour bietet sich an, nach einer Tour von elf Kilometern nicht in Richtung Remmels und Rutteler Feld nach rechts von der B 437 abzubiegen, sondern auf der B 437 bis zum Abzweig Zetel weiterzufahren. Dieser Abzweig linker Hand ist von dem nach Rutteler Feld etwa dreihundert Meter entfernt. Wir biegen auf die Kreisstraße 102 ein und fahren weitere etwa eineinhalb Kilometer bis wir am *Nordwestdeutschen Schulmuseum* angekommen sind. Von hier aus setzen wir die Fahrt auf einem Fuß- und Radweg fort, der jedoch vor dem Ortseingang Zetel endet. Zetel haben wir nach einer Gesamtfahrt von etwa fünfzehn Kilometern erreicht.

Vierhundert Meter vom Ortseingang entfernt biegen wir an der Kreuzung rechts ab. Auf dem Fußweg fahren wir bis zur nächsten Kreuzung mit mehreren Straßeneinmündungen, an der wir nach links in die *Jakob-Borchers-Straße* einbiegen. Der Radweg befindet sich hier linker Hand auf dem Bürgersteig. Nach einigen hundert Metern geht es wieder nach links ab, der Ausschilderung »Zeteler Marsch« folgend. Diese Tour endet bereits nach etwa siebzehn Kilometern wieder an dem Ausgangspunkt vor der St.-Martin-Kirche zu Zetel.

13 Sande – Schortens – Silland – Sande

Verkehrsmöglichkeiten Über die A 29 bis AS Sande, dann auf der B 436 bis Oldenburger Damm, von dort bis zur Hauptstraße, dann über die Hauptstraße auf die Kreisstraße 294, von hier über den Sillandweg auf den Loppelter Weg. Eine weitere Anfahrt ist über die B 436, den Altendeichsweg, den Plögerweg und den Loppelter Weg zum Ems-Jade-Kanal möglich.

Von Wilhelmshaven aus mit Zügen der Deutschen Bundesbahn, die von Wilhelmshaven nach Oldenburg bzw. von Oldenburg über Sande und Jever nach Esens verkehren. Busverbindungen von Wilhelmshaven, Varel und Jever aus nach Sande.

Parkmöglichkeiten Am Sander See.

Tourenlänge 13 Kilometer.

Fahrzeit 1 Stunde.

Höhenunterschiede Zu vernachlässigen.

Karten 1:50000 L 2514 Wilhelmshaven, L 2512 Jever; 1:200000 Generalkarte, Blatt 3/4.

Wissenswertes *Sande,* bereits urkundlich im 12. Jahrhundert erwähnt, entstand als Gemeinde erst 1530. Überragt wird die Gemeinde, umgeben von Marschenlandschaft platt wie ein Kuchenblech, durch die St. Magnuskirche von 1350.

Aus Dank für die Siege über die Sachsen, erst unter dem Grafen Oldenburg, dann unter Herzog Heinrich dem Löwen, wurde die dem heiligen Stephanus geweihte Kirche zu *Schortens* errich-

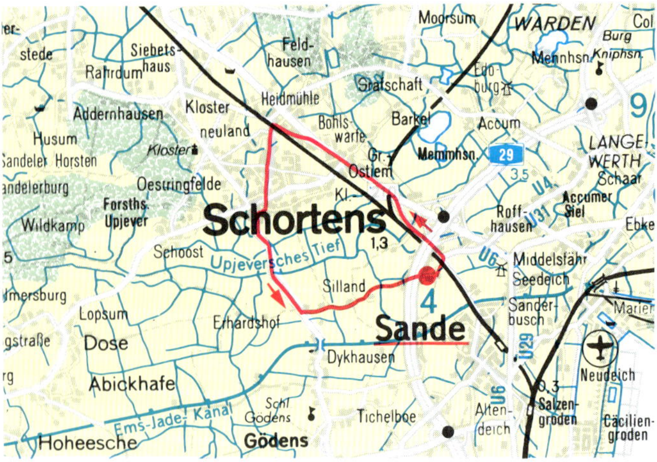

Zu Tour 13, 14, 15, 16, 17 **Magnuskirche, Sande** (Foto: F. Dupuis-Panther)

tet. Sie gilt als ältester Sakralbau (1158 Fertigstellung) des Jeverlandes. Der Sockel besteht aus Granitquadern, die einschiffige Hallenkirche aus Tuffstein. Besonders beachtenswert ist der Flügelaltar aus dem 15. Jahrhundert.

Tourenbeschreibung Vom *Sander See* aus fahren wir über den *Sillandweg* nach rechts ab. Wir setzen die Fahrt fort und kommen an einem Umspannwerk, das sich linker Hand befindet, vorbei. An der Einmündung Sillandweg/Kreisstraße 294 wenden wir uns nach links, nachdem wir vom Loppelter Weg aus etwa dreihundert Meter auf dem Sillandweg unterwegs gewesen sind.

Nachden wir links abgebogen sind, befahren wir auf der linken Seite einen Radweg in Richtung Groß-Ostiem.

Hinter dem Umspannwerk führt die nächste Querstraße rechts, die Kreisstraße 97, laut Ausschilderung nach »Roffhausen 1 km«.

Etwa einhundert Meter hinter dem Umspannwerk unterfahren wir die A 29 und setzen unsere Fahrt geradeaus fort. Nach weiteren etwa fünfhundert Metern stoßen wir auf die Bundesstraße 210 Richtung Jever/Aurich und Wilhelmshaven.

Wir fahren hier nach links, bleiben dabei auf dem Radweg, der sich in Richtung Jever linker Hand befindet. Auf der Bundesstraße 210 gelangen wir schließlich nach *Groß-Ostiem.*

Wir überqueren zunächst die *Plaggestraße,* die Kreisstraße 95, die in Richtung Schortens und Reepsholt links abzweigt. Unsere weitere Fahrt führt uns nach etwa siebenhundert Metern nach *Heidmühle* und zur *Oldenburger Straße.*

An der Straßeneinmündung Oldenburger Straße/Bundesstraße 210 steht ein Mühlenmodell. Hier biegen wir nach links ab. Auf dem linker Hand gelegenen Radweg setzen wir unsere Fahrt auf der Oldenburger Straße fort. Wir fahren nun am Rathaus vorbei und zweigen dann an der nächsten Kreuzung links ab. Dabei lassen wir den Bahnhof rechts liegen, wenn wir die Bahngleise überqueren.

Etwa einen Kilometer und dreihundert Meter vom Abzweig B 210/Oldenburger Straße befinden sich die Post und das Bürgerhaus linker Hand. Geradeaus weiterfahrend, kommen wir aus der *Mühlenstraße* auf die *Plaggestraße* und *Kirchstraße*. Dort geht es nach rechts in Richtung Schoost (2 km) und Reepsholt (8 km), wie der dortigen Ausschilderung zu entnehmen ist.

Wir halten auf die Kirche halblinks zu und fahren in den *Klein-Ostiemer Weg*. Rechts an der Kirche vorbeifahrend, geht es hinter der Kirche nach rechts und dann wieder nach links in Richtung Dykhausen.

Dann auf der Kreisstraße 96 fahrend, erreichen wir nach etwa zweieinhalb Kilometern *Silland*. Dort biegen wir links ab und kommen gleich am *Irenehof* vorbei. Dem *Sillandweg* folgen wir, bis wir *Hof Spiddig* und anschließend hinter der Autobahnunterführung den *Loppelter Weg* erreicht haben.

14 Sande – Dykhausen – Wasserschloß Gödens – Sande

Verkehrsmöglichkeiten Über die A 29 bis AS Sande, dann auf der B 436 bis Oldenburger Damm, von dort über Hauptstraße und die Kreisstraße 294. Von hier über den Sillandweg auf den Loppelter Weg. Eine weitere Anfahrt ist über die B 436, den Altendeichsweg, den Plögerweg und den Loppelter Weg zum Ems-Jade-Kanal.

Von Wilhelmshaven aus mit Zügen der Deutschen Bundesbahn, die von Wilhelmshaven nach Oldenburg bzw. von Oldenburg über Sande und Jever nach Esens verkehren. Busverbindungen von Wilhelmshaven, Varel und Jever aus nach Sande.

Parkmöglichkeiten Am Sander See.

Tourenlänge 11 Kilometer. **Fahrzeit** 1 Stunde.

Höhenunterschiede Zu vernachlässigen.

Karten 1:50000 L 2514 Wilhelmshaven, L 2512 Jever; 1:200000 Generalkarte, Blatt 3/4.

Wissenswertes *Sande* siehe Tour 13. – Das *Wasserschloß Gödens* ist ein Barockbau und im Besitz des Grafen von Wedel.

Zu Tour 14–17, 27, 29, 30, 42, 47 **Ems-Jade-Kanal**
(Foto: Ferdinand Dupuis-Panther)

Das Rundbogentor von 1652 gewährt Zutritt nur zum Park. Das zweigeschossige Hauptschloß und die Vorburg, gebaut am Ende des 16. Jahrhunderts, bleiben dem Besucher jedoch verschlossen.

Tourenbeschreibung Wir beginnen die Tour unweit des Sander Sees am *Ems-Jade-Kanal*, an dem wir in westlicher Richtung auf dem *Ems-Jade-Wanderweg*, einem freigegebenen Privatweg (Betonplatten) des Wasserwirtschaftsamtes Aurich, unterwegs sind. Der Kanal liegt zu unserer Rechten, wobei wir zunächst unter der BAB 29 hindurchfahren.

Der Ems-Jade-Wanderweg ist entlang des Kanals von Röhricht gesäumt. Wir fahren am Kanal zunächst bis zur *Gödenser Straße*, vorbei am Dykhauser Wassersportverein. Vom Wanderweg kommend, geht es nach links Richtung Neustadtgödens ab.

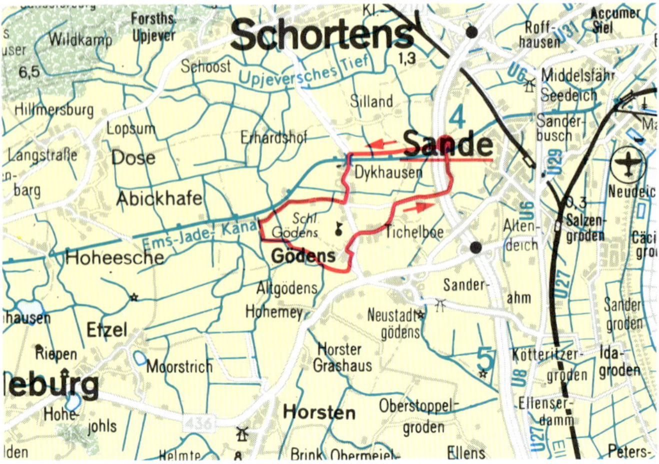

Nach etwa zweihundert Metern auf der Gödenser Straße ist *Dykhausen* erreicht. Etwa fünfzig Meter vom Ortseingang entfernt steht rechter Hand die Kirche. Nahebei finden wir die Haltestelle des Busunternehmers Janssen, der Busse auf der Linie Jever – Schortens – Neustadtgödens – Cäciliengroden einsetzt.

Wir biegen nun in den *Hammrichweg* rechts ein, auch wenn er als Sackgasse ausgewiesen ist, denn er führt zum Ems-Jade-Kanal zurück. so fahren wir auf den Kanal zu, können dann ein Stück an ihm entlangfahren, bis der Weg nach links von ihm wegführt. An der ersten Weggabelung, auf die wir stoßen, finden wir einen Pfosten mit Markierung für den Ems-Jade-Wanderweg (weißer Anker auf schwarzem Grund). Hier geht es nach halblinks weiter, dabei dem Hinweis nach Neustadtgödens, Dykhausen und Mariensiel folgend.

Etwa vierhundert Meter hinter dem ersten Weghinweis steht ein zweiter Weghinweis. Wir biegen dort nach links ab und fahren statt über verworfene Verbundsteine über eine asphaltierte Straßendecke zunächst nach *Hebrighausen*. Dort, wo sich der Weg gabelt, links, um nach *Marschhausen* zu fahren.

Auf dem *Marschhauser Weg* kommen wir an das Schloßgelände, das wir zum Teil umfahren, wenn wir zur Kreisstraße 96 unterwegs sind.

An der Kreisstraße wenden wir uns nach links. Dort finden wir einen Infopilz mit dem Hinweis auf Neustadtgödens, das 1,8 Kilometer von hier entfernt ist.

Wir befahren die Kreisstraße zunächst für etwa dreihundert Meter, ehe wir die Schloßzufahrt erreicht haben. Wir biegen dann nach links ab, um zum Haupttor des *Wasserschlosses Gödens* zu gelangen. Ein Schild weist dort darauf hin, die Räder außerhalb des Schloßparks abzustellen. Durch das Tor betreten wir das Schloßgelände, um einen Blick auf das Wasserschloß zu werfen.

Nach dem Spaziergang durch den Schloßpark gehen wir wieder zum Tor zurück, besteigen unser Rad und fahren dann nach rechts, vorbei an einem Grillplatz und Parkplatz. An der Kreisstraße wieder angekommen, wenden wir uns nach links bis zum *Tichelboeweg,* etwa sechshundert Meter vom Schloß entfernt. Dort fahren wir in den Tichelboeweg hinein und bleiben auf ihm, bis wir am *Mühlenweg* sind, in den wir nach rechts einbiegen.

Etwa neunhundert Meter auf dem Mühlenweg fahrend, gelangen wir an den *Loppelter Weg,* nachdem wir über die BAB 29 gefahren sind. Auf dem Loppelter Weg geht es zum *Ems-Jade-Kanal,* dem Ausgangspunkt unserer Tour zurück.

15 Sande (Ems-Jade-Kanal) – Wilhelmshaven – Mariensiel – Sande

Verkehrsmöglichkeiten Über die A 29 bis AS Sande, dann auf der B 436 bis Oldenburger Damm, von dort über Hauptstraße und Kreisstraße 294. Von hier über den Sillandweg auf den Loppelter Weg. Eine weitere Anfahrt ist über die B 436, den Altendeichsweg, den Plögerweg und den Loppelter Weg zum Ems-Jade-Kanal.

Von Wilhelmshaven aus mit Zügen der Deutschen Bundesbahn, die von Wilhelmshaven nach Oldenburg bzw. von Oldenburg über Sande und Jever nach Esens verkehren. Busverbindungen von Wilhelmshaven, Varel und Jever aus nach Sande.

Parkmöglichkeiten Am Sander See.

Tourenlänge 30 Kilometer. **Fahrzeit** 3 Stunden.

Höhenunterschiede Zu vernachlässigen.

Karten 1:50000 L 2514 Wilhelmshaven, L 2512 Jever; 1:200000 Generalkarte, Blatt 3/4.

Wissenswertes *Sande* siehe Tour 13. – *Wilhelmshaven* siehe Tour 1. – *Mariensiel* siehe Tour 17.

Vom *Schloß Alt Marienhausen* bei Sande, 1568 bis 1571 erbaut von Fräulein Maria von Jever (1500–1575), ist nach dem Abbruch der Anlage im Jahre 1826 nur noch der Turm übriggeblieben.

Der *Ems-Jade-Kanal* wurde 1880 bis 1888 gebaut. Er beginnt an der Seeschleuse Wilhelmshaven und endet nach 72,8 Kilometern in Emden an der Nesserlander Seeschleuse. 2,10 Meter beträgt seine Wassertiefe. Ab Aurich ist er das Wasserbett des alten Treckkanals. Er ist für Schiffe mit einer Tonnage von 120 Tonnen ausgelegt, dient jedoch heute im wesentlichen als Entwässerungskanal der Moore nördlich von Aurich.

Tourenbeschreibung Am Parkplatz am *Ems-Jade-Kanal,* nahe des Sander Sees, beginnen wir die Tour. Wir fahren rechts ab zum Seeufer und dort nach links um den See herum. Auf dem Kiesweg fahrend, kommen wir sowohl am Badestrand als auch am Vogelschutzgebiet vorbei. Halblinks ragt der Turm des Schlosses Alt Marienhausen empor. Wir fahren weiter am See entlang, bis wir halblinks auf einen Weg stoßen, der zum Ems-Jade-Kanal führt.

Wir biegen nach links auf den Rad- und Wanderweg entlang des Kanals ein *(Ems-Jade-Wanderweg).* Bis hierher haben wir etwa 1 Kilometer zurückgelegt. Wir überfahren Gleisanlagen, ehe wir auf die Kreisstraße K 294 stoßen. Auf diese Kreisstraße biegen wir nach links ein, bis wir den Zugang zum *Alt Marienhauser Schloß* rechter Hand erreicht haben. Wir fahren zum Turm des Schlosses und von dort wieder zum Kanal zurück. Am Kanal angekommen, wenden wir uns nach links. Wir folgen nun wieder dem Ems-Jade-Wanderweg.

Die Strecke ist nach »Wilhelmshaven 3 km«, nach »Mariensiel 3,3 km« ausgeschildert. Wir kommen auf unserer Fahrt zunächst an den Resten der Sander Mühle und dem Kanu- und Seglerverein vorbei, wenn wir diesen teils asphaltierten, teils Schotterweg befahren. Auf der weiteren Fahrt passieren wir rechter Hand eine Brücke, die über den Kanal führt, ehe wir etwa hundert Meter dahinter auf Brückenreste stoßen.

Eine Ausschilderung nach Mariensiel finden wir am Wanderweg, etwa 800 Meter von diesem Brückenrest entfernt. Wir fahren auf dem Wanderweg weiter geradeaus und stoßen auf den *Fraukenweg,* der nach *Ebkeriege* führt. Dort biegen wir nach rechts ab, überfahren die Bahngleise und setzen dann die Fahrt fort, indem wir nach halblinks auf den *Kanalweg* einfahren. Wir bleiben so lange auf dem Kanalweg entlang des Ems-Jade-Kanals, bis wir an der *Rüstringer Brücke* angekommen sind. Dort fahren wir nach links ab in den *Banter Weg* und dann an der *Havermonikenstraße* nach rechts in diese Straße ab. Am Ende dieser Straße sind wir an den Wilhelmshavener Hafenanlagen angelangt. Die Jadewerft befindet sich rechts von uns.

Wir fahren von hier vom Hafen weg zum Städtischen Lagerhaus, das wir linker Hand passieren, dann nach rechts wieder zum Hafen zurück und auf die Uferpromenade. Nachdem wir dann weitere etwa achthundert Meter am Wasser entlang geradelt sind, haben wir die »Arkona« und die Dampflok erreicht. Nach weiteren etwa siebenhundert Metern kommen wir an der »Kapitän Meyer« und am »Feuerschiff Weser« vorbei, die am *Bontekai* liegen.

Von dort fahren wir nach links in die *Ahrstraße* ein, dann schieben wir das Rad wegen der Einbahnstraßenregelung von der *Wupperstraße* an bis zur *Manteuffelstraße.* Dort geht es nach rechts ab und dann gleich wieder rechts zur *Kaiser-Wilhelm-Brücke.* Sobald wir die Brücke erreicht haben, kehren wir wieder zurück zur Manteuffelstraße, biegen in die Ahrstraße ein und fahren über Ahr- und Wupperstraße in die *Weserstraße* und

Zu Tour 15 **Turm von Schloß Alt Marienhausen bei Sande**
(Foto: Ferdinand Dupuis-Panther)

von dort in die *Lahnstraße* bis zur *Rheinstraße.* Wir biegen hier links ein, fahren bis zur *Neckarstraße,* biegen dort nach rechts und an der Gökerstraße/Ebertstraße nach links ab. Wir kommen, nach rechts in die *Ebertstraße* fahrend, zur Garnisonskirche.

Durch die dort gelegene Grünanlage mit einer Gezeitenanlage und dem Werftarbeiterdenkmal geht es zur *Adalbertstraße* mit dem Prinz-Adalbert-Denkmal. Vor dem Denkmal geht es rechts in die *Marktstraße* bis zum Werfttor der ehemaligen kaiserlichen Werft. Wir fahren dann auf der Marktstraße zurück bis zur *Virchowstraße.* Dort biegen wir rechts ab und kommen am *Robert-Koch-Haus* vorbei. Von der Virchowstraße geht es danach nach links in die *Börsenstraße* und zum *Börsenplatz* mit seinen um die Jahrhundertwende entstandenen Mietshäusern. Rechts geht es weiter in die *Kieler Straße* und dann links in die *Peterstraße.*

Auf ihr fahren wir bis zur *Mozartstraße* und dort nach rechts ab. Am Kurpark vorbeiradelnd, geht es dann bis zur *Paul-Hug-Straße,* in die wir nach links abbiegen, um zum Rathaus zu gelangen.

Vor dem Rathaus biegen wir nach rechts ein und an der nächsten Einmündung nach links in Richtung Berliner Platz. Am Platz fahren wir über die Ampelanlage hinweg in den *Mühlenweg* nach halblinks, bis wir an der *Kopperhörner Mühle* angekommen sind. Von dort aus fahren wir auf dem Mühlenweg wieder in Richtung Berliner Platz zurück, um dort nach rechts in die *Berliner Straße,* und von dieser in die *Edo-Wiemken-Straße* nach links abzubiegen. Anschließend kommen wir an der *Sie-*

bethsburg vorbei.Wir stoßen auf die *Siebethsburgerstraße,* in die wir links hineinfahren. Auf ihr gelangen wir an die *Bismarckstraße,* in die wir nun nach rechts abbiegen. Zunächst gibt es entlang der Bismarckstraße mit der typischen Wohnbebauung der zwanziger Jahre keinen Radweg. Erst ab *Friedrich-Paffrath-Straße* können wir einen Radweg benutzen, wenn wir am Europaviertel vorbeifahren.

Etwa 2 Kilometer von der Friedrich-Paffrath-Straße entfernt haben wir den Ortsausgang erreicht und verlassen Wilhelmshaven. Wir überqueren die Kreuzung Kurt-Schumacher-Straße/ Bismarckstraße. Weiter geradeaus unterwegs, erreichen wir zunächst die *Maade,* ehe wir *Middelsfähr* und Verbindungsstraße/ Am Tief erreichen. Dort biegen wir nach links ein, fahren auf der Verbindungsstraße durch Middelsfähr bis zur *Middelsfährer Landstraße.* Dort geht es wieder nach links und schließlich bis *Schaardeich,* etwa siebenhundert Meter von der Verbindungsstraße/Am Tief entfernt.

Wir bleiben auf dieser Straße, überqueren den Ems-Jade-Kanal und fahren danach in der Umfangstraße bis zur Kreisstraße 312. Auf die Kreisstraße 312, *Wilhelmshavener Straße,* biegen wir rechts ein und fahren bis zur *Mariensieler Straße,* die wir links liegen lassen, um weiter geradeaus zu fahren. Auf unserer Fahrt können wir den Flughafen linker Hand sehen. Auf dem Radweg auf der linken Seite fahren wir an der *Gießereistraße* vorbei, hinter der wir Gleisanlagen überqueren. Weiter geht unsere Tour durch Altenhof, ehe wir dann erneut Bahngleise überfahren und von der K 312 auf den *Oldenburger Damm,* die Landesstraße 815, stoßen. Dieser liegt etwa 700 Meter von der Gießereistraße entfernt.

Wir fahren in den Oldenburger Damm nach links hinein und dann bis zur nächsten Kreuzung mit der *Haupt- und Bahnhofstraße,* die ampelgeregelt ist. Wir queren hier erst die Bahnhofstraße, um dann den Oldenburger Damm zu überfahren und in die Hauptstraße nach rechts abbiegen zu können.

Bis zur *Dollstraße* steht uns linker Hand an der Hauptstraße ein Radweg zur Verfügung; von dort dann beidseitig der Straße.

Die Magnuskirche haben wir auf Höhe Am Markt/Hauptstraße erreicht. Sie steht rechter Hand gegenüber dem Schulzentrum. Vom Ortseingang Sande bis zur Magnuskirche sind etwa 2 Kilometer zurückzulegen. Wir biegen nach links ein und kommen dabei rechts an der Feuerwehrwache vorbei. Rechter Hand befindet sich auch das Nordwest-Krankenhaus, das wir, auf Privatweg *Leylecker Hörn* fahrend, sehen können. Das Befahren dieses Weges ist gestattet, so daß wir auf ihm an den *Ems-Jade-*

Kanal gelangen, wo wir nach links abbiegen, um zur Brücke über den Kanal, der A 29, zu gelangen. Von dort aus fahren wir nach rechts über eine kleine Brücke in Richtung Sander See.

16 Sande – Neustadtgödens – Sande

Verkehrsmöglichkeiten Über die A 29 bis AS Sande, dann auf der B 436 bis Oldenburger Damm, von dort über Hauptstraße und Kreisstraße 294. Von hier über den Sillandweg auf den Loppelter Weg. Eine weitere Anfahrt ist über die B 436, den Altendeichsweg, den Plögerweg und den Loppelter Weg zum Ems-Jade-Kanal möglich.

Von Wilhelmshaven aus mit Zügen der Deutschen Bundesbahn, die von Wilhelmshaven nach Oldenburg bzw. von Oldenburg über Sande und Jever nach Esens verkehren. Busverbindungen existieren von Wilhelmshaven, Varel und Jever aus nach Sande.

Parkmöglichkeiten Am Sander See.

Tourenlänge 28,5 Kilometer.

Fahrzeit 3 Stunden.

Höhenunterschiede Zu vernachlässigen.

Karten 1:50000 L 2514 Wilhelmshaven, L 2512 Jever; 1:200000 Generalkarte, Blatt 3/4.

Wissenswertes *Sande* siehe Tour 13. – *Neustadtgödens* wurde 1544 von Leinenwebern gegründet, die der mennonitischen Glaubensrichtung anhingen. Es war ein Flecken, der zur Herrschaft Gödens gehörte. Neben den Mennoniten gab es Katholiken, Reformierte und Lutheraner im Ort.

Die ersten Juden ließen sich im ostfriesisch-oldenburgischen Grenzland um 1639 nieder, als das Schwarze Brack abgesperrt wurde und sich der Flecken zu einem Handelsplatz entwickelte.

Bis heute ist die durch die Gemeinde Sande renovierte, im klassizistischen Stil erbaute Synagoge von 1852 erhalten geblieben, in der heute eine Galerie residiert. Menschen mosaischen Glaubens sind jedoch nach der Zeit nationalsozialistischer Diktatur nicht wieder nach Neustadtgödens zurückgekehrt.

Neben der Synagoge finden wir die reformierte und die Mennonitenkirche (1741), die evangelisch-lutherische Kirche von 1695 mit ihrem von 1714 stammenden barocken Turmbau und die katholische Kirche, ein rechteckiger Saalbau an der Patereistraße.

Die Oberahmer Kornmühle von 1746 und die Wasserschöpfmühle von 1745 sind die beiden Mühlen des Ortes.

Tourenbeschreibung Wir beginnen am *Ems-Jade-Kanal* und fahren den *Loppelter Weg* entlang, bis wir nach etwa einem Kilometer am *Plögerweg* sind. Dort fahren wir nach links und dann rechts in den *Altendeichsweg*. Den Ortsausgang von Sande haben wir etwa vierhundert Meter vom Plögerweg entfernt erreicht. Wir fahren noch etwa sechshundert Meter auf dem Altendeichsweg, dann stoßen wir auf die B 436. Wir beachten hier das Vorfahrt-Achten-Schild und setzen unsere Fahrt geradeaus fort. Etwa einen Kilometer hinter der Kreuzung Altendeichsweg/B 436 beginnt eine schlechte Wegstrecke. Wir bleiben auf dem Altendeichsweg und erreichen etwa 1½ Kilometer von der

Zu Tour 16 **Neustadtgödens** (Foto: Ferdinand Dupuis-Panther)

B 436 entfernt, die Bundesautobahn 29. Über sie fahren wir, nach rechts abbiegend, hinweg. Wir durchfahren anschließend *Sanderahm,* ehe wir etwa nach einem Kilometer hinter der A 29 nach *Neustadtgödens* gelangen. Am Ortseingang befindet sich die Oberahmer Mühle, an der wir unmittelbar vorbeifahren. Unweit von dort am Pörtnersweg/Sanderahmer Straße liegt nicht nur der Sportplatz, sondern auch eine Bushaltestelle mit Wartehäuschen. Von dort an können wir einen Radweg benutzen. Etwa eineinhalb Kilometer fahren wir auf der *Sanderahmer Straße* bis zur *Kirchstraße,* in die wir rechts einbiegen, um zur lutherischen Kirche zu gelangen. Den Parkplatz am Friedhof hinter der Kirche haben wir nach etwa 400 Metern erreicht.

Von dort aus fahren wir weiter die Kirchstraße hinunter, biegen dann links in die *Brückstraße,* fahren bis zur Straße *An der Waage,* wo rechts die Mennonitenkirche steht. Dann geht es nach links ab, wieder in die Brückstraße hinauf bis zur Kirchstraße und geradeaus über das *Neustädter Tief* zum ehemaligen Landrichterhaus, dem heutigen Heimatmuseum. Vor der Freiwilligen Feuerwehr und neben dem Museum gibt es einen Parkplatz. Zudem steht hier wie in Mariensiel und am Deich bei Minsen ein Pfahl mit »Sturmfluteintragungen«.

Wir kehren um und fahren am Museum vorbei übers *Neustädter Tief* und die *Brückstraße* bis zur Straße *Am Deich.* Dort wenden wir uns nach links und fahren bis zur *Staustraße.* Nun biegen wir nach links in die Staustraße ein und kommen dann zur Reformierten Kirche. Wir setzen die Fahrt bis zur Kirchstraße fort, biegen nach rechts ein, bis wir an der Synagoge angekommen sind. Von dort setzen wir die Fahrt in der Kirchstraße zur Straße Am Deich fort. Hier geht es nach rechts und gleich wieder nach links in den *Timpweg* hinein. Am Timpweg/Am Deich befindet sich zu unserer Orientierung ein Infopilz mit Hinweisen auf Ellens und Dangast.

Wir fahren vom Timpweg an der ersten Querstraße nach links ab. An der nun folgenden Straßen- und Wegeinmündung geht es nach rechts ab, wo sowohl Ellens als auch Zeteler Marsch ausgeschildert sind. Hier befindet sich linker Hand die Nachbildung eines ehemaligen Grenzpfahls aus dem letzten Jahrhundert, der die Grenze zwischen Oldenburg und Ostfriesland markiert. Linker Hand ist eine Wasserschöpfmühle in einiger Entfernung auszumachen. Von nun an befahren wir einen unbefestigten Weg mit einer Schotter-Kiesdecke, der um einen Spülteich führt, dessen Gelände nicht betreten werden darf.

Etwa einen Kilometer vom Timpweg entfernt, zweigt ein Weg rechts ab, der wieder nach Neustadtgödens zurückführt. Wir

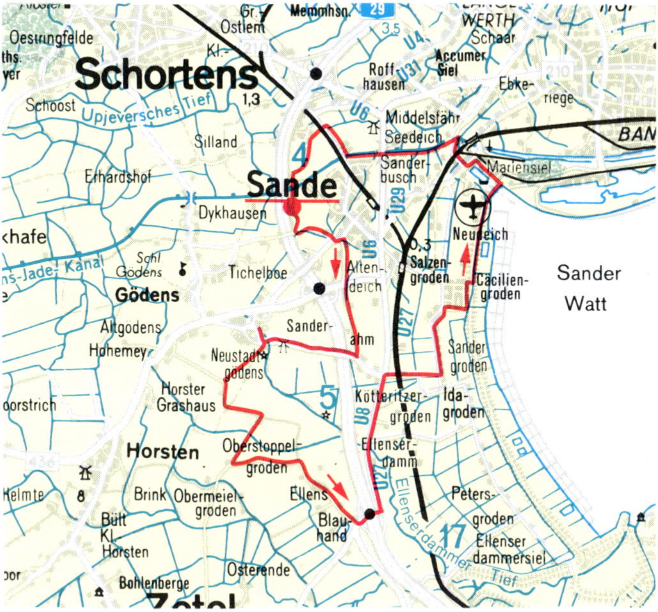

fahren geradeaus weiter und kommen an der Straße *Zeteler Marsch* an. Hier fahren wir nach rechts ab, überfahren auf der weiteren Fahrt das *Friedeburger Tief*. Dahinter geht es dann an der nächsten Wegeinmündung nach links in Richtung Ellens. *Ellens* haben wir etwa vier Kilometer, nachdem wir Neustadtgödens am Timpweg verlassen haben, erreicht. Von dort fahren wir weiter geradeaus und stoßen auf eine Kreuzung mit der Landesstraße 816 Richtung Steinhausen. Neben dieser Straße treffen dort auch die Landesstraße 815 und die AS Zetel der A 29 zusammen.

Wir fahren nach links ab und unter der A 29 durch. Es geht dann weiter auf der Landesstraße L 815. Auf dieser fahrend, kommen wir erneut zum Friedeburger Tief. Etwa hundert Meter hinter dem Tief befindet sich der Abzweig nach Adelheidsgroden und Idagroden.

Im Verlauf der Tour wird die Landesstraße zunächst *Blauhander Straße*, dann *Oldenburger Damm*. Wir müssen auf dem weiteren Weg Bahngleise überfahren, ehe wir etwa zweihundert Meter hinter diesen Gleisanlagen nach rechts abbiegen, um nach Cäciliengroden zu fahren. Wir benutzen nun die *Südstraße* und erreichen nach etwa siebenhundert Metern *Sandergroden*. Dort biegen wir nach links ab und befahren für einen weiteren Kilometer die *Dangaster Straße*. Dann haben wir *Cäciliengroden* erreicht.

Wir folgen der *Paul-Hug-Straße,* rechts an der Christuskirche vorbeiradelnd, bis zum *Karl-Marx-Platz*. Dort geht es nach links in die *Friedrich-Ebert-Straße* und nach rechts in die *Hermann-Schulz-Straße* bis zum Deichbereich. Unterhalb des Deiches wenden wir uns nach links, kommen am Bundeswehrgelände und anschließend am Flugplatz vorbei, ehe wir etwa fünf Kilometer, nachdem wir Cäciliengroden erreicht haben, am Abzweig nach Mariensiel angekommen sind.

Wir wenden uns dort, wo der Weg nach rechts auf dem Deich in Richtung Wilhelmshaven verläuft, nach links, fahren an einem Sportplatz vorbei und gelangen schließlich ans *Mariensiel* und an die *Wilhelmshavener Straße*. Von dort fahren wir in die *Umfangstraße* und dann am *Ems-Jade-Kanal* entlang zurück nach Sande.

17 Mariensiel – Sande – Mariensiel

Verkehrsmöglichkeiten Über die A 29 aus Oldenburg in Richtung Wilhelmshaven bis AS Zetel; dort auf der Landesstraße 815 nach Sande und in Sande auf der Kreisstraße 312 nach Mariensiel. Die Mariensiel am nächsten gelegenen Bundesbahnstationen befinden sich in Sande und Wilhelmshaven.
Parkmöglichkeiten In der Wilhelmshavener Straße.
Tourenlänge 9 Kilometer.
Fahrzeit ¾ Stunden.
Höhenunterschiede Keine.
Karten 1:50000 L 2514 Wilhelmshaven; 1:200000 Generalkarte, Blatt 3/4.
Wissenswertes Das *Mariensiel* wurde durch Deichbaumeister Albert Brahms 1877 unter Wilhelm I. und Großherzog Nikolaus Peter von Oldenburg im Namen der Rüstringer und Kniphauser Sielacht erbaut. Am Siel befindet sich ein Mast mit Angaben zu den Deichhöhen, aber auch den stärksten Fluten. – *Sande* siehe Tour 13.
Tourenbeschreibung Beginnen wir die Tour am *Mariensiel,* fahren von dort hinunter zur Kreisstraße 312, *Wilhelmshavener Straße,* und biegen auf der Höhe Umfangstraße bei der dort gelegenen Gaststätte nach links ein. An der *Mariensieler Straße*

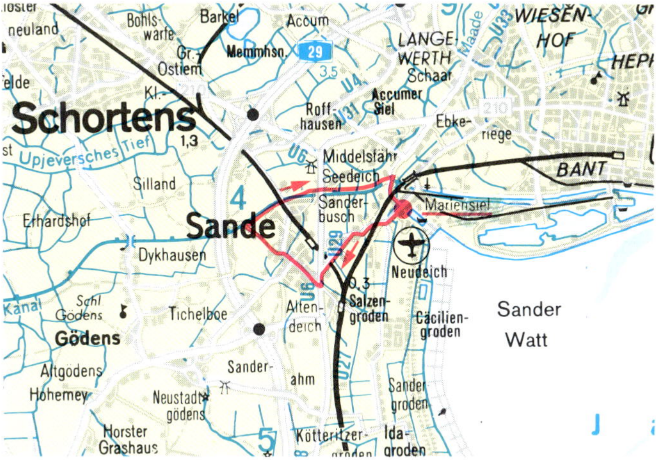

angekommen, geht es weiter auf der Kreisstraße geradeaus. Auf unserer Fahrt können wir den Flughafen linker Hand sehen. Auf dem Radweg auf der linken Seite fahren wir auch an der *Gießereistraße* vorbei, hinter der wir Gleisanlagen überqueren. Weiter geht unsere Tour durch *Altenhof,* ehe wir dann erneut Bahngleise überfahren und von der Kreisstraße 312 auf den *Oldenburger Damm,* die Landesstraße 815, stoßen. Dieser liegt etwa siebenhundert Meter von der Gießereistraße entfernt.

Wir fahren in den Oldenburger Damm nach links hinein und bis zur nächsten Kreuzung mit Haupt- und Bahnhofstraße, die ampelgeregelt ist. Wir queren hier die Bahnhofstraße, um dann den Oldenburger Damm zu überqueren und in die *Hauptstraße* nach rechts abbiegen zu können.

Bis zur *Dollstraße* steht nur linker Hand an der Hauptstraße ein Radweg zur Verfügung, von dort an dann beidseitig. Die Magnuskirche haben wir auf Höhe Schul-/Hauptstraße erreicht. Sie steht rechter Hand gegenüber dem Schulzentrum. Vom Ortseingang Sande bis zur Magnuskirche sind etwa 2 Kilometer zurückzulegen. Wir biegen in die *Schulstraße* nach links ein und kommen dabei rechts an der Feuerwehr vorbei. Rechter Hand befindet sich auch das Nordwest-Krankenhaus, das wir, auf dem Privatweg *Leylecker Hörn* fahrend, sehen können. Das Befahren des Weges ist gestattet, so daß wir auf ihm an den *Ems-Jade-Kanal* gelangen, wo wir nach links abbiegen, um zur Brücke über den Kanal, der A 29, zu gelangen.

Von dort aus fahren wir nach rechts über eine kleine Brücke in Richtung Sander See. Auf der anderen Kanalseite geht es zurück in Richtung Mariensiel. Wir überfahren auf Höhe des Sander Sees zunächst die Kreisstraße 294. Von dort aus können wir den Schloßturm von Altmarienhausen linker Hand sehen. Wir bleiben auf dem *Ems-Jade-Wanderweg,* fahren am Kanu- und Segelverein Sande vorbei, hinter dem wir den Stumpf der Sander Mühle entdecken, dann unter dem Oldenburger Damm hindurch, bis wir an ein Kleingartengebiet gelangen. An ihm fahren wir vorbei bis zur *Umfangstraße,* der ersten Straßenquerung hinter dem Kleingartengebiet. Wir fahren nach rechts in die Umfangstraße hinein und kommen so zu unserem Ausgangspunkt zurück.

18 Neuharlingersiel – Carolinensiel – Werdum – Neuharlingersiel

Verkehrsmöglichkeiten Mit dem Pkw auf der A 29, vor Wilhelmshaven Abzweig B 210 über Wittmund. Busverbindungen: WEB-Bäderverkehr Harlesiel – Carolinensiel – Neuharlingersiel – Bensersiel – Dornumersiel – Norden und zurück.
Parkmöglichkeiten Parkplatz am Hafen.
Tourenlänge 26 Kilometer.
Fahrzeit 2½ Stunden.
Höhenunterschiede Nicht nennenswert.
Karten 1:50000 L 2312 Wangerland; 1:200000 Generalkarte, Blatt 3/4.
Wissenswertes *Neuharlingersiel* siehe Tour 20. – *Carolinensiel,* nach 1730 um ein neu geschaffenes Hafenbecken herum entstanden. War vor 200 Jahren der zweitgrößte Hafen an der friesischen Küste und ein wichtiger Handelsplatz. Alte Gebäude am Hafen. Das Sielhafenmuseum umfaßt die Zeit der Segelschifffahrt mit dem Mammens Goot Huus, ein ehemaliger Kornspeicher mit Schiffsmodellen, Bildern, Dokumenten. Am Ortseingang alte Pelde- und Ölmühle (18. Jh.), in der das Korn nur gepellt und gebrochen wurde, heute Touristenunterkunft.

Altfunnixsiel, 1599 entstanden. Gut erhaltene Windmühle, ein sogenannter Erdholländer von 1802. Vor allem für Kinder interessant das »Lütgeland«. Miniaturmodelle von Hafenanlagen, Burgen und Schlössern.

Seriemer Mühle: Die 1804 erbaute Mühle kann besichtigt werden. Sie trägt auch den Namen »De goede Verwachting« (in guter Erwartung). Bereits 1646 wurde in der Nähe eine Bockwindmühle errichtet, die heute nicht mehr existiert.

Werdum: »Schinkenburg«, früher Sitz der Häuptlinge von Werdum. Der Bau geht wahrscheinlich auf eine Anlage aus dem 14. Jahrhundert zurück. Zur Burg gehört die schön renovierte Mühle (1748). Die St. Nicolaus-Kirche, ein einschiffiger Backsteinbau (1327), ist von weitem zu sehen. Turm von 1763, Chor 15. Jahrhundert. Das Abendmahlsgemälde wurde 1796 von einem Werdumer Künstler geschaffen.

Tourenbeschreibung Start und Ziel ist der Parkplatz am Hafen, wo die Schiffe nach Spiekeroog abfahren. Wir umrunden das kleine Hafenbecken und fahren in östlicher Richtung, zuerst auf einer Teerstraße den Deich hoch, dann auf der anderen Seite wieder hinunter und auf der Hauptstraße Richtung Carolinensiel. Auf der rechten Straßenseite ein geteerter Fahrradweg. Nach insgesamt vier Kilometern endet dieser und wir müssen die Autostraße benutzen. Nach fast sechseinhalb Kilometern haben wir das Ortsschild von *Carolinensiel* erreicht. Ein Schild weist auf das Sielhafenmuseum hin. Wir passieren die Ölmühle und folgen der Hauptstraße bis zu einer großen Kreuzung. Hier geht es links nach Harlesiel und zur Insel Wangerooge, wir biegen rechts ab Richtung Wittmund. Jetzt können wir auch wieder einen Fahrradweg benutzen, der an der Bundesstraße entlangführt. In der flachen Landschaft liegen verstreut einzelne Bauernhöfe. Fast zehn Kilometer von unserem Ausgangspunkt entfernt haben wir *Neufunnixsiel* erreicht. Einen Kilometer weiter

Zu Tour 18 **Jugendherberge Carolinensiel** (Foto: Deutsches Jugendherbergswerk)

geht es rechts ab nach Werdum und Altfunnixsiel, nach Wittmund sind es geradeaus noch acht Kilometer. Rechts liegt die Anlage von *Lütgeland.* Auf einem geteerten Fahrradweg kommen wir durch *Altfunnixsiel,* wo wir eine kleine Mühle auf der linken Seite passieren und überqueren dann einen Fluß. Wir folgen der Straße, nun allerdings wieder ohne Fahrradweg. Laut Straßenschild sind es noch vier Kilometer bis Werdum. Nach mehr als sechzehn Kilometern haben wir das Ortsschild von *Werdum* erreicht. Wir kommen an einer gut erhaltenen Windmühle vorbei. Nachdem wir 1,5 Kilometer im Ort zurückgelegt haben, erreichen wir die Kirche von Werdum. Es geht geradeaus weiter Richtung Esens auf einer Bundesstraße ohne Fahrradweg. Nach einem Kilometer zweigt nach rechts eine gepflasterte Straße ab, ein unscheinbares, kleines Schild weist auf einen Wanderweg nach Neuharlingersiel hin. Diesem Hinweis folgen wir, der gepflasterte Weg geht in eine Teerstraße über, die sich durch die Wiesen schlängelt. Nach fünfhundert Metern folgen wir nach rechts dem Schild »Wanderweg Neuwerdum – Neuharlingersiel«. Ab hier geht es auf großen Steinplatten weiter. Nach knapp 1,5 Kilometern erreichen wir eine kleine geteerte Straße, der wir nach links Richtung Neuharlingersiel folgen. Achthundert Meter weiter eine Bundesstraße, in die wir nach links einbiegen. Ein Fahrradweg ist auch hier nicht vorhanden. Wir kommen am *Pferdehof Rieken* vorbei und erreichen – nachdem wir mehr als dreiundzwanzig Kilometer zurückgelegt haben – die *Seriemer Mühle.* Die Besichtigung lohnt, eine Teestube lädt zur Rast ein. Siebenhundert Meter weiter die Bundesstraße Esens – Neuharlingersiel, in die wir rechts einbiegen. Die restlichen zwei Kilometer nach Neuharlingersiel können wir auf einem Fahrradweg zurücklegen. Nach mehr als sechsundzwanzig Kilometern geht es links ab zum Hafen, wo wir unseren Ausflug begonnen haben.

19 Neuharlingersiel – Ostbense – Neuharlingersiel

Verkehrsmöglichkeiten Busverbindungen: WEB-Bäderverkehr Harlesiel – Carolinensiel – Neuharlingersiel – Bensersiel – Dornumersiel – Norden und zurück.
Parkmöglichkeiten Parkplatz am Hafen.
Tourenlänge 17 Kilometer. **Fahrzeit** Etwa 1½ Stunden.
Höhenunterschiede Nicht nennenswert.
Karten 1:50000 L 2312 Wangerland, L 2310 Esens; 1:200000 Generalkarte, Blatt 3/4.
Wissenswertes *Neuharlingersiel* siehe Tour 20.
Tourenbeschreibung Wir verlassen den Parkplatz am Hafen in westlicher Richtung durch das Deichtor und folgen der Hauptstraße Richtung Esens. Ein geteerter Fahrradweg befindet sich auf der linken Straßenseite. Nach 1,8 Kilometern, an der *Wasserschloßklinik,* biegen wir nach rechts ab Richtung Ostbense, laut Ortsschild vier Kilometer entfernt. Wir fahren jetzt auf einer Autostraße ohne Fahrradweg. Nach etwas mehr als vier Kilometern von unserem Ausgangspunkt entfernt haben wir das Ortsschild von *Ostbense* erreicht. 1,3 Kilometer weiter passieren wir den *Ponyhof Albers* und nach weiteren neunhundert Metern biegen wir nach links ab, dem Wegweiser Richtung Esens folgend (Hartward 2 km). Wir müssen auch weiterhin auf einen Fahrradweg verzichten. Nach ein paar Metern liegt links ein kleiner See, als Landschaftsschutzgebiet ausgewiesen, und nach insgesamt acht Kilometern haben wir das Ortsschild von *Hartward* erreicht. Zweihundert Meter weiter geht es links ab, dem Schild »Kleinmargens 4 km« folgend. Wir radeln jetzt auf einer kleinen geteerten Nebenstrecke, kommen durch eine von Was-

sergräben durchzogene Wiesenlandschaft, wo Rinder und Schafe weiden, an Einzelhäusern und Gehöften vorbei. Die Strecke ist teilweise von Bäumen gesäumt. 4,5 Kilometer hinter Hartward erreichen wir die Bundesstraße Esens – Neuharlingersiel, in die wir links einbiegen. Nach weiteren siebenhundert Metern sind wir in *Großholum* und nach einer Gesamtstrecke von fünfzehn Kilometern wieder an der Wasserschloßklinik angelangt. Wir fahren nun den Weg zurück, der den Anfang unserer Tour bildete.

20 Neuharlingersiel – Bensersiel – Esens – Neuharlingersiel

Verkehrsmöglichkeiten Busverbindungen: WEB-Bäderverkehr Harlesiel – Carolinensiel – Neuharlingersiel – Bensersiel – Dornumersiel – Norden und zurück.
Parkmöglichkeiten Parkplatz am Hafen.
Tourenlänge 24 Kilometer. **Fahrzeit** 2½ Stunden.
Höhenunterschiede Nicht nennenswert.
Karten 1:50000 L 2312 Wangerland, L 2310 Esens; 1:200000 Generalkarte, Blatt 3/4.
Wissenswertes *Neuharlingersiel,* 1693 gegründeter Ort mit romantischem, kleinem Hafen. Fährschiffe nach Spiekeroog. Einzigartig ist das Buddelschiffmuseum mit Miniaturmodellen von Schiffen, in Flaschen eingeschlossen. – *Bensersiel* siehe Tour 21. – *Esens* siehe Tour 23.

Tourenbeschreibung Wir verlassen den Parkplatz am Hafen, wo die Fähren nach Spiekeroog abfahren, am östlichen Ende; gleich hinter dem Deichtor biegen wir rechts ab, am Hallenbad vorbei und dann den Deich hoch, an dessen Wasserseite wir entlangradeln. Der breite, geteerte Weg führt schräg am Deich entlang und ist gut zu befahren. Unterwegs müssen mehrere Tore geöffnet werden, die Tiere abhalten sollen. Wer will, kann auf der Strecke öfters den Deich hochradeln und sich einen Überblick verschaffen über Land, Wasser und die nicht weit entfernt liegenden Inseln. Nach knapp neun Kilometern erreichen wir ein Schild mit der Aufschrift »Sackgasse, Ausgang hier«. Wir radeln den Deich hoch, auf dessen Krone wir ein Stück weiterfahren. Nach zweihundertfünfzig Metern kommen wir auf eine Autostraße und nach weiteren zweihundertfünfzig Metern haben wir den *Hafen Bensersiel* erreicht, wo die Fährboote nach Langeoog ablegen. Man kann von hier aus aber auch noch andere Ausflugsfahrten unternehmen. Wir fahren geradeaus bis zum Wasser und dann links am Hafenbecken entlang. Am Deichtor ist eine Erinnerungstafel angebracht: »Höchste Wasserstände, gemessen bei Sturmfluten im Hafen von Bensersiel. 1825 + 4,90 Meter; 1962 + 4,50 Meter; 1976 + 4,22 Meter.«

Nach knapp 10 Kilometern haben wir den Ort *Bensersiel* erreicht, wo Restaurants und Cafés eine Verschnaufpause erlauben. Wir überqueren die vor uns liegende Brücke nicht, sondern fahren geradeaus weiter in die Straße *Am Tief,* nun immer oben am Kanal entlang. Der steinige und sandige Weg ist etwas holprig, vor uns sehen wir die Kirchturmspitze von Esens. Links von uns ein weiterer, kleinerer Kanal, so daß wir an beiden Seiten von Wasser umgeben sind. Unterwegs laden einige Bänke zum Ausruhen ein. Nach einem Kilometer passieren wir ein Schleusenhäuschen auf der anderen Seite des Kanals. Nach 1,4 Kilometern, wo der Kanal eine Schleife nach rechts macht, biegen wir nach links ab und folgen dem kleineren Wasserlauf. Weiterhin bleibt die Kirchturmspitze von Esens unser Orientierungspunkt. Falls es regnen sollte, finden Sie hier auch ein Unterstellhäuschen. Nach kurzem geht der Weg in eine gepflasterte Straße über, wir sind bei den ersten Häusern von Esens angelangt. Bis zur Bundesstraße legen wir von hier aus noch einen Kilometer zurück. Wir überqueren sie und fahren geradeaus weiter, rechts von uns liegt ein Parkplatz, nach wenigen Metern biegen wir links in die Fußgängerzone ein. Radfahren ist hier explizit erlaubt. Wir erreichen den *Marktplatz* von *Esens,* vierzehn Kilometer von unserem Ausgangspunkt entfernt. Nun geht es die *Marktstraße* hinein und nach dreihundert Metern links in die

Butterstraße. Vor uns erhebt sich die imposante Kirche von Esens. Wir folgen der Straße, die mehrmals den Namen wechselt und erreichen nach wenigen hundert Metern eine große Mühle an einer Kreuzung. Ein Straßenschild nach Neuharlingersiel weist uns den Weg (9 km). Fünfhundert Meter hinter der Mühle beginnt rechts ein separater, gepflasterter Fahrradweg entlang der lebhaft befahrenen Straße. Eine lange, gerade Strecke liegt vor uns. Rechts und links Wiesen, von Entwässerungsgräben durchzogen, einzelne Bauernhöfe liegen in einiger Entfernung. Wir kommen durch *Margens,* das nur aus einer Handvoll Häusern besteht. Auf den letzten Kilometern Richtung Deich führt die Strecke leicht aufwärts, wenngleich in bescheidenem Ausmaß. Wir radeln durch *Großholum* und erreichen dann wieder *Neuharlingersiel,* wo wir nach vierundzwanzig Kilometern nach links zum Hafen abbiegen, dem Ausgangspunkt unserer Tour.

21 Bensersiel – Westerburer Polder – Bensersiel

Verkehrsmöglichkeiten Busverbindungen: WEB-Bäderverkehr Harlesiel – Carolinensiel – Neuharlingersiel – Bensersiel – Dornumersiel – Norden und zurück.
Parkmöglichkeiten Öffentlicher Parkplatz am Hafen vor dem Schwimmbad.
Tourenlänge 13 Kilometer.
Fahrzeit 1½ Stunden.
Höhenunterschiede Nicht nennenswert.
Karten 1:50000 L 2310 Esens; 1:200000 Generalkarte, Blatt 3/4.
Wissenswertes *Bensersiel,* Ortsteil von Esens, ist gut auf Feriengäste vorbereitet. Großer Campingplatz, Meerwasserschwimmbad. Kleiner Yacht- und Fischkutterhafen. Wattwanderungen mit Führungen sowie Ausflugsfahrten mit Booten sind von hier aus möglich. Fähre nach Langeoog. – *Westeraccumersiel,* Yachthafen, Ausflugsmöglichkeiten mit Booten.
Tourenbeschreibung Ausgangspunkt ist der öffentliche Parkplatz am Hafen vor dem Schwimmbad. Über eine Fußgängerbrücke gelangt man auf die andere Straßenseite, dort geht es an der Straße entlang Richtung Dornumersiel. Wir kommen an einer Warft auf der linken Seite vorbei. Nach einem Kilometer biegen wir nach rechts ab auf den Deich hoch. Dann kann man unten am Deich entlang auf einer geteerten Strecke fahren.

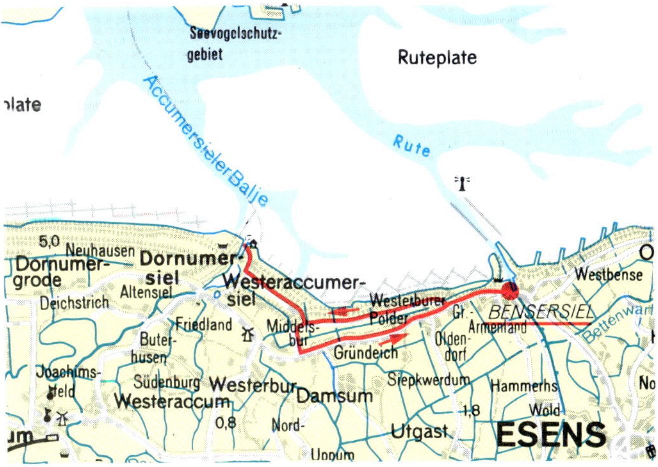

Links von uns verläuft ein zweiter Deich, dazwischen der Westerburger Polder. Am ersten Bauernhof besteht die Möglichkeit, einen Blick über den Deich zu werfen. Nach etwas mehr als drei Kilometern stoßen wir auf eine Schranke, die die Straße absperrt und somit Autos fernhält. Nach siebenhundert Metern endet die geteerte Strecke, ein gepflasterter Weg beginnt, die Straße teilt sich, wo wir später nach links abbiegen werden. Wer an der Kreuzung geradeaus weiterfährt, gelangt zum *Dornumersiel* (Westeraccumersiel). Auf dieser Strecke fährt man weiter unterhalb des Deiches, an Salzwiesen vorbei, hinter dem Deichvogelbrutgebiet, das im Frühjahr nicht betreten werden darf. Der Weg ist gepflastert. Nach fast zwei Kilometern stoßen wir auf eine Autostraße, auf der wir rechts den Deich hochfahren. Hinter dem Deich ein kleiner Hafen mit Jachtclub und einigen Fischerbooten *(Jachthafen Westeraccumersiel)*. Von hier aus sind auch kürzere Bootsfahrten möglich, z. B. nach Langeoog oder eine kleine Kreuzfahrt zu den Seehundsbänken.

Wir fahren dieselbe Strecke zurück; nach zwei Kilometern sind wir wieder an der Kreuzung angelangt, an der wir nun rechts abbiegen. Wir kommen an Feldern vorbei, die durch Drainagerohre entwässert werden. Nach einigen hundert Metern ein Bänkchen zum Rasten. Wir nähern uns nun auf einer gepflasterten Stichstraße dem sogenannten Schafdeich. Nach neunhundert Metern links den Deich hoch kommen wir wieder zur Autostraße, auf der wir Richtung Neuharlingersiel zurückfahren. Leider gibt es am Anfang keinen Fahrradweg, so daß wir auf die Straße ausweichen müssen. Nach einem Kilometer passieren wir den *Reiterhof Gründeich*. Nach weiteren fast 1,5 Kilometern können wir auf einen separaten, geteerten Fahrradweg wechseln. Wir passieren einen kleinen Teich und erreichen wieder unseren ersten Abzweig. Nach etwas mehr als dreizehn Kilometern sind wir wieder an unserem Ausgangspunkt angelangt.

22 Bensersiel – Utgast – Esens – Oldendorfer Hammer – Bensersiel

Verkehrsmöglichkeiten Busverbindungen: WEB-Bäderverkehr Harlesiel – Carolinensiel – Neuharlingersiel – Bensersiel – Dornumersiel – Norden und zurück.
Parkmöglichkeiten Öffentlicher Parkplatz am Hafen vor dem Schwimmbad.
Tourenlänge Etwa 14 Kilometer.
Fahrzeit 1½ Stunden.
Höhenunterschiede Nicht nennenswert.
Karten 1:50000 L 2310 Esens; 1:200000 Generalkarte, Blatt 3/4.
Wissenswertes *Bensersiel* siehe Tour 21. – *Esens* siehe Tour 23.
Tourenbeschreibung Wir starten am Parkplatz vor dem Schwimmbad am Hafen. Über eine Fußgängerbrücke überqueren wir die Straße, der wir Richtung Dornumersiel folgen. Wir fahren auf einem Fahrradweg an der Autostraße entlang. Vorbei geht es an einem kleinen schilfbewachsenen Teich mit Enten und Schwänen. Nach 1,7 Kilometern endet der Fahrradweg, wir biegen nach links in den *Strenge Weg* ein, auf dem wir nun eine längere Strecke immer geradeaus fahren. Einige Bauernhöfe liegen am Weg. Die Teerstraße geht in einen gepflasterten Weg über, ist aber weiterhin gut befahrbar, wenn auch etwas holpriger. Wir kommen durch eine weite, flache Wiesenlandschaft; zu beiden Seiten des Weges Wassergräben. Nach zwei Kilometern

ist die Strecke wieder geteert. Wir passieren eine mit Wasser gefüllte Kiesgrube (Betreten verboten!).

Nach insgesamt 4,5 Kilometern sind wir im Dorf *Utgast* angelangt. An der T-Kreuzung bei *Schröders Gaststätte* wenden wir uns nach links. Nach vierhundert Metern biegen wir in der Rechtskurve der Straße erneut nach links ab. Ein grünes Schild (Rad- und Fußweg nach Esens) weist uns den Weg. Bereits nach dreißig Metern geht es rechts ab in den *Stadtpatt.* Wir radeln nun auf einem schmalen, gepflasterten Weg, durch Wiesen hindurch, an windzerzausten Büschen und Bäumen entlang. Nach einer Gesamtstrecke von sechs Kilometern gelangen wir an eine Kreuzung; wir fahren geradeaus weiter auf unseren holprigen, schmalen Steinplatten. Nach fünfhundert Metern ein Stück Teerstraße, nach weiteren hundert Metern halten wir uns an der Kreuzung links. Nur hundert Meter sind es bis zur Brücke über den Kanal *Benser Tief,* den wir überqueren. Wir halten uns rechts, aber schon nach zwanzig Metern geht es links ab und weiter auf dem Fahrrad- und Fußweg Richtung Esens. In der Ferne sieht man bereits den Kirchturm von Esens. Im Zickzack geht es auf den schmalen, holprigen Steinplatten weiter. Nach insgesamt 7,5 Kilometern sind wir wieder an einer Autostraße angelangt. Wir halten uns links auf den Kirchturm zu, vor uns das Ortsschild von *Esens.* Nach wenigen Metern geht es links von der Autostraße ab und auf einem Fahrradweg weiter. Der Kirchturm in der Ferne kann uns immer als grobe Orientierung dienen. Wir fahren durch eine verkehrsberuhigte Zone (nach 8 km); dort, wo eine Sandstrecke anfängt, halten wir uns rechts. Nach zweihundert Metern haben wir wieder die Autostraße erreicht, die wir hundert Meter weiter überqueren. Auf der anderen Seite ein großer Parkplatz, an dem wir vorbeifahren und an dessen Ende wir links in die Fußgängerzone einbiegen. Das ist für Fahrräder auch explizit erlaubt. Wir haben bisher 8,5 Kilometer zurückgelegt. Nach wenigen Metern erreichen wir den *Marktplatz* mit seinen schön renovierten Häusern, dem Rathaus, Geschäften, Restaurants und Cafés. Rechts neben dem Rathaus das Stadthaus, links die Kirche mit dem Kriegerdenkmal davor. Das Standbild eines Bärens, dem Esenser Wappentier, soll darauf hinweisen, daß nach der Überlieferung im Mittelalter ein Tanzbär die befestigte Stadt Esens vor der Eroberung durch feindliche Truppen rettete.

Wir fahren nun den gleichen Weg zurück bis zur Brücke über den Kanal *Benser Tief,* die wir nach insgesamt 10,5 Kilometern wieder erreichen. Wir überqueren den Kanal und biegen nach rechts in den *Oldendorfer Weg* ein. Unsere Strecke verläuft zunächst immer geradeaus durch den *Oldendorfer Hammer.* Rechts und links auf den Wiesen sieht man zahlreiche Kühe, häufig auch Pferde. Nach 13,5 Kilometern haben wir *Bensersiel* erreicht. Wir fahren geradeaus, bis wir zum Deich gelangen. Auf der Hauptstraße geht es dann rechts auf dem Fahrradweg bis zur Fußgängerbrücke und dem Parkplatz.

23 Esens – Thunum – Esens

Verkehrsmöglichkeiten Bundesbahnverbindung nach Esens. Busverbindungen. Mit dem Pkw auf der A 29, vor Wilhelmshaven Abzweig B 210 über Wittmund.
Parkmöglichkeiten Großparkplatz im Stadtzentrum, nahe beim Marktplatz.
Tourenlänge 11 Kilometer. **Fahrzeit** Etwa 1 Stunde.
Höhenunterschiede Nicht nennenswert.
Karten 1:50000 L 2310 Esens; 1:200000 Generalkarte, Blatt 3/4.
Wissenswertes *Esens,* alter Häuptlingsort, Stadtrechte seit dem 16. Jahrhundert. Historischer Ortskern. Die ehemalige St.-Magnus-Kirche im Zentrum mußte abgebrochen werden und wurde 1848 bis 1854 durch eine dreischiffige Hallenkirche im spätklassizistischen Stil ersetzt. Im Inneren Teile der älteren Kirche erhalten. Steinerner Sarkophag mit Siebet Attena, der 1473 starb. Intim wirkender Marktplatz mit dem Rathaus, ehemals von Wangelin'scher Witwenstift (1756), mit Ahnensaal. Holographieausstellung Holarium. Heimatstube in der Pelde-Mühle.
Tourenbeschreibung Vom Großparkplatz fahren wir durch die Fußgängerzone zum *Marktplatz* und von dort in die *Marktstraße.* Nach wenigen Metern geht es links ab in die *Butterstraße* und dann die erste rechts in die *Jücherstraße.* Nach sechshundert Metern haben wir den Friedhof erreicht, zweihundert Meter weiter biegen wir rechts in den *Barkelweg* ein. Als Orientierung dient uns jetzt auch ein Schild mit einer Drei in einem grünen Kreis. An der nächsten Kreuzung fahren wir geradeaus weiter, der Markierung folgend. Knapp einen Kilometer hinter der Kreuzung geht der gepflasterte Weg in eine Sandstrecke über, die an manchen Stellen etwas mühselig zu befahren ist. Nach fünfhundert Metern überqueren wir einen unbeschrankten Bahnübergang; von hier sind es nur noch hundertfünfzig Meter bis zu einer kleinen Teerstraße, der wir nach rechts folgen.

Nach insgesamt 3,5 Kilometern erreichen wir eine Bundesstraße, in die wir nach links auf einen Fahrradweg einbiegen. Fünfhundert Meter sind es noch bis *Nobiskrug,* wo wir nach hundertfünfzig Metern wiederum nach links abbiegen. Wir radeln auf einer gepflasterten Straße, überqueren erneut einen unbeschrankten Bahnübergang. 1,3 Kilometer weiter, wo die Straße eine scharfe Rechtskurve macht, fahren wir geradeaus weiter auf eine Teerstraße. Neunhundert Meter sind es bis zu einer Kreuzung, dem Anfang der Ortschaft *Thunum,* wo wir nach links abbiegen. Zweihundert Meter weiter geht es wieder links ab in den *Hashammweg.* Nach achthundert Metern müssen wir links vorbei an einem Bauernhof, ab hier fahren wir auf einem unbefestigten Feldweg. Eine ruhige und beschauliche Strecke, da nur Anliegerverkehr zugelassen ist. An den nächsten beiden Kreuzungen geht es geradeaus weiter. Vor uns der Kirchturm von Esens, der uns als Orientierungspunkt dient. Nachdem wir insgesamt 9,5 Kilometer zurückgelegt haben, erreichen wir wieder eine gepflasterte Straße, der wir geradeaus folgen. Zweihundertfünfzig Meter weiter geht es links ab, wir können jetzt einen Fahrradweg benutzen. Nur noch zweihundert Meter trennen uns von dem Friedhof, an dem wir bereits zu Beginn unserer Tour vorbeikamen. Wir radeln auf demselben Weg zurück, den wir anfangs genommen haben.

24 Esens – Ostbense – Bensersiel – Esens

Verkehrsmöglichkeiten Bundesbahnverbindung nach Esens. Busverbindungen. Mit dem Pkw auf der A 29, vor Wilhelmshaven Abzweig B 210 über Wittmund.
Parkmöglichkeiten Großparkplatz in der Nähe des Marktplatzes.
Tourenlänge 14 Kilometer.
Fahrzeit 1½ Stunden.
Höhenunterschiede Nicht nennenswert.
Karten 1:50000 L 2310 Esens; 1:200000 Generalkarte, Blatt 3/4.
Wissenswertes *Esens* siehe Tour 23. – *Bensersiel* siehe Tour 21.
Tourenbeschreibung Vom Parkplatz aus fahren wir in die Fußgängerzone (Radfahren ist hier erlaubt), lassen den *Marktplatz* rechts liegen und radeln geradeaus weiter. Auch an der nächsten großen Straßenkreuzung geht es geradeaus weiter; erst nach zweihundert Metern rechts ab Richtung Ostbense, das laut Verkehrsschild vier Kilometer entfernt liegt. Wir können zunächst einen kombinierten Fuß- und Fahrradweg benutzen, müssen jedoch bald auf die Bundesstraße wechseln. Nach insgesamt 4,8 Kilometern biegen wir an einer Kreuzung rechts ab, fünfzig Meter weiter dann links zum Deich hin in den *Nordsternweg*. Die holprig gepflasterte Strecke geht über in einen Schotter/Sandweg. An der Teerstraße biegen wir links zum Deich hin ab. Ein

paar Meter weiter rechts können wir auf die Wasserseite des Deiches gelangen. Wir wenden uns jetzt nach links, auf einer geteerten Strecke den Deich entlang. Es geht immer geradeaus bis zum Hafenbecken von *Bensersiel,* an dem wir uns nach links wenden. Wir fahren durch das Deichtor und erreichen nach wenigen Metern eine Bundesstraße, in die wir nach links einbiegen. Wir können jetzt einen Fahrradweg benutzen, der uns, immer an der Autostraße entlang, auf direktem Weg nach Esens führt. An der großen Kreuzung, wo sich rechts die Windmühle mit dem Heimatmuseum erhebt, fahren wir geradeaus weiter und gelangen so wieder zu unserem Ausgangspunkt zurück.

25 Esens – Holtgast – Schafhauser Wald – Esens

Verkehrsmöglichkeiten Bundesbahnverbindung nach Esens. Busverbindungen. Mit dem Pkw auf der A 29, vor Wilhelmshaven Abzweig B 210 über Wittmund.
Parkmöglichkeiten Großparkplatz im Zentrum.
Tourenlänge 17,5 Kilometer.
Fahrzeit 2 Stunden.
Höhenunterschiede Nur geringfügig.
Karten 1:50000 L 2310 Esens, L 2510 Aurich; 1:200000 Generalkarte, Blatt 3/4.
Wissenswertes *Esens* siehe Tour 23.
Tourenbeschreibung Ausgangspunkt ist der Großparkplatz, zweihundert Meter vom Markt in Esens entfernt. Gleich hinter dem Parkplatz geht es rechts in die *Norderstraße,* über die große Kreuzung hinweg, dem Schild »Holtgast 3 km« folgend. Wir benutzen den Fahrradweg auf der linken Straßenseite. Nach insgesamt zwei Kilometern erreichen wir eine weitere Straßenkreuzung, an der wir nach rechts Richtung Norden abbiegen. Auch hier wieder ein Fahrradweg auf der linken Seite. 1,15 Kilometer nach der Kreuzung biegen wir links ab, zwanzig Meter weiter gleich wieder rechts in die Straße *Brandshoff.* Achthundert Meter nach unserem letzten Abzweig – wir haben bisher vier Kilometer zurückgelegt – biegen wir links ab auf einen gepflasterten, etwas holprigen Weg. Wir durchqueren eine Wiesenlandschaft, zur Linken ist ein Landschaftsschutzgebiet ausgewiesen. Vorbei geht es an unzähligen Gräben und kleineren Tümpeln. Nach etwas mehr als einem Kilometer holpriger Strecke kommen wir auf eine Teerstraße, die bequemer zu befahren ist. Den ersten

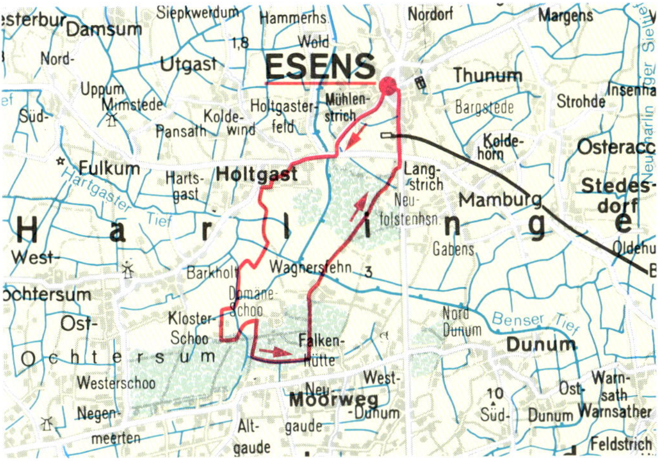

Abzweig nach links nach sechshundert Metern ignorieren wir, nach weiteren siebenhundert Metern biegen wir nach links ab, fünfhundert Meter weiter an einer Kreuzung wiederum nach links, nicht in den Bosselweg. Wir folgen dieser kleinen Teerstraße, die schließlich in einen gepflasterten Weg übergeht. An der nächsten Kreuzung – wir haben bisher acht Kilometer zurückgelegt – biegen wir nach links ab, zweihundert Meter weiter erneut nach links (nach rechts geht der Herrenweg ab). Nach nur siebenhundert Metern verlassen wir den gepflasterten Weg und biegen nach rechts ab auf einen Sandweg in den Wald. Diesem folgen wir achthundert Meter, an einem Graben geht es links ab, weiter auf einem Sandweg durch den Wald. Wir kommen an kleinen Teichen vorbei, an der nächsten Kreuzung geht es geradeaus weiter. Die Strecke ist sehr holprig und bei Nässe nicht zu empfehlen. Nach einer Gesamtstrecke von elf Kilometern haben wir den Waldrand erreicht, wir fahren nach links; an der nächsten Kreuzung, wo mehrere Straßen abzweigen, geht es geradeaus weiter. Wir verlassen den Wald und kommen in den *Leegmoorweg,* überqueren einen Kanal und gelangen erneut in ein Waldstück *(Schafhauser Wald).* 13,5 Kilometer von unserem Ausgangspunkt entfernt, wo die Teerstraße eine Rechtskurve macht, verlassen wir diese und fahren geradeaus weiter auf einer gut befahrbaren Sandstrecke in den Wald hinein. Der Weg steigt leicht an, ein ungewohntes »Erlebnis« in dieser Gegend. Nach 1,3 Kilometern beginnt wieder eine Teerstraße, dreihundert Meter weiter haben wir das Ortsschild von *Esens* erreicht. Noch vierhundert Meter sind es dann bis zu einer großen Bundesstraße, in die wir links einbiegen. Wir können einen Fahrradweg benutzen, von dem es nach 1,3 Kilometern nach rechts Richtung Marktplatz abgeht. Vierhundert Meter weiter biegen wir in der Fußgängerzone links ab und haben nach wenigen Metern den *Marktplatz* erreicht. Wir überqueren ihn, an seinem Ende biegen wir links ab, wiederum in eine Fußgängerzone, und erreichen nach wenigen Metern den Ausgangspunkt unserer Tour.

26 Aurich – Ostgroßefehn – Westgroßefehn – Aurich

Verkehrsmöglichkeiten Die Bundesstraße 70 führt von der BAB 29 aus Oldenburg und BAB 28 aus Bremen (Ausfahrt Filsum) nach Aurich. Busverbindungen von und nach Emden, nach Leer, Wittmund, Esens und Wiesmoor, Schnellbusverbindung von Oldenburg über Wiesmoor nach Aurich.
Parkmöglichkeiten Hinter der Kaufhalle an der Straße Am Pferdemarkt; Tiefgarage Carolinenhof am Fischteichweg; Parkhaus Große Mühlenwallstraße.
Tourenlänge 44 Kilometer. **Fahrzeit** 4¼ Stunden.
Höhenunterschiede Zu vernachlässigen.
Karten 1:50000 L 2510 Aurich, L 2710 Leer; 1:200000 Generalkarte, Blatt 3/4.
Wissenswertes *Aurich* als ehemalige Residenzstadt hat den größten Marktplatz Norddeutschlands (150 mal 50 Meter). Zu den bemerkenswerten Bauwerken zählt das Knodtsche Haus, ein klassizistisches Bürgerhaus von 1731 auf der Westseite des Marktes. Lambertikirche und Lambertshof sind weitere Anziehungspunkte für Freunde der Architektur. Der Schnitzaltar der Kirche ist um 1500 in Antwerpen entstanden.

In der Burgstraße (Fußgängerzone) befindet sich das Eingangstor mit Standbildern der Bellona und Pallas Athene.

An die jüdischen Bürger der Stadt erinnert ein Gedenkstein für die jüdische Synagoge an den Wallanlagen (Friedhofsstraße), die aus dem 16. Jahrhundert stammen. Unweit von hier befinden sich im Mausoleum von 1876 auf dem Auricher Friedhof die Ruhestätten ostfriesischer Grafen und Fürsten.

Daß Aurich auch einen betriebsamen Hafen hatte, sieht man am Pingelhus, dem ehemaligen Hafenwärterhäuschen am Stadthafen des Treckfahrtkanals Aurich – Emden, heute unweit der Ostfriesischen Landschaft (Georgswall). Ihr Gebäude ist im Stil

Zu Tour 26, 27 **Das Neue Schloß in Aurich** (Foto: Ferdinand Dupuis-Panther)

der Neorenaissance (1897 bis 1900) erbaut worden. Einst Ständeparlament der ostfriesischen Bauern ist sie heute Teil der kulturellen Selbstverwaltung Ostfrieslands.

Das neue Schloß mit Schloßplatz steht auf den Grundmauern einer älteren Burganlage der Cirksena (1447). In jetziger Form wurde es 1851 bis 1855 unter Georg V. erbaut. Marstall bzw. Neue Kanzlei, die dem Schloß gegenüberstehen, entstanden 1731 bis 1733. Zu beachten ist der Dreiecksgiebel mit Landeswappen und die Galerie mit Amsterdamer Schmiedearbeit mit den Initialen des Fürsten Georg-Albrecht.

Beachtenswert sind die Alte Kanzlei in der Burgstraße, in der das historische Museum untergebracht ist, und die reformierte Kirche, ein Rundbau im klassizistischen Stil von Conrad Bernhard Meyer 1812 bis 1814 erbaut. In der Burg-/Hafenstraße steht Haus Hanstein, das älteste Haus der Stadt mit mittelalterlichem Mauerwerk an der Westseite.

Fehndörfer und Fehnkultur bestehen seit 1633, als vier Emder Bürger das Erbpachtrecht zum Abtragen des Hochmoores nördlich von Timmel erhielten. Kanäle wie auch die Straßen entlang dieser Kanäle, Wieke, waren Transportwege, an denen sich die Fehndörfer bildeten. Zur Gemeinde Großefehn gehören *Holtrop* mit seiner Hallenkirche aus der Mitte des 13. Jahrhunderts, aber auch Ost- und Westgroßefehn.

Das umliegende Gebiet ist gekennzeichnet durch Niederungsmoore, Wallhecken und Wieken. In *Ostgroßefehn* finden wir den typisch ostfriesischen Mühlentyp, einen Galerieholländer (1804).

Auch in *Westgroßefehn* finden wir einen Galerieholländer (1889), eine Windmühle nebst Müllerhaus direkt am Fehnkanal.

Hinzuweisen ist auf das *Fehnmuseum Eiland* mit Museumslandschaft Großefehn am Fehntjer Tief mit einem Haupthaus, einer ostfriesischen Upkamer und Scheune mit Gegenständen aus dem täglichen Leben der Fehndorfbewohner, zudem einer Sägerei mit einer Gattersäge, einer Helling zum Bau von Fehnkähnen, den Tjalken, die hier wieder gebaut werden sollen, einer Remise und einem Arbeiterhaus, das das Wohnhaus des Museumsleiters ist.

Tourenbeschreibung Vom Parkplatz hinter der Straße *Am Pferdemarkt* in Aurich beginnen wir unsere Tour. Wir fahren von dort in die *Schützenstraße* und nun bis zur *Esenser Straße*. Dort geht es nach rechts ab. An der Ampelanlage überqueren wir die Von-Jhering-Straße. Wir benutzen dazu den Radweg und fahren auf ihm geradeaus zum Marktplatz. Rechts befindet sich am Eingang zum *Marktplatz* das Knodtsche Haus. Vom

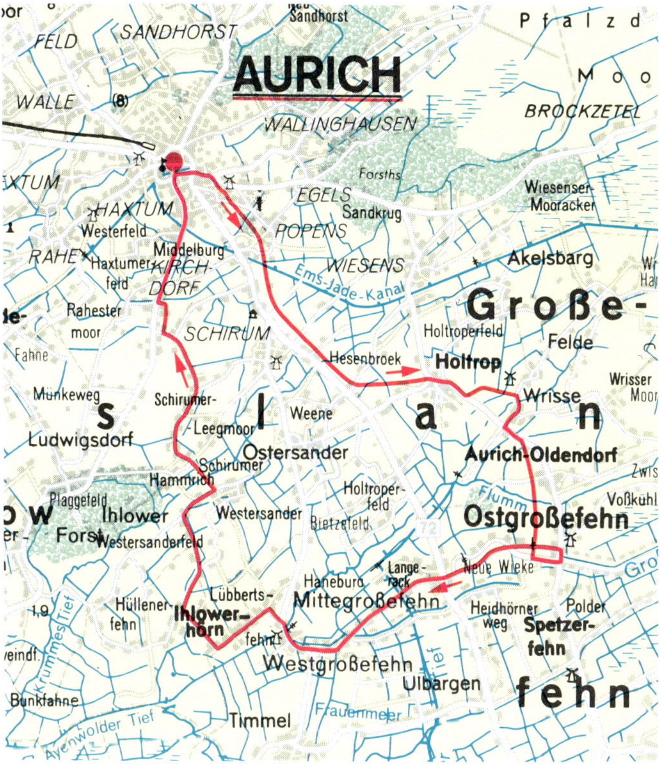

Marktplatz biegen wir nach rechts in die *Burgstraße* (Fußgängerzone) und dann in Höhe des Turms der Lambertikirche links in die *Hafenstraße* ein, wobei wir am Haus Hanstein vorbeikommen. Von der Hafenstraße kommen wir zunächst zum *Georgswall* mit dem Pingelhus und der Ostfriesischen Landschaft zwischen Georgswall, Julianenburger Straße und Fischteichweg.

An der Ampel überfahren wir die Julianenburger Straße und gelangen in die *Kirchdorfer Straße*. Rechts und links finden wir bis zur Brücke über den Ems-Jade-Kanal auf dem Bürgersteig Radwege. Vor der Brücke über den Ems-Jade-Kanal fahren wir nach links ab auf den *Ostfrieslandwanderweg*. Der Kanal liegt nun rechter Hand. Nach etwa 1,5 Kilometern auf diesem Wanderweg erreichen wir die B 72 und fahren unter dieser hindurch. Nach weiteren etwa fünfhundert Metern folgt nach der B 72 rechter Hand eine kleine Brücke, über die wir den Ems-Jade-Kanal queren. Der Ostfrieslandwanderweg bringt uns nach *Hol-*

trop, das wir nach einer Fahrt von etwa acht Kilometern erreicht haben. Vom Wanderweg aus stoßen wir an den *Postweg.* Linker Hand befindet sich die Raiffeisen-Volksbank. Wir folgen nun dem Postweg, der Teil des Ostfrieslandwanderweges ist. Für die nächsten etwa siebenhundert Metern befahren wir den linken Bürgersteig (Radweg), um dann am Freibad und an den Sportanlagen auf einen Weg, teils Verbundsteine, teils Beplattung, teils sandig, links einzubiegen. Auf diesem Weg, dem *Mühlenweg,* kommen wir zu einer bewohnten Mühle (1866) mit der Inschrift »Allein auf Gott setz Dein Vertrauen«. Wir verlassen den etwa einen Kilometer langen Mühlenweg und fahren rechts in die *Kuckucksleegde* hinein. Nach etwa dreihundert Metern auf diesem Klinkerweg erreichen wir *Wrisse* (Gemeinde Großefehn). – An Gulfhäusern vorbeifahrend, gelangen wir wieder zum *Postweg,* auf den wir nach links einbiegen. Für die nächsten 2 Kilometer bleiben wir auf dem Postweg (Radweg auf dem Bürgersteig links!). Wir queren dort den Weg, um auf dem *Ostfrieslandwanderweg* weiterzufahren. Wir folgen einer Verschwenkung nach links an »Claasens Landhaus« vorbei und biegen sofort hinter dem Landhaus rechts ab. Wir fahren dann weiter geradeaus und aus der *Oldendorfer Straße* heraus; schließlich nach links in die *Kanalstraße-Nord* in *Ostgroßefehn.*

Auf der Kanalstraße-Nord radeln wir zur Mühle (1804), heute eine Galerie; von dort aus fahren wir auf der *Kanalstraße-Süd* bis zur Klappbrücke; dann nach rechts und wieder links erneut auf die *Kanalstraße-Nord.*

Etwa vier Kilometer, nachdem wir in Ostgroßefehn hineingefahren sind, verlassen wir die Kanalstraße-Nord. Wir benutzen einen Radweg (rechte Straßenseite) in Richtung Mittelgroßefehn. Den Fehnkanal überqueren wir etwa einen Kilometer nach dem Ende der Kanalstraße-Nord, wenn wir nach links abbiegen. Dann setzen wir die Fahrt, nach rechts und wieder nach links abbiegend, bis zur Fußgängerampel fort. Wir überqueren die ampelgeregelte Straße und radeln geradeaus in Richtung Niemoor und Westgroßefehn. Ab Kanalstraße-Süd gibt es keinen Radweg mehr. Wir fahren von dort immer geradeaus, haben dabei den Kanal auf unserer rechten Seite und stoßen dann halbrechts auf den *Raiffeisenweg* (Westgroßefehn). Wir fahren auf der weiteren Tour unmittelbar an der Mühle vorbei, ehe wir etwa zweihundert Meter hinter der Mühle am Fehnmuseum haltmachen. Wir haben nunmehr etwa einundzwanzig Kilometer zurückgelegt.

Vom Museum aus fahren wir nach links ab, dann weiter bis zur ersten Querstraße links, die nach Lübbertsfehn führt. Wir befahren diese Straße und erreichen *Lübbertsfehn.* Es geht nun weiter geradeaus in Richtung Ihlowerfehn. Etwa zwei Kilometer nach Lübbertsfehn ist *Ihlower Hörn* erreicht. Wir biegen rechts in die *Lübbertsfehnstraße* ein und dann nach etwa einem Kilometer auf dieser Straße rechts ab in die *Ihlowerhörnstraße.*

Nach einer Fahrt über etwa zwei Kilometer kommen wir an die *Westersanderstraße,* in die wir nach links abbiegen. Wir müssen auf der Westersanderstraße etwa 1,5 Kilometer zurücklegen, um *Schirumer Leegmoor* zu erreichen. Von dort aus sind es nochmals etwa 1,5 Kilometer bis zur Straße *Schirumer Feld.* Wir setzen unsere Fahrt nach Aurich bis zur Straße *Am Kippenpolder* fort, biegen dort nach rechts ab und folgen dem Straßenverlauf, bis wir an der *Kirchdorfer Straße* sind. Wir biegen nach rechts auf die Kirchdorfer Straße ein. Auf der linken Seite der Kirchdorfer Straße befindet sich der von uns zu benutzende Radweg, der sich kurz vor der Brücke über den Ems-Jade-Kanal auf der rechten Seite fortsetzt.

Nach einer Fahrt von insgesamt etwa fünfundzwanzig Kilometern (seit Fehnmuseum) sind wir wieder in Aurich. Am Kanal fahren wir nach links auf den Treidelpfad (Ostfrieslandwanderweg) und von diesem rechts in die *Westgasterstraße,* die wiederum auf die *Kirchdorfer Straße* zuläuft. An der Kirchdorfer Straße biegen wir nach links ab, dann überqueren wir diese Straße, um auf dem Bürgersteig der rechten Seite, der als Radweg ausgewiesen ist, zur *Julianenburger Straße* zu gelangen. Wir beenden unsere Tour in der Fußgängerzone *Burgstraße.*

27 Aurich – Großes Meer – Moordorf – Aurich

Verkehrsmöglichkeiten Die Bundesstraße 70 führt von der BAB 29 aus Oldenburg und BAB 28 aus Bremen (Ausfahrt Filsum) nach Aurich. Busverbindungen von und nach Emden, nach Leer, Wittmund, Esens und Wiesmoor; Schnellbusverbindung zwischen Oldenburg über Wiesmoor nach Aurich.

Parkmöglichkeiten Hinter der Kaufhalle an der Straße Am Pferdemarkt; Tiefgarage Carolinenhof am Fischteichweg; Parkhaus Große Mühlenwallstraße.

Tourenlänge 40 Kilometer. **Fahrzeit** 4 Stunden.

Höhenunterschiede Zu vernachlässigen.

Karten 1:50000 L 2510 Aurich, L 2508 Norden; 1:200000 Generalkarte, Blatt 3/4.

Wissenswertes *Aurich* siehe Tour 26.

Der nördliche Teil des *Großen Meeres* ist ein Eldorado für Windsurfer, Paddler und Tretbootkapitäne, der südliche ein Naturschutzgebiet von fast 500 Hektar. Hier gedeihen Großseggen- und Röhrichtgesellschaften sowie Feuchtwiesen, die Rastplatz und Überwinterungsquartier für nordische Zugvögel sind.

Mit der Kolonisierung der Moore begann auch deren Trokkenlegung. So wurde 1873 der 18,1 Kilometer lange *Abelitz-Moordorf-Kanal* angelegt. Mit dem Abelitzschloot und dem Kanal ist zwischen Tannenhausen über Moordorf und Victorbur die Anbindung nach Abelitz in der Gemeinde Wirdum und die Verbindung in die Krummhörn geschaffen worden. Hauptziel dieser angelegten Kanäle war die Entwässerung der Moore. Sie wurden auch als Transportwege genutzt. Kleine Schiffe brachten früher Torf in die Marsch, das gegen Schlick, Dünger und Marscherde getauscht wurde.

In *Moordorf* direkt am Kanal ist ein Freilichtmuseum, das Moormuseum Moordorf, eingerichtet worden.

Tourenbeschreibung Von der Straße *Am Pferdemarkt* in Aurich fahren wir nach rechts auf die *Von-Jhering-Straße.* Wir benutzen den Radweg bis zur Ampel an der Friedhofsstraße, überqueren die Von-Jhering-Straße dort und gelangen zu den *Wallanlagen.* Wir radeln über die *Friedhofsstraße* bis zur Kirchstraße und dort nach rechts in die *Kirchstraße* hinein. Linker Hand befinden sich die klassizistische reformierte Kirche und ein Druckereimuseum. Bei *Lambertshof* geht es nach rechts zum Staatshochbauamt. An der Burgstraße biegen wir vom Lambertshof, wo sich das Geburtshaus von Professor Dieffer befindet, rechts ab. Durch das alte Eingangstor setzen wir unsere Fahrt für wenige Meter fort, bis wir linker Hand die Post und rechter Hand das Hotel Piqueurhof sehen. Wir biegen dann links in Richtung Schloß ab, wo heute eine Außenstelle der Bezirksregierung Weser-Ems untergebracht ist. Wir kommen am *Marstall* vorbei auf das Schloß zu und biegen vor dem Schloß nach rechts ab, um zur *Julianenburger Straße* zu gelangen. Von ihr geht es nach rechts ab in die *Hasseburger Straße* und dann wieder rechts in *Am Neuen Hafen* und *Am Kanal* nach links, wodurch wir den Hafen umfahren und zum *Ems-Jade-Kanal* gelangen. Wir fahren am Kanal bis zur *Raher Schleuse,* die etwa zwei Kilometer von unserem Ausgangspunkt entfernt ist. Von der Schleuse aus fahren wir nach rechts und dann sofort wieder links auf den *Raher Postweg.* Der Ems-Jade-Kanal liegt nun links. Auf dem Alten Postweg erreichen wir den *Ringkanal,* etwa drei Kilometer von der Schleuse entfernt.

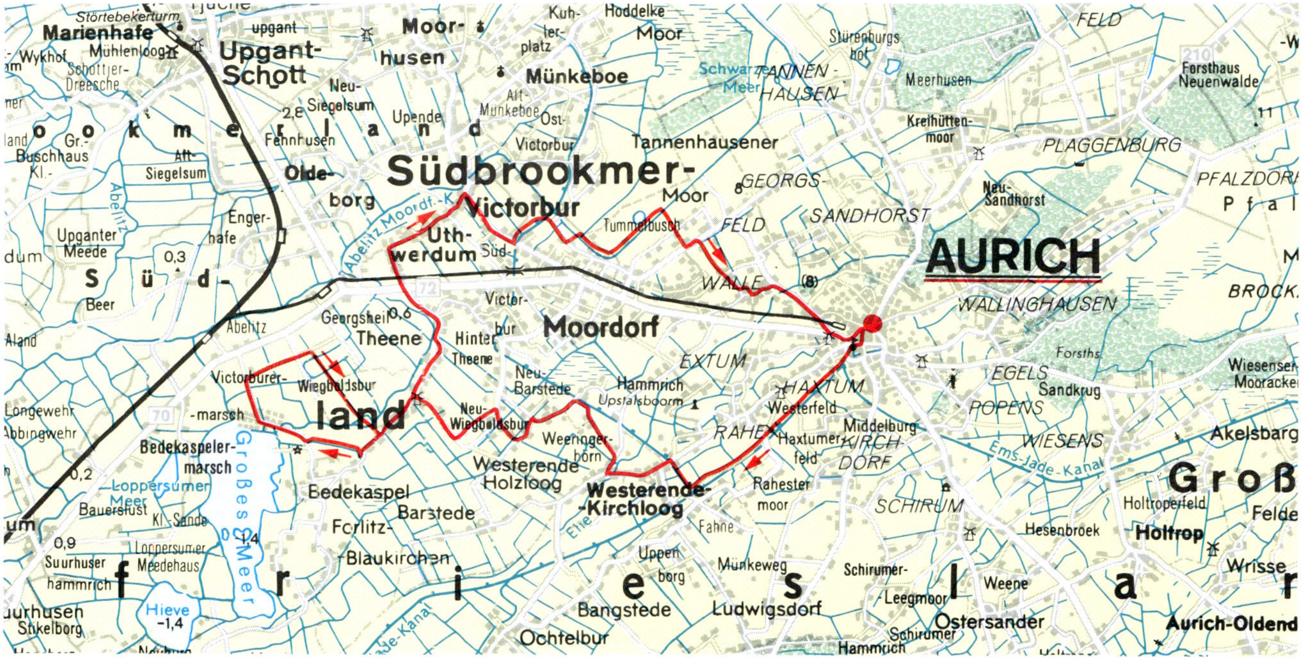

AURICH
Südbrookmerland
Großefehn
Marienhafe
Upgant-Schott
Moorhusen
Münkeboe
Victorbur
Uthwerdum
Moordorf
Theene
Wiegboldsbur
Bedekaspel
Barstede
Forlitz-Blaukirchen
Westerende-Kirchloog
Westerende-Holzloog
Bangstede
Ochtelbur
Ludwigsdorf
Ostersander
Holtrop
Aurich-Oldendorf
Tannenhausener Moor
Georgsfeld
Sandhorst
Walle
Wallinghausen
Extum
Haxtum
Rahe
Kirchdorf
Schirum
Plaggenburg
Pfalzdorf
Großes Meer
Hieve
Loppersumer Meer
Ems-Jade-Kanal
Abelitz-Moordorf-Kanal
Abelitz

Am Ringkanal geht es dann nach rechts bis zur *Auricher Straße,* etwa siebenhundert Meter vom Ems-Jade-Kanal/Ringkanal entfernt. Nach einer Fahrt über etwa achthundert Meter verlassen wir die Auricher Straße und fahren in *Westerende Holzloog* rechts in die *Holzlooger Straße.* Die Ausschilderung besagt hier »Wiegboldsbur 6 km« und »Neu Barstede 3 km«. Wir benutzen für unsere Fahrt den auf dem linken Bürgersteig ausgewiesenen Radweg, der am Ortsausgang zu Ende ist. Wir biegen dort nach halblinks ab und gelangen nun wieder an den Ringkanal.

Wir befinden uns nunmehr auf der Kreisstraße 125 und stoßen auf die Straße *Up Diek.* Wir fahren auch hier, der Verschwenkung nach links folgend, weiter und haben dann Neu Barstede erreicht. Über Holzlooger, Westerender und Ekelser Straße fahren wir bis zu einer T-Kreuzung (Ekelser/Forlitzer Straße). Dabei kommen wir dann durch *Neu Wiegboldsbur* nach *Wiegboldsbur.* An der Ecke Forlitzer/Ekelser Straße steht links Siebels' Mühle (1811), an der wir nach links abzweigen. Wir fahren geradeaus, an der nächsten Y-Straßengabelung weiter auf der Kreisstraße K 113 nach halbrechts aus Wiegboldsbur heraus. 2,5 Kilometer von der Mühle entfernt biegen wir rechts ab in den *Dörpweg.* Dabei durchfahren wir ein Landschaftsschutzgebiet, die Victoburer Meede. Nach etwa einem Kilometer stoßen wir an eine Weggabelung und halten uns hier links. Wir setzen die Fahrt auf dem nun *Kösterweg* genannten Verbundsteinweg weiter. Von diesem Weg gelangen wir in den *Hillmersumweg* und dann *Langerweg,* ehe wir am *Großen Meer* ankommen.

Vom Parkplatz am Großen Meer aus fahren wir in die *Schöpfwerkstraße* nach links. Aus der Schöpfwerkstraße fahren wir dann rechts ab. Dabei überqueren wir den Meedekanal und setzen unsere Fahrt an der nächsten Querstraße nach rechts fort. Wir fahren über die nächsten zwei Kreuzungen hinweg und an der dritten wieder nach rechts. Bis hierher haben wir, seit wir Aurich verlassen haben, etwa zweiundzwanzig Kilometer zurückgelegt. Wir benötigen nochmals etwa zwei Kilometer, bis wir wieder nach links auf die *Forlitzer Straße* abbiegen können. Auf der Forlitzer Straße (Kreisstraße 113) kommen wir durch Theene hindurch und an den Abzweig nach Alt Ekels, bis wir am Ende die Bundesstraße 72 erreicht haben.

Um nach Uthwerdum und West Victorbur zu kommen, überfahren wir die B 72, fahren dann nach links ein kurzes Stück Richtung Emden, bis wir nach rechts in die Straße nach Uthwerdum einbiegen können. Die Ortsausschilderung ist hierbei zu beachten!

Nach Uthwerdum radeln wir links auf dem Bürgersteig (Radweg). Wir folgen dabei dem weiteren Straßenverlauf durch *Uthwerdum* und *West Victorbur* hindurch bis zur nächsten T-Kreuzung (Kreisstraße 118). Dort geht es nach rechts in Richtung Aurich und Moordorf.

Auch hier benutzen wir den Radweg, der linksseitig der Tom-Brook-Straße angelegt ist. Nach etwa einem Kilometer auf der Tom-Brook-Straße haben wir den *Gingsterweg* erreicht. Nun geht es nach links am *Ringkanal* ab. Wir folgen diesem Kanal, bis wir an der nächsten Gabelung rechts abfahren und der Ausschilderung zum Moormuseum folgen. Nach einer Tourenlänge von etwa zweiunddreißig Kilometern sind wir schließlich am Parkplatz vor dem Moormuseum »Abelitzer Moor-Kanal/Grenzweg) angekommen. Die Fahrzeit bis hierher beträgt etwa 3½ Stunden. – Wir fahren vom Moormuseum auf dem *Kanalweg* am Abelitzer Moor-Kanal entlang bis zum *Victorburer Moor*. Dabei überqueren wir etwa achthundert Meter vom Museum entfernt den Kanal und fahren nach links und dann nach rechts, so daß der Kanal zu unserer Rechten liegt. Am *Abelitz Kanal-Nord*, etwa zwei Kilometer vom Museum entfernt, überqueren wir den Moor-Kanal erneut, indem wir nach rechts über eine Brücke radeln. – Unsere Fahrt setzen wir geradeaus fort, kommen an die *Moordorfer Straße*, biegen dort nach links und dann bei der nächsten Möglichkeit nach rechts ab. Wir kommen auf Höhe *Hochpad* an der Lukaskirche vorbei und biegen schließlich aus der *Horumer Straße* rechts in den *Wallsterloog* und von dort

Zu Tour 27 **Moordorf** (Foto: Ferdinand Dupuis-Panther)

rechts in den *Wallster Weg* ab. Auf ihm fahren wir in Richtung Aurich, wobei wir die *Sandhorster Ehe* überqueren. Aurich erreichen wir an der Straße *Am Wilhelminenholz,* die fünf Kilometer vom Moormuseum entfernt ist.

Der Radweg im Wallster Weg, auf dem wir gefahren sind, endet 1,5 Kilometer nach dem Ortsanfang. An der nächsten ampelgeregelten Kreuzung biegen wir nach links auf die *Emder Straße* ein. Wir kommen von ihr auf die *Von-Jhering-Straße.* Sie bringt uns zu den *Wallanlagen* und dem Gedenkstein für die jüdische Synagoge. Wir bleiben auf dieser Hauptverkehrsstraße, die über Radwege verfügt, bis wir *Am Pferdemarkt* ankommen, wo unsere Tour endet.

28 Aurich – Ostfriesland-Äquator – Aurich

Verkehrsmöglichkeiten Die Bundesstraße 70 führt von der BAB 29 aus Oldenburg und BAB 28 aus Bremen (Ausfahrt Filsum) nach Aurich. Busverbindungen von und nach Emden, nach Leer, Wittmund, Esens und Wiesmoor, Schnellbusverbindungen zwischen Oldenburg über Wiesmoor nach Aurich.
Parkmöglichkeiten Hinter der Kaufhalle an der Straße Am Pferdemarkt; Tiefgarage Carolinenhof am Fischteichweg; Parkhaus Große Mühlenwallstraße.
Tourenlänge 15 Kilometer.
Fahrzeit 1¼ Stunden.
Höhenunterschiede Zu vernachlässigen.
Karten 1:50000 L 2510 Aurich; 1:200000 Generalkarte, Blatt 3/4.
Wissenswertes *Aurich* siehe Tour 26.
Ossie-Äquator: Auf der Erde sind alle Punkte durch Länge und Breite bestimmt. Alle Punkte auf dem Äquator haben die Breite O, der Nordpol 90. Ostfriesland erstreckt sich zwischen 53 Grad und 54 Grad nördlicher Breite. Bei 53° 30′ 00″ teilt sich Ostfriesland in zwei Hälften. Das Katasteramt rechnete aus den geographischen rechtwinkligen Koordinaten Ostfrieslands Mitte aus. Eine auf dem Ostfrieslandwanderweg bei Aurich eingelassene Holzbohle mit Eisenschiene kennzeichnet den sogenannten Ostfriesland-Äquator, der 50 Meter nördlich vom Pilsumer Leuchtturm den Seedeich kreuzt.
Tourenbeschreibung Vom Verkehrsverein Aurich e.V. (Norderstraße 32) aus fahren wir in nördlicher Richtung auf die *Esen-*

Zu Tour 28, 33 **Eine auf dem Ostfrieslandweg bei Aurich eingelassene Holzbohle mit Eisenschiene kennzeichnet den sogenannten Ostfriesland-Äquator, die Stelle, an der sich Ostfriesland in zwei Hälften teilt.** (Foto: Ferdinand Dupuis-Panther)

ser Straße. Auf dem Radweg sind wir bis *Eheweg* unterwegs. Dort biegen wir nach rechts ab. Nach etwa drei Kilometern verlassen wir Aurich, nachdem wir an einer Schule vorbei- und durch eine Wallheckenlandschaft gefahren sind. In den *Neulandsweg* biegen wir nach links etwa achthundert Meter hinter dem Ortsende von Aurich ein. Für etwa hundert Meter bleiben wir auf diesem Weg. Dann haben wir rechts den *Ostfrieslandwanderweg* mit der Wegemarkierung weißer Grund mit schwarzem O erreicht. Hier befindet sich auch ein Unterstand. Nachdem wir weitere vierhundert Meter auf dem Ostfrieslandwanderweg geradelt sind, sind wir am Ossie-Äquator angelangt. Wer vierhundert Meter hinter dem Äquator links abbiegt, erreicht die Vosbergsche Mühle. Wir bleiben jedoch für die nächsten etwa 4,5 Kilometer auf dem Wanderweg, ehe wir rechts auf die asphaltierte Kreisstraße 129 fahren. Nach weiteren zweihundert Metern biegen wir von ihr nach rechts auf einen Waldweg ab.

Wir verlassen die Sandhorster Ehe mit ihren Wällen und Hekken, ihren Birken und Erlen und radeln für die nächsten etwa vier Kilometer durch einen zur Sandhorster Revierförsterei gehörenden Mischwald. Statt nach etwa vier Kilometern der rechten Wegverschwenkung zu folgen, fahren wir geradeaus zu und gelangen nach weiteren etwa dreihundert Metern zum Waldspielplatz und zum Trimmpfad. Dort befindet sich eine Infotafel mit Angaben zum Ökosystem Wald zur Revierförsterei, die 690 Hektar Wald zu betreuen hat.

Wir fahren aus dem Wald heraus und rechts ab, um nach Aurich zurückzufahren. Für die nächsten zwei Kilometer können wir einen Radweg (Verbundsteine) benutzen.

Dort, wo er endet, fahren wir geradeaus in den *Eikebuscher* und *Hoheberger Weg* weiter. Am Ende des Hoheberger Weges geht es rechts ab in Richtung Am Pferdemarkt und *Norderstraße,* wo die Tour endet.

29 Auricher Mühlentour

Verkehrsmöglichkeiten Die Bundesstraße 70 führt von der BAB 29 aus Oldenburg und BAB 28 aus Bremen (Ausfahrt Filsum) nach Aurich. Busverbindungen von und nach Emden, nach Leer, Wittmund, Esens und Wiesmoor, Schnellbusverbindungen zwischen Oldenburg über Wiesmoor nach Aurich.
Parkmöglichkeiten Hinter der Kaufhalle an der Straße Am Pferdemarkt; Tiefgarage Carolinenhof am Fischteichweg; Parkhaus Große Mühlenwallstraße.
Tourenlänge 10 Kilometer.
Fahrzeit 1 Stunde.
Höhenunterschiede Zu vernachlässigen.
Karten 1:50000 L 2510 Aurich; 1:200000 Generalkarte 3/4.
Wissenswertes *Aurich* siehe Tour 26.

Hinzuweisen ist auf die noch existierenden drei von sechs Mühlen der Stadt, die Stiftsmühle des Setheschen Fräuleinstifts, ein Galerieholländer von 1858, die Vosbergsche Mühle von 1884, ebenso wie die Steensche Mühle von 1885, ein Galerieholländer. Die Stiftsmühle von 1858 ist eine fünfstöckige Kornmühle mit 28,7 Metern Höhe und heute mit ihren 5 Böden ein lebendiges Mühlenmuseum.

Tourenbeschreibung Von der Stiftsmühle in der *Oldersumer Straße* fahren wir auf dem Radweg zum ehemaligen Lehrerseminar, wo heute unter anderem das Katasteramt untergebracht ist. Nach etwa sechshundert Metern passieren wir die Ostfriesische Braustätte, ehe wir nach einem weiteren Kilometer an der Straße *Zum Haxtumerfeld* nach links einbiegen. Rechter Hand steht dort die Steensche Mühle.

Über die Straße *Zum Haxtumerfeld* fahren wir bis zum *Ems-Jade-Kanal.* Nachdem wir ihn überquert haben, biegen wir nach links in die *Westerfelder Straße* ein. Wir fahren weiter bis zur Kreuzung Westerfelder/Kirchdorfer Straße. Wir fahren dort nach links und weiter geradeaus, bis wir wieder am Kanal angelangt sind. Wir überqueren ihn auf der Kirchdorfer Straße und fahren dann hinter der Brücke nach rechts auf einen Treidelpfad, *Ostfrieslandwanderweg.*

Nach etwa 1,5 Kilometern erreichen wir die Bundesstraße 72. fünfhundert Meter hinter der Unterführung unter der B 72 fahren wir links ab, bleiben aber, an Wällen und einem kleinen Wäldchen vorbeikommend, auf dem Ostfrieslandwanderweg. Der Weg gleicht einer Hohlgasse, in der wir bis zur Straße *Am Ostbahnhof* unterwegs sind. Dort geht es nach rechts weiter auf die *Egelser Straße* bis zum *Mühlenweg.* Dort befindet sich rechter Hand die Vosbergsche Mühle, wo ein Mühlenstein von 1578 ausgestellt ist. Wir wechseln die Straßenseite und wenden uns nach links, um in die Innenstadt von Aurich zurückzufahren.

Auf einem Radweg (rechts) geht es stadteinwärts über die *Egelser Straße* in die *Fockenbollwerkstraße* und an der Leerer Landstraße in den *Fischteichweg,* wo sich der Carolinenhof, die katholische Ludgeruskirche und die Ostfriesische Landschaft befinden. Von hier aus fahren wir über die Julianenburger Straße zur *Oldersumer Straße* und zur Stiftsmühle zurück.

30 Aurich – Upstalsboorm – Aurich

Verkehrsmöglichkeiten Die Bundesstraße 70 führt von der BAB 29 aus Oldenburg und BAB 28 aus Bremen (Ausfahrt Filsum) nach Aurich. Busverbindungen von und nach Emden, nach Leer, Wittmund, Esens und Wiesmoor; Schnellbusverbindung zwischen Oldenburg über Wiesmoor nach Aurich.
Parkmöglichkeiten Hinter der Kaufhalle an der Straße Am Pferdemarkt; Tiefgarage Carolinenhof am Fischteichweg; Parkhaus Große Mühlenwallstraße.
Tourenlänge 10,5 Kilometer.
Fahrzeit 1 Stunde.
Höhenunterschiede Zu vernachlässigen.
Karten 1:50000 L 2510 Aurich; 1:200000 Generalkarte, Blatt 3/4.
Wissenswertes *Aurich* siehe Tour 26.

Am Denkmal auf der alten Thingstätte *Upstalsboorm* ist eine Inschrift mit folgendem Text zu lesen: »Auf der Versammlungsstätte ihrer Vorfahren, dem Upstalsboorme, errichtet von den Ständen Ostfrieslands im Jahre 1833.« Hier befand sich der Versammlungsplatz der Ständevertreter, gewählter Vertreter im Rahmen einer Konsularverfassung. Sie entschieden am Dienstag der Pfingstwoche für Landesgemeinden zwischen Lauwers und Weser über Krieg und Frieden, erließen Gesetze und sprachen

Zu Tour 29 **Dornum, Schloß** (Foto: Ferdinand Dupuis-Panther)

Recht. Dieser Versammlungsort geht auf das 13. und 14. Jahrhundert zurück. Wahrscheinlich war es im Frühmittelalter auch Teil einer Begräbnisstätte.

Tourenbeschreibung Wir beginnen die Tour in der Burgstraße/Hafenstraße beim *Haus Hanstein.* Wir fahren Richtung Eingangstor und Hotel Piqueurhof, bis wir an der *Julianenburger Straße* angekommen sind. Wir überqueren die Julianenburger Straße an der Ampel und fahren dann geradeaus in die *Oldersumer Straße.* Auf dem weiteren Weg kommen wir sowohl an der Stiftsmühle als auch am ehemaligen Lehrerseminar vorbei.

Nachdem wir insgesamt etwa zwei Kilometer zurückgelegt haben, biegen wir in die Straße *Im Timp* nach rechts ein. Dreihundert Meter vom Abzweig entfernt, haben wir *Extum* (Stadt Aurich) erreicht. Wir fahren auf die *Meedelandreihe* und von dort rechts ab in die *Rahlstraße.* Es geht weiter über *Extumer Brückenstraße* und an der nächsten Weggabelung in den *Krummackerweg.* Schließlich biegen wir an der nächsten Straßengabelung nach halblinks ab. Diese Straße wird im weiteren Verlauf zur Straße *Im Extumer Hammrich.* Etwa einen Kilometer nach dem Ortseingang Extum haben wir die Kreuzung Im Extumer Hammrich/Zum Tiefmoor erreicht und fahren, dem Straßenverlauf folgend, weiter zum *Upstalsboorm.*

Von hier aus fahren wir rechts durch eine Buchenallee aus diesem Landschaftsschutzgebiet heraus. Am Ende dieser Allee fahren wir nach links und setzen die Fahrt auf dem rechts gelegenen Radweg fort. Etwa vierhundert Meter hinter dem Upstalsboorm sind wir nun auf der *Oldersumer Straße.* Auf ihr kommen wir am *Roten Weg* vorbei und erreichen anschließend *Rahe.* Dort geht es rechts in den *Bogenweg* und dann in den *Rahester Postweg,* der auf den Ems-Jade-Kanal zuläuft. Am Kanal angekommen, geht es vor der Raher Schleuse links ab und am Ems-Jade-Kanal entlang nach *Aurich* zurück. Aus der Straße *Am Kanal* fahren wir in die Straße *Am Neuen Hafen,* kommen am Wasserwirtschaftsamt und Hafen vorbei und gelangen dann zur *Julianenburger Straße.* An der *Hafenstraße* biegen wir nach rechts ab. Dabei kommen wir an der *Ostfriesischen Landschaft* vorbei. Wir passieren den *Georgswall* mit dem Pingelhus und setzen unsere Tour auf der *Hafenstraße* (Schiebestrecke!) bis zur Burgstraße fort.

Die Burgstraße wird nun überquert, ehe es in die *Kirchstraße* hineingeht. Auf dem weiteren Weg kommen wir an der reformierten Kirche und am Druckereimuseum vorbei. Danach biegen wir in die *Friedhofsstraße* ein. Dort wenden wir uns nach links und befahren die *Von-Jhering-Straße,* die uns zur Straße *Am Pferdemarkt* bringt.

31 Aurich – Ewiges Meer – Marienhafe

Verkehrsmöglichkeiten Auf der B 72 nach Aurich. A 28 Leer-Oldenburg bis AS Filsum, dann Busverbindungen von und nach Emden, Leer, Wiesmoor, Norden und Dornum.
Parkmöglichkeiten Hinter der Kaufhalle an der Straße Am Pferdemarkt; Parkhaus Mühlenwallstraße; Tiefgarage Carolinenhof.
Tourenlänge 32,4 km. **Fahrzeit** 3½ bis 4½ Stunden.
Höhenunterschiede Keine.
Karten 1:50000 L 2510 Aurich, L 2508 Norden; 1:200000 Generalkarte, Blatt 3/4.
Wissenswertes *Aurich* siehe Tour 26.

Das *Ewige Meer* ist ein Naturschutzgebiet mit einer Wasserausdehnung von 90 Hektar. Als Wasserlinse zwischen Hochmooren ist das Meer etwa 5000 bis 7000 Jahre vor unserer Zeitrechnung entstanden. Er ist wichtiger Rastplatz für Zugvögel und ein Hochmoorsee, der aus der ostfriesischen Landschaft wie der Meede nicht wegzudenken ist. – In *Großheide-Südcoldinne* finden wir einen Erdholländer von 1852.

Marienhafe ist im Gegensatz zu den Reihensiedlungen in den Mooren der Umgebung ein Marktort und liegt im Brookmerland, das erstmals urkundlich im Brookmerbrief, einer genossenschaftlichen Rechtssatzung aus dem 13. Jahrhundert, erwähnt wurde. Die basilikale Marienkirche war einst die größte Kirche Ostfrieslands und Ausdruck des einstmaligen Wohlstandes der Region. Bekannt wurde der Ort dadurch, daß die Häuptlinge aus dem Geschlecht tom Brok den Vitalienbrüdern unter Störtebeker Unterschlupf gewährten. Gleich drei Mühlen, die Mühle im Mühlenloog der Familie Brüderle, ein Galerieholländer von 1880 und 1934 nach Brand wiederaufgebaut, die Mühle *Upgant-Schott* ein Galerieholländer von 1821, und die Mühle *Marienhafe-Tjüche,* ein Galerieholländer von 1896, stehen in Marienhafe.

Die Versuche der tom Broks, ihren Einflußbereich über das Brookmerland auf Ostfriesland insgesamt auszudehnen, scheiterten 1427 in der Schlacht auf den Wilden Äckern in der Gemarkung *Upgant-Schott.*

Tourenbeschreibung Vom Parkplatz an der Kaufhalle an der Straße *Am Pferdemarkt* in Aurich fahren wir auf die *Schützenstraße.* An der *Esenser Straße* biegen wir nach links ab. Dann geht es auf dem rechtsseitig gelegenen Radweg in Richtung Dornum. Nach eineinhalb Kilometern sind wir in *Sandhorst* angekommen. An einem Wäldchen auf Höhe des Südeweg vorbeifahrend, gelangen wir nach etwa 2,5 Kilometern zum Abzweig nach Dornum (Bundesstraße 210). Wir biegen am »Sandhorster Krug« nach links ab und fahren nunmehr auf der *Dornumer Straße.* Dabei benutzen wir den linksseitig gelegenen Radweg.

Tannenhausen haben wir nach etwa 4,5 Kilometern erreicht, fahren hier geradeaus weiter, überqueren dann Bahngleise und kommen schließlich am Abzweig nach Moordorf vorbei. Wir fahren dort weiter auf der Dornumer Straße geradeaus bis zum ausgeschilderten Abzweig zum Ewigen Meer, den wir nach etwa zehn Kilometern erreicht haben. Wir setzen von dort unsere Fahrt auf dem Radweg (rechte Straßenseite!) Richtung Berumerfehn fort.

Den Abzweig zum Ewigen Meer mit der Straße *Zum Ewigen Meer* erreichen wir nach dreizehn Kilometern. Nach dem Abbiegen nach links sind es noch etwa 1,5 Kilometer bis zum *Ewigen Meer.* Die gleichnamige Straße stößt auf die *Parkplatzstraße,* auf die wir nach links abbiegen, um bis zum Parkplatz zu fahren. Der Parkplatz am Ewigen Meer ist nach Fahrt über etwa vierzehn Kilometern erreicht. Von dort aus muß der Radwanderer zu Fuß zum Meer laufen.

Das Naturschutzgebiet mit einer Größe von 380 Hektar kann und darf auf einem etwa 1,8 Kilometer langen Bohlenweg nur erwandert werden. Die Bezirksregierung Weser-Ems, vertreten

(Foto: Ferdinand Dupuis-Panther)

durch die Oberste Naturschutzbehörde, weist auf das Radfahrverbot nachdrücklich durch Ausschilderung hin.

Nach einem Kilometer sind wir, vom Parkplatz aus zur Weiterfahrt startend, wieder an der Kreisstraße nach Berumerfehn angekommen und biegen dort nach links ab. Auf der Kreisstraße 203 fahren wir zunächst durch die *Südcoldinne.* Für unsere Fahrt steht uns ein Radweg für die nächsten 2 Kilometer zur Verfügung. Wir setzen auf ihm unsere Fahrt weiter in Richtung Berumerfehn fort. Dabei kommen wir an dem *Erdholländer von Großheide-Südcoldinne* vorbei. Es geht nun weiter geradeaus bis zur T-Kreuzung mit der Kreisstraße 204. Wir biegen hier nach rechts ab in Richtung Berumerfehn. Als nächstes erreichen wir den *Berumerfehnkanal,* an dem die Straße nach rechts verschwenkt.

An der nächsten Kreuzung im Ort Halbemond biegen wir in Richtung Leezdorf auf die *Leezdorfer Straße* (K 240) nach links ab. Von dort aus benutzen wir den vorhandenen Radweg, durchfahren auf ihm *Leezdorf* und radeln dann nach *Rechtsupweg.* Wir kommen bei der Weiterfahrt an der Kirche von Rechtsupweg vorbei, ehe wir auf die *Hauptstraße* stoßen. An der Kreuzung Leezdorfer Straße/Hauptstraße/Mühlenweg biegen wir nach rechts in Richtung Marienhafe ab und setzen die Fahrt auf der Kreisstraße 118 (Haupt-/Kirchstraße) fort, die über einen Radweg verfügt.

Durch einen Teil von *Upgant-Schott,* einem Ortsteil von Marienhafe, hindurchfahrend, führt die Tour weiter über die *Kirchstraße,* der wir bis zur Marienkirche zu Marienhafe folgen.

Wer auf einer längeren Tour wieder nach Aurich zurückfahren möchte, kann dies tun, wenn er den beschriebenen Touren Osteel – Marienhafe – Osteel, Osteel – Norden – Osteel, Norden – Ostermarsch – Dornum – Nesse – Hage – Norden sowie (Norden) – Dornum – Aurich jeweils für die Strecke Marienhafe – Osteel – Norden – Dornum – Aurich folgt.

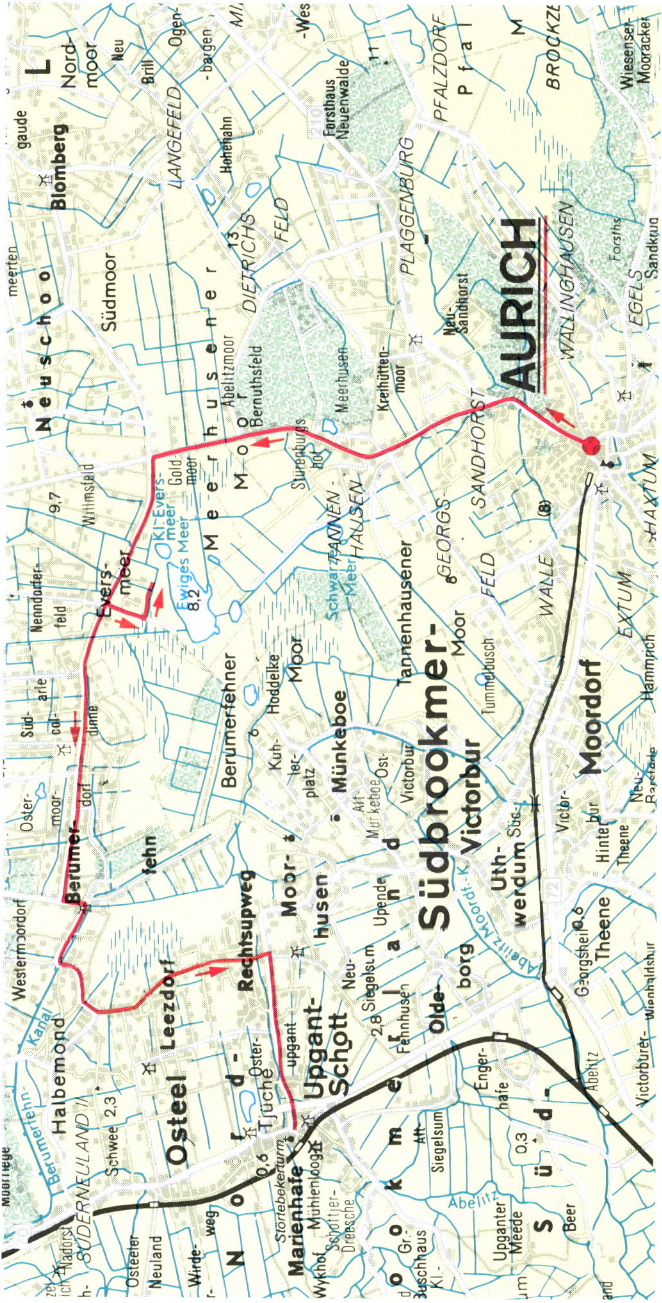

AURICH
Südbrookmer-
Meerhusener Moor
Neuschoo
Blomberg
Südmoor
Berumerfehn
Berumer-
fehn
Berumerfehner
Leezdorf
Rechtsupweg
Marienhafe
Upgant-Schott
Osteel
Halbemond
Westermoordorf
Ewiges Meer
Kl. Evers-meer
Eversmeer
Moordorf
Victorbur
Münkeboe
Theene
Uthwerdum
Oldeborg
Wallinghausen
Plaggenburg
Sandhorst
Walle
Extum
Haxtum
Tannenhausen
Dietrichsfeld
Langefeld
Pfalzdorf
Brockzetel
Egels
Meerhusen
Abelitzmoor
Bernuthsfeld
Hohehahn
Forsthaus Neuenwalde
Ogenbargen
Nordmoor
Brill
Wiesens
Abelitz
Engerhafe
Siegelsum
Upende
Moorhusen
Georgsheil
Südergroden
Störtebekerturm
Tjüche
Schwee
Wirdeweg
Osteeler Neuland
Upganter Meede
Beer
Gr. Buschhaus
Wykhof
Mühlenloog
Berumerfehn-Kanal
Abelitz-Moordorf-K.
Tannenhausener Moor
Schwarzes Meer
Hoddelke
Kuhlerplatz
Goldmoor
Willmsfeld
Nenndorferfeld
Südarle
Colldinne
Ostermoordorf
Hammrich
Neu-Sandhorst
Krehüttenmoor
Stürenburgshof
Tummelbusch

32 Marienhafe – Greetsiel

Verkehrsmöglichkeiten Aus Emden kommend auf der B 70 bis Georgsheil, dann links ab nach Marienhafe über die Norder und Brokmerlander Straße bis zur Rosenstraße; dort nach links in Richtung Am Markt und Pfarrkirche Marienhafe. Aus Aurich B 72 bis Georgsheil und dann die B 70. Busverbindungen auf der Strecke Emden – Georgsheil – Marienhafe – Osteel – Norden – Norddeich. Mit der Deutschen Bundesbahn auf der Strecke Emden – Norden nach Marienhafe.
Parkmöglichkeiten Rund um die Marienkirche und vor dem Aldi-Supermarkt an der Straße Mühlenloog.
Tourenlänge 15 Kilometer.
Fahrzeit 1½ bis 2 Stunden.
Höhenunterschiede Keine.
Karten 1:50000 L 2508 Norden; 1:200000 Generalkarte, Blatt 3/4.
Wissenswertes *Marienhafe* siehe Tour 31. – *Greetsiel* ist seit dem 14. Jahrhundert ein Hafenort, der einst auch Sitz der Häuptlinge Cirksena war. Am Ortseingang stehen die Zwillingsmühlen, Galerieholländer, die westliche Baujahr 1856, die östliche nach einem Brand 1921 wiederaufgebaut. Sehenswert sind die Bürgerhäuser am Hafen. Dort befindet sich auch die Bäckerei Poppinga mit dem Bäckereimuseum. Sehenswert auch die evangelisch-reformierte Kirche mit ihrer Orgel, deren Prospekt von 1738 stammt.

Ubbo Emmius ist der bekannteste Sohn des Ortes. Er wurde 1547 hier als Sohn eines Pastors geboren. Nach dem Besuch verschiedener Lateinschulen studierte er an der Universität Rostock und später an der streng calvinistisch orientierten zu Genf, ehe er mit 32 Jahren Rektor der Nordener Lateinschule wurde. Von dort wechselte er aus Glaubensgründen an die von Leer und später Groningen. Schließlich gründete er dort eine Universität, deren Rektor er wurde. Sein bekanntestes Werk ist »Rerum Frisicarum Historia«, einem Geschichtswerk, das sich der »Friesischen Freiheit« verpflichtet fühlt. Genossenschaftliche Organisationsformen und die Rechte des Dritten Standes, der Bauern, bildeten für ihn die Rechtsgrundlage für den legitimen Kampf der Stände gegen die absolutistische Herrschaft.

Tourenbeschreibung Von der Pfarrkirche, der Marienkirche in *Marienhafe,* biegen wir von der Straße *Am Markt* rechts ab in die *Burgstraße.* Hier existiert kein Radweg, den wir benutzen können. Am Parkplatz vor dem Aldi-Supermarkt vorbeifah-

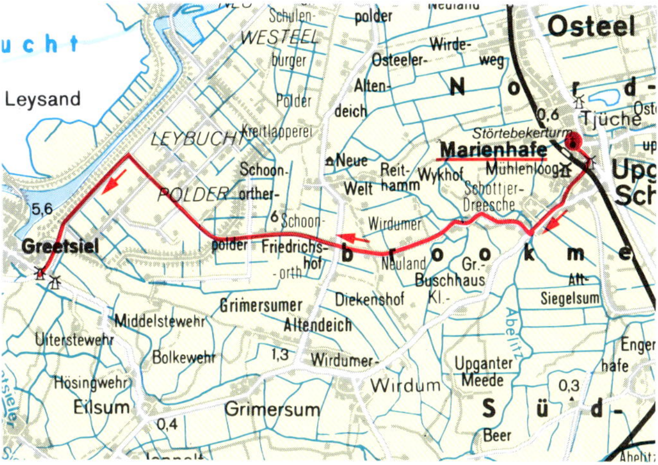

rend, biegen wir nach rechts in den *Mühlenloog.* Auf dem Mühlenloog bleibend, kommen wir an der *Friesenborgschen Mühle* vorbei, überqueren einen Bahndamm und fahren durch den Ort bis zum *Schiffsleidingsweg,* wo rechts die Mühle von Upgant-Schott steht. Nach etwa 1,5 Kilometern können wir auf der *Schottjer Straße,* auf die wir nach rechts eingebogen sind, die Fahrt für zwei Kilometer auf einem Radweg fortsetzen. An der *Schoonorther Kreisstraße* unweit der Abelitz biegen wir nach rechts ab.

Wir folgen dabei der Ausschilderung in Richtung Greetsiel. Vier Kilometer von Marienhafe entfernt, durchfahren wir das Wirdumer Neuland. Dabei kommen wir am *Degentief* und dem *Bunderdeich* mit seinen aus dem 15. und 16. Jahrhundert stammenden Deichanlagen vorbei. Nach weiteren zwei Kilometern haben wir die Gemeindegrenze der Gemeinde Krummhörn erreicht und verlassen das Brookmerland. Etwa siebenhundert Meter nach der Gemeindegrenze erreichen wir die Kreuzung Schoonorther Landesstraße/Schoonorther Kreisstraße (Störtebekerstraße). Wir fahren geradeaus über den Kreuzungsbereich und queren dann das Schoonorther Poldertief.

Auf der *Störtebekerstraße* fahren wir in Richtung Greetsiel und Leybuchtpolder. Die Straße, von Alleebäumen gesäumt, führt durch den *Schoonorther Sommerpolder,* den wir nach etwa acht Kilometern erreicht haben. An zwei Deichen vorbei fahren wir in den *Leybuchtpolder* hinein und radeln dann an der Kirche von Leybuchtpolder vorbei. Danach erreichen wir nach einer Tour von insgesamt etwa elf Kilometern den *Störtebekerdeich.*

Hier fahren wir nach links in Richtung Greetsiel ab. Laut Ausschilderung sind es nach Greetsiel noch drei Kilometer. Zunächst müssen wir ohne Radweg auskommen; erst etwa zwei Kilometer vom Abzweig nach Greetsiel entfernt beginnt ein Radweg. Wir fahren auf die *Greetsieler Straße* weiter und von dort rechts in die *Mühlenstraße* zum Parkplatz in unmittelbarer Nähe der beiden Zwillingsmühlen.

33 Greetsiel – Pilsum – Manslagt – Pilsum – Greetsiel

Verkehrsmöglichkeiten Von Emden aus auf der B 70 bis zur Landesstraße 3 nach Hinte; dann auf der L 3 durch Hinte und weiter auf der Landesstraße 229 bis Jennelt. Von dort auf der Landesstraße 4 nach Eilsum; dann auf der Landesstraße 27 nach Greetsiel. Busverbindungen bestehen zwischen Norden und Greetsiel sowie Emden und Greetsiel. Einen direkten Bahnanschluß nach Greetsiel gibt es nicht, lediglich die Bahnverbindungen Oldenburg – Leer – Emden sowie Emden – Marienhafe – Norden – Norddeich.
Parkmöglichkeiten Bei den Zwillingsmühlen.
Tourenlänge 22 Kilometer. **Fahrzeit** 2½ Stunden.
Höhenunterschiede Zu vernachlässigen.
Karten 1:50000 L 2508 Norden; 1:200000 Generalkarte, Blatt 3/4.
Wissenswertes Wahrzeichen von *Greetsiel* sind nicht nur der Kutterhafen mit seinen Krabbenfischern und die schmucken Bürgerhäuser an der Sielstraße und Am alten Deich, sondern auch die Zwillingsmühlen mit Mühlenmuseum von 1856 und 1921.

In der nördlichen *Krummhörn,* wie überhaupt entlang der Küste, hat der Deichbau und Küstenschutz eine besondere Bedeutung. Die Maßnahmen an der Leybucht bestehen aus einem 15 Kilometer langen Hauptdeich und dem Sperrwerk Leysiel mit Sperrwerk und Speicherbecken. 3000 Hektar werden dadurch zwischen Hauener Hooge, Mittelplatte und Buscher Heller gewonnen. Im Lande der steten Winde liegt es nahe, Energie durch Wind wie im Windenergiepark Krummhörn erzeugen zu lassen. Von der EWE werden auf einer Fläche von etwa 16 Hektar 10 Anlagen mit je 300 kW betrieben. In der Außenanlage des Informationszentrums ist eine Antriebswelle und Rotornabe ausgestellt.

Zu Tour 32–35 **Hafen Greetsiel** (Foto: Ferdinand Dupuis-Panther)

Auf einer Warf erbaut, erhebt sich die Kreuzkirche zu *Pilsum* mit mächtigem Vierungsturm, der mit weißgefaßten Blenden verziert ist. Die Kirche war um 1200 als romanische Backsteinkirche mit offenem Dachstuhl und kreuzförmigem Grundriß konzipiert worden. In der Apsis des südlichen Querhauses befinden sich figürliche spätgotische Malereien. Beachtenswert die barocke Kanzel von 1704. Seit der Fertigstellung der Kirche um 1300 diente sie auch als Seezeichen.

Manslagt gehörte einstmals zum Besitz des Klosters Sielmönken. Dieses Warfendorf fiel im 16. Jahrhundert als Mitgift der Beninga an die Cirksena. Die Einraumkirche aus dem 14. Jahrhundert besitzt einen Bentheimer Taufstein aus dem 13. Jahrhundert, eine Barockkanzel von 1714 und eine Orgel von 1777 von H. J. Müller. Sie gilt als historische Orgel von überregionaler Bedeutung.

Tourenbeschreibung Von den *Zwillingsmühlen* (Greetsiel) aus fahren wir in die *Mühlenstraße*. An der Gabelung mit dem Schatthauser Weg biegen wir nach rechts ein, kommen am Nordseehaus Greetsiel vorbei und schließlich am *Marktplatz* und am *Hafen* an. Dort stehen vor den Sieltoren und Flutschutzmauern in der Sielstraße und Am Alten Deich alte Bürgerhäuser,

Zu Tour 32–35 **Bürgerhäuser am Hafen von Greetsiel**
(Foto: Ferdinand Dupuis-Panther)

so ein Backsteinhaus mit Halsgiebel (1741), eines mit Schnabelgiebel und ein weiteres mit barockem Volutengiebel (1792).

Wir fahren am Hafenbereich (rechts) vorbei. Zunächst benutzen wir für siebenhundert Meter die befestigte, danach die unbefestigte Deichkrone in Richtung Neues Außentief und Hauener Hooge, einem Landschaftsschutzgebiet.

Auf einer Strecke von etwa einem Kilometer können wir auf der unbefestigten Deichkrone ungehindert fahren, dann müssen wir das Rad über einen Steg und Zaun tragen. Von dort setzen wir unsere Fahrt für weitere etwa fünfhundert Meter fort, ehe wir von der Krone nach links und dann am Fuß des Deiches sofort wieder nach rechts fahren. Auf unserem Weg kommen wir an einer Informationstafel zum Küstenschutz und Deichbau in der Leybucht vorbei. Von dort führt unsere Fahrt in Richtung *Pilsumer Leuchtturm* auf der Straße unterhalb des Deiches. Nachdem wir mehr als 2,5 Kilometer auf der Straße unterhalb des Deiches gefahren sind, erreichen wir den Leuchtturm und überqueren hier den sogenannten *Ossie-Äquator* (siehe Tour 28). Nach weiteren vierhundert Metern biegen wir nach links in Richtung Windenergiepark Krummhörn ab. Wir erreichen die Windkraftanlagen nebst Informationszentrum der EWE nach weiteren etwa achthundert Metern. Von hier aus fahren wir auf der Straße *Zum Diekskiel* nach Pilsum, wo wir nach einer Gesamttourenlänge von etwa zehn Kilometern ankommen. Über die Kreisstraße 233 hinweg fahren wir geradeaus zur Kreuzkirche von *Pilsum.* Am Friedhof und der Kirche fahren wir vorbei zur Straße *Börgtuun,* wo wir nach rechts abbiegen. An der nächsten Querstraße fahren wir wieder nach rechts und dann wieder links ab, sobald wir an der Kreisstraße 233 angekommen sind. Am *Teyweg* biegen wir von der K 233 nach rechts ab. Von dort biegen wir nach links in den *Dyksterkrugweg* in Richtung Deich am Manslagter Nacken ein. Wir folgen der Straßenverschwenkung. Etwa zwei Kilometer vom Abzweig Teyweg entfernt stoßen wir erneut auf den Deich. Rechter Hand befindet sich die Gaststätte Dyksterkrug.

Hier biegen wir nach links ab. Nach sechshundert Metern fahren wir nach links ab auf dem *Rottevallsweg* in Richtung Manslagt. Wir queren erneut die K 233 und fahren geradeaus nach *Manslagt* und dann links in den *Kirchweg.* Wir verlassen den Kirchweg nach links in den *Dorfring* hinein, nachdem wir auf dem Rottevalls- und dem Kirchweg dreihundert Meter gefahren sind. Aus dem Dorfring fahren wir bei der nächsten Querstraße nach rechts bis zur nächsten T-Kreuzung. Dort biegen wir nach links in den *Ackerburger Weg* ein. Vom Start der Tour sind wir nun etwa achtzehn Kilometer unterwegs.

An der Einmündung des Weges an der Kreisstraße fahren wir nach rechts in Richtung Pilsum bis zum *Pilsumer Ring.* Dort biegen wir nach rechts ab. Nach vierhundert Metern auf dem Dorfring biegen wir nach rechts auf den sogenannten *Planetenweg,* einem teils befestigten und teils unbefestigten Wanderweg, ein. Auf diesem markierten Weg befinden sich zehn Doppelinformationstafeln mit zweihundert großformatigen Aufnahmen des Universums nebst ausführlichen Erläuterungen. Nach 1,5 Kilometern hinter der Einfahrt auf diesen Weg stoßen wir zum ersten Mal auf eine dieser Tafeln. Etwa zweihundert Meter hinter dieser Tafel ist die nächste Informationstafel aufgestellt worden. Bis zum Ende des Weges kommen wir an acht weiteren Informationstafeln vorbei. Der Teil des Planetenwegs, den wir befahren, ist etwa zwei Kilometer lang. Vom Planetenweg aus, das *Neue Greetsieler Siel* überfahrend, biegen wir an der K 233 nach rechts ab, dann bis zum *Alten Greetsieler Sieltief* und dort nach links in die *Mühlenstraße* zum Parkplatz.

34 Greetsiel – Eilsum – Jennelt – Greetsiel

Verkehrsmöglichkeiten Von Emden auf der B 70 bis zur Landesstraße 3 nach Hinte; dann auf der L 3 durch Hinte und weiter auf der Landesstraße 229 bis Jennelt. Von dort auf der Landesstraße 4 nach Eilsum; dann auf der Landesstraße 27 nach Greetsiel. Busverbindungen bestehen zwischen Norden und Greetsiel sowie Emden und Greetsiel. Einen direkten Bahnanschluß nach Greetsiel gibt es nicht, lediglich die Bahnverbindungen Oldenburg – Leer – Emden sowie Emden – Marienhafe – Norden – Norddeich.
Parkmöglichkeiten Bei den Zwillingsmühlen.
Tourenlänge 18 Kilometer.
Fahrzeit 2 Stunden.
Höhenunterschiede Zu vernachlässigen.
Karten 1:50000 L 2508 Norden; 1:200000 Generalkarte 3/4.
Wissenswertes *Greetsiel* siehe Tour 32.

Eine der ältesten Warfensiedlungen der Krummhörn ist *Eilsum.* Das mächtige Gotteshaus stammt aus dem 13. Jahrhundert und ist die einzige Chorturmkirche Ostfrieslands. Sehenswerte Kunstschätze im Innern sind das 500 Jahre alte Taufbecken aus Kupfer, die spätromanische Seccomalereien und der Lukasstier im Chorraum.

Jennelt gehöte bis 1350 zum Besitz des Grafen Inn- und Knyphausen; anschließend wechselte die Herrlichkeit in den Besitz

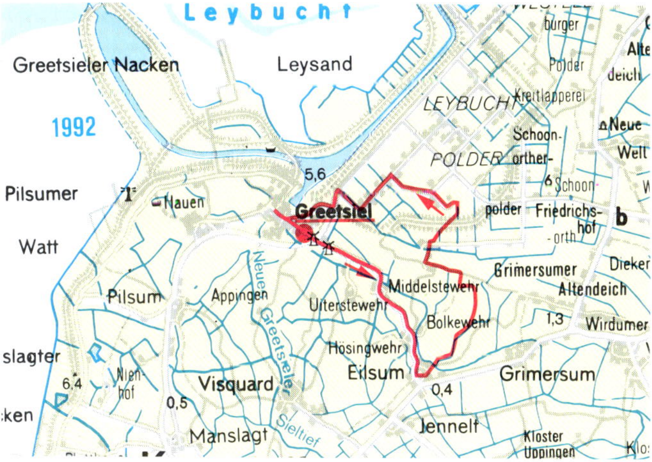

derer von Beninga. Im Grabkeller der um 1400 entstandenen kleinen Kirche befinden sich die sterblichen Überreste der Herrlichkeitsbesitzer und der Sarkophag des Feldmarschalls Dodo von Knyphausen († 1636).

Tourenbeschreibung Vom Parkplatz bei den Greetsieler *Zwillingsmühlen* aus fahren wir die *Mühlenstraße* geradeaus bis zur Straßengabelung der Straße Am Zingel/Schatthauser Weg. Wegen der Einbahnstraßenregelung im weiteren Verlauf der Mühlenstraße schieben wir das Rad bis zum Siel in der *Sielstraße.*

Linker Hand befindet sich dort die evangelisch-reformierte Kirche. Hinter dem Siel biegen wir nach rechts auf die Sielstraße ein und fahren danach an der Bäckerei Poppinga und Bürgerhäusern aus dem 18. Jahrhundert vorbei bis zum *Hafen.*

Dort fahren wir nach rechts über das Siel hinweg zum Marktplatz und in den *Schatthauser Weg* hinein. Dabei kommen wir am Nordsee-Haus vorbei.

An der Einmündung in die Mühlenstraße fahren wir nach links ab und setzen unseren Weg bis zur *Okko-tom-Brok-Straße* fort, in die wir nach links hineinfahren. Unser Weg führt uns an den Sportanlagen des Ortes vorbei zur *Greetsieler Straße.* An ihr biegen wir nach links in Richtung Norden ab. Auf unserer weiteren Tour benutzen wir den linksseitig angelegten Radweg, der parallel zum Störtebeker Deich verläuft. Wir sind nunmehr etwa zwei Kilometer unterwegs. Auf dem Radweg können wir noch etwa vierhundert Meter zurücklegen, ehe dieser dann endet.

Linker Hand befindet sich dort das Landschaftsschutzgebiet Leybuchtpolder. Wir bleiben zunächst auf der Greetsieler Straße, der Landesstraße 27, bis wir die *Cirksenastraße* erreicht haben. In diese biegen wir rechts ein. Rotdorn, Hagebutten, Erlen und Eichen säumen nun die Straße.

Wir biegen danach in die nächste Querstraße, die *Karl-Wenholt-Straße,* nach links ein. Über den gleichnamigen Schloot hinweg setzen wir die Fahrt bis zur nächsten Querstraße an der Störtebeker Riede fort. Dieser Weg besitzt eine Markierung »Pferd und Wagen« und ist Teil eines Wanderwegnetzes in der Krummhörn. Wir sind nunmehr etwa 4 Kilometer geradelt.

Wir folgen bei der nächsten Straßeneinmündung der Verschwenkung erst nach rechts und wieder nach links. Anschließend kommen wir an eine Weggabelung. Wir haben dann insgesamt etwa sechs Kilometer zurückgelegt. Dort fahren wir nach rechts auf die *Alte Riede,* die im weiteren Verlauf zur Deichstraße wird. Auf der *Deichstraße* hinter einem Deich radeln wir

(Foto: Klaus Puntschuh)

durch den Angernpolder. Am *Neuen Schafsweg* mit einem Schaf als Wegmarkierung biegen wir nach links ab und setzen anschließend unsere Fahrt nach Eilsum fort. Ehe wir jedoch den Ort Eilsum erreichen, müssen wir noch zuerst das *Alte Greetsieler Tief* überfahren.

Nach einer Gesamtfahrt von etwa zehn Kilometern haben wir schließlich *Eilsum* erreicht. Über die *Brück-* und die *Hofstraße* setzen wir die Fahrt solange fort, bis wir rechts einen Fuß- und Radweg zur Kirche erreicht haben. Wir bleiben auf diesem Weg, bis wir vor der Kirche von Eilsum stehen.

Von dort aus fahren wir auf gleichem Weg wieder ein Stück zurück bis zur nächsten Querstraße *Am Rathausplatz*. Von dort geht es nach rechts und dann links in den *Fuhrmannsweg* bis zur Greetsieler Straße.

Über diese fahren wir hinweg in den *Stootenweg*, wo wir rechter Hand auf ein burgähnliches Gehöft mit umlaufenden Wassergraben stoßen. Wir setzen von hier unsere Fahrt geradeaus in

Richtung Jennelt fort. An der nächsten Querstraße biegen wir nach links ab und kommen danach an der Schule und der Volkshochschule von *Jennelt* vorbei. Wir befinden uns auf der Straße *Zur Neuen Schule* und überqueren, aus ihr herausfahrend, anschließend die Eilsumer Straße. Wir befinden uns nun in der *Piepenbrückstraße,* auf der wir die *Uttumer Straße* überfahren. Wir bleiben auf der weiteren Tour in der Piepenbrückstraße. Hinter dem *Uttumer Tief* biegen wir auf den mit einem »Storch« markierten Weg nach links in Richtung Eilsum ein und fahren nun geradeaus auf Eilsum zu. Über das Uttumer Tief an der *Grimersumer Straße* biegen wir nach links und dann auf die *Greetsieler Straße* nach rechts ab. Dann geht es über etwa 4,5 Kilometer zurück nach *Greetsiel.*

35 Greetsiel – Visquard – Greetsiel

Verkehrsmöglichkeiten Von Emden auf der B 70 zur Landesstraße 3 nach Hinte. Von dort auf der Landesstraße 229 bis Jennelt. Auf der Landesstraße 4 nach Eilsum und auf der Landesstraße 27 nach Greetsiel. Busverbindungen bestehen zwischen Norden und Greetsiel sowie Emden und Greetsiel. Einen Bahnanschluß gibt es in Greetsiel nicht. Bahnverbindungen existieren nur auf den Strecken Oldenburg – Leer – Emden und Emden – Marienhafe – Norden – Norddeich.
Parkmöglichkeiten Bei der Zwillingsmühle.
Tourenlänge 10,5 Kilometer.
Fahrzeit 1 Stunde.
Höhenunterschiede Zu vernachlässigen.
Karten 1:50000 L 2508 Norden; 1:200000 Generalkarte, Blatt 3/4.
Wissenswertes *Greetsiel* siehe Tour 32.

Das Visquarder Wappen mit dem schräggestellten silbernen Fisch und den goldenen Flossen verweist darauf, daß die Bewohner dieses bereits in vorchristlicher Zeit existierenden Dorfes *Visquard* hauptsächlich vom Fischfang lebten. Zur Gemeinde gehörten die Klöster Dykhusen und Appingen. Die aus dem 13. Jahrhundert stammende Kirche, einst an der verlandeten Bucht von Sielmönken gelegen, ist das Gotteshaus der evangelisch-reformierten Gemeinde. Über dem Eingangstor mit der Jahreszahl Anno 1598 finden wir das gräflich ostfriesische und

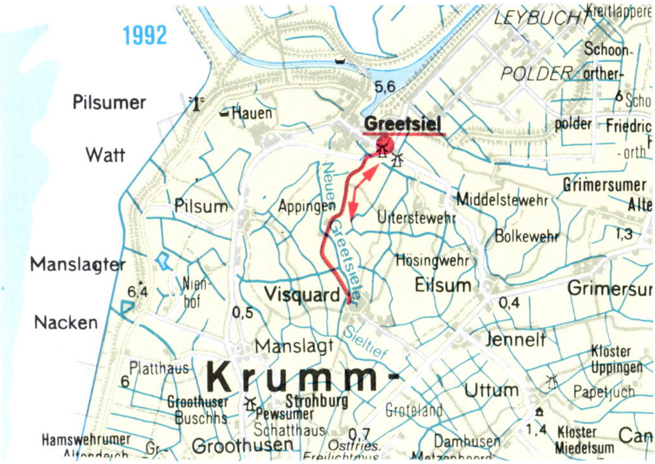

das schwedische Wappen. Der herrliche Orgelprospekt stammt aus der Zeit um 1600.

Tourenbeschreibung Von Greetsiel aus fahren wir auf der *Greetsieler Straße* in Richtung Eilsum bis zur Fischfabrik und biegen dort in den *Appinger Weg* ein. Wir kommen nun unmittelbar am Klärwerk vorbei. Für die nächsten vier Kilometer bleiben wir, in Richtung Visquard radelnd, auf dem Appinger Weg. Dabei passieren wir zunächst *Appingen,* heute eine bäuerliche Siedlung. Dort halten wir uns halblinks und überfahren wie auch vor dem Ortseingang von Visquard das *Neue Greetsieler Tief.*

In *Visquard* setzen wir die Fahrt auf dem *Visquarder Ring* fort und biegen nach hundert Metern links zur evangelisch-reformierten Kirche ab. Da der Meedenweg ein landwirtschaftlich genutzter und für die Durchfahrt gesperrter Privatweg ist, müssen wir auf gleichem Weg wieder nach Greetsiel zurückfahren.

Kurz vor Appingen steht auf der rechten Seite eine kleine Windkraftanlage, die mit einem Rotor von zwölf Meter Durchmesser eine Leistung von 20 kW produziert. Nach einer Gesamtstrecke von etwa zehn Kilometern sind wir wieder an der *Greetsieler Straße* angekommen. An der Fischfabrik geht es dann nach links in Richtung Greetsiel.

36 Osteel – Marienhafe – Osteel

Verkehrsmöglichkeiten Über die A 28 bis AS Filsum, dann auf der B 72 und der B 530 bis Neermoor, von dort auf der A 31 bis Emden-Nord, dann auf der B 70 über Georgsheil nach Marienhafe und Osteel. Busverbindungen: Aurich – Georgsheil – Marienhafe – Osteel – Norden sowie von und nach Campen, Wirdum, Upgant-Schott und Marienhafe, zwischen Leezdorf, Rechtsupweg, Marienhafe und Osteel. Die Züge der Bundesbahn auf der Linie Emden – Norden – Norddeich halten nur in Marienhafe.
Parkmöglichkeiten Vor der Kirche in der Fabriciusstraße.
Tourenlänge 22 Kilometer.
Fahrzeit 2¼ Stunden.
Höhenunterschiede Nicht nennenswert.
Karten 1:50000 L 2508 Norden; 1:200000 Generalkarte 3/4.
Wissenswertes *Osteel* entstand mit der Anlage von Herdstellen auf sogenannten Warften, durch eine Aufschüttung einer ein bis eineinhalb Meter dicken Sandschicht auf das Moor. Ein Verband der Warften und die dadurch geschaffenen Deiche sollten gegen die drohende Überflutung schützen. Das vor dem Hochmoorrand liegende Geestland wurde zu Gemeindeland. Jeder Herdstelle wurden Streifen von 40 bis bis 50 Meter Breite zugeteilt, die immer weiterverlängert werden konnten, bis sie auf ein Hindernis stießen. Dadurch sind sogenannte Aufstrecksiedlungen wie Osteel entstanden. Die erste Besiedlung Osteels erfolgte nach der Julianenflut 1164, so wird vermutet, mit Sicherheit aber im 13. Jahrhundert. Die Osteeler Kirche stammt aus dem 13. Jahrhundert.

David Fabricius, 1564 in Esens geboren, war nicht nur Pfarrer der Osteeler Kirche, sondern zugleich Astrologe und Kalendermacher (Fabricius-Denkmal auf dem Osteeler Kirchhof). Er entdeckte den Mira Ceti, einen sehr hellen Stern, und die Sonnenflecken. 1589 entstand seine bedeutende Ostfrieslandkarte, die im Ostfriesischen Landesmuseum in Emden ausgestellt ist.

Marienhafe besitzt in der lutherischen St.-Marien-Kirche, gebaut 1250–1270, das bedeutendste Baudenkmal des Ortes. Im Turm ist heute ein Kirchenmuseum mit baugeschichtlichen und kunsthistorischen Zeugnissen der Basilika untergebracht. In der sogenannten Störtebeker-Kammer im Turm hausten nach alter Überlieferung Vitalienbrüder. Beachtenswert ist zudem die Orgel von 1713, geschaffen von Gerd von Holy. Weiteres zu Marienhafe siehe Tour 31.

Zu Tour 33, 34 **Greetsieler Zwillingsmühlen** (Foto: Ferdinand Dupuis-Panther)

Tourenbeschreibung Wir beginnen die Tour an der Kirche zu *Osteel.* Dort hält auch der Bus des VLA Aurich, der nach Marienhafe, Wirdum, Upgant Schott, Campen, Leezdorf und Rechtsupweg verkehrt.

Zunächst fahren wir zum *Alten Postweg.* Dort angekommen, fahren wir nach links ab. Wir radeln auf dem Alten Postweg solange, bis wir nach etwa dreihundert Metern Marienhafe mit dem Ortsteil *Tjüche* erreichen. Dort mündet die Straße Alter Postweg auf der Höhe Kleine Lohne in die *Kronstraße.* Die Kronstraße fahren wir bis zur Straße *Am Markt.* Dort wenden wir uns nach rechts. So umfahren wir nicht nur die Marienkirche, sondern wir kommen auch an der alten Schmiede von 1782 vorbei.

Auf unserem weiteren Weg fahren wir am Rathaus und am Turm der Marienkirche vorbei, um dann in die *Marktstraße* hineinzufahren. Von dieser Straße biegen wir in die *Bahnhofstraße* rechts ab, um zu *Störtebekers Teestube* mit ihrem kleinen Ausstellungsraum zur Geschichte Marienhafes und der Vitalienbrüdern zu gelangen. Von der Straße Am Markt bis zur Teestube sind es etwa fünfhundert Meter.

Von der Teestube geht es nach links in Richtung Ortsmitte. Dabei befahren wir die Bahnhofstraße in Richtung Marktstraße. Wir lassen sie links liegen und fahren geradeaus bis zur *Rosenstraße,* um dort nach rechts abzufahren. Auf der Rosenstraße sind wir bis zum *Mühlenloog* unterwegs, in den wir dann rechts abzweigen. Kurz vor dem Bahndamm steht linker Hand eine Mühle. Nachdem wir über den Bahndamm gefahren sind, befinden wir uns in *Upgant-Schott.* Wir bleiben weiterhin auf dem Mühlenloog und erreichen dann den *Schiffsleidingsweg.* Hier steht rechter Hand die Schottjer Mühle.

Hinter dieser Straßeneinmündung geht es geradeaus weiter, ehe wir vom Mühlenloog rechts nach Wirdum abbiegen. Auf der *Schottjer Straße,* auf die wir abgebogen sind, befindet sich ein Radweg, bis wir zum Ortsausgang von Upgant-Schott gelangen. Die Schottjer Straße wird im Verlauf erst *Wirdumer* und dann

Marienhafer Straße (Landesstraße 26). Auf der Marienhafer Straße unterwegs kommen wir nahe alter Deichanlagen aus dem 15. Jahrhundert vorbei, ehe wir *Wirdum* erreicht haben. Es ist etwa fünf Kilometer von der Schottjer Mühle entfernt.

Dort, wo die Marienhafer und Grimersumer Straße aufeinander treffen, fahren wir nach rechts in die *Grimersumer Straße* hinein. Wir verlassen die Grimersumer Straße an der *Schoonorther Straße* nach rechts. Auf der Schoonorther Straße unterwegs, fahren wir am Grimersumer und Wirdurmer Altendeich, der alten Küstenlinie aus dem 16. Jahrhundert, vorbei. Wir setzen die Tour auf der Schoonorther Straße (Landesstraße 4) solange fort, bis wir den *Osteeler Altendeich* erreicht haben, und wir von Wirdum aus etwa acht Kilometer zurückgelegt haben.

Wir wenden uns nach rechts und befahren den Osteeler Altendeich, der uns über die nächsten etwa zwei Kilometer nach Osteel führt. Wir müssen auf der Fahrt nach Osteel die Bahnlinie Emden – Norden überqueren. Hinter dem Bahndamm wenden wir uns nach rechts und biegen in die *Westerstraße* ein. Auf ihr fahren wir bis zum *Alten Postweg.* In den Alten Postweg biegen wir nach rechts ein und setzen unsere Fahrt bis zur Kirche von Osteel *(Fabriciusstraße)* fort.

37 Osteel – Norden – Osteel

Verkehrsmöglichkeiten Über die BAB 28 bis AS Filsum, dann weiter auf der B 72 und der B 530 bis Neermoor, von dort über die A 31 bis Emden-Nord, dann auf der B 70 über Georgsheil nach Marienhafe und Osteel. Busverbindungen: Aurich – Georgsheil – Marienhafe – Osteel – Norden sowie von und nach Campen, Wirdum, Upgant-Schott und Marienhafe, zwischen Leezdorf, Rechtsupweg, Marienhafe und Osteel. Die Züge der Bundesbahn auf der Linie Emden – Norden – Norddeich halten nur in Marienhafe.
Parkmöglichkeiten Vor der Kirche an der Fabriciusstraße.
Tourenlänge 32 Kilometer.
Fahrzeit 3½ Stunden.
Höhenunterschiede Nicht nennenswert.
Karten 1:50000 L 2508 Norden; 1:200000 Generalkarte, Blatt 3/4.
Wissenswertes *Osteel* siehe Tour 36. – *Norden* siehe auch Tour 38.

Die Ludgerikirche in *Norden,* benannt nach dem Apostel der Friesen namens Ludger (†809) ist größter Sakralbau Ostfrieslands mit einer Länge von 80 Metern. Das niedrige Langhaus stammt aus dem 13. Jahrhundert. Die Spitzbogenfenster im Westgiebel sind Spuren der Frühgotik. Die Arp-Schnitger-Orgel wurde zwischen 1685 und 1688 geschaffen und ist die zweitgrößte noch erhaltene Schnitger-Orgel.

Mit dem Bummert finden wir einen besonderen Haustyp. Es ist ein Doppelhaus mit abgewalmtem Dach und Eingängen an den Seiten. Das Haus besitzt für jede Familie einen Stall sowie einen Vorrats- und Geräteraum. Die Wohnräume des Doppelhauses stoßen in der Mitte des Hauses aneinander.

Das Löwenhaus in der Westerstraße, auch Selden Rüst genannt, wurde durch den Deichrichter Wieben 1789 erbaut.

Das Haut Jatzke in der Westerstraße/Posthalterlohne ist ein im Renaissancestil erbautes Bürgerhaus von 1656. Weitere Bürgerhäuser finden wir am Markt. Das Vossenhus stammt in seinem ältesten Teil aus der Spätgotik um 1500, wurde jedoch im 18. Jahrhundert vollständig umgebaut.

Das Haus des ehemaligen Bürgermeisters Lüppen, heute Polizeidienststelle, befindet sich auch am Markt. Weitere Bürgerhäuser sind die im Volksmund »dree Süsters« (drei Schwestern) genannten. Besonders schön sind ihre Renaissancegiebel mit eingemauertem Delfter Teller.

Eine Gedenkstätte und Mauerreste im Synagogenweg erinnern an die 1804 erbaute Synagoge und die ermordeten Bürger mosaischen Glaubens, die in der nahegelegenen Uffenstraße und der Sielstraße wohnten. Das Alte Packhaus an der Coneruslohne, erbaut 1808 von Peter Friedrich Conerus, ein Norder Bürgermeister aus der Zeit 1815–1835, erinnert an die Lage des ehemaligen Norder Hafens.

Das Fridericussiel von 1775 wurde nach Friedrich II. benannt, der sich um die Neulandgewinnung besondere Verdienste erworben hat. Es befindet sich hinter der Deichmühle am Eingang zur Innenstadt von Norden.

Tourenbeschreibung Von der *Fabriciusstraße* aus, an der Osteeler Kirche, beginnen wir unsere Tour. Wir fahren von der Fabriciusstraße zum *Alten Postweg,* in den wir nach rechts abbiegen. Wir fahren auf dem Alten Postweg zur *Bogenstraße,* auf die wir nach links hineinfahren. Am Ende der Bogenstraße fahren wir nach links in den *Wirdeweg,* auf dem wir den nahegelegenen Bahndamm überqueren. Dort, wo der Eidelweg auf den Wirdeweg stößt, fahren wir nach links in den *Eidelweg* ab. Wir bleiben auf dem Eidelweg, bis wir an den Utlangwehrsweg sto-

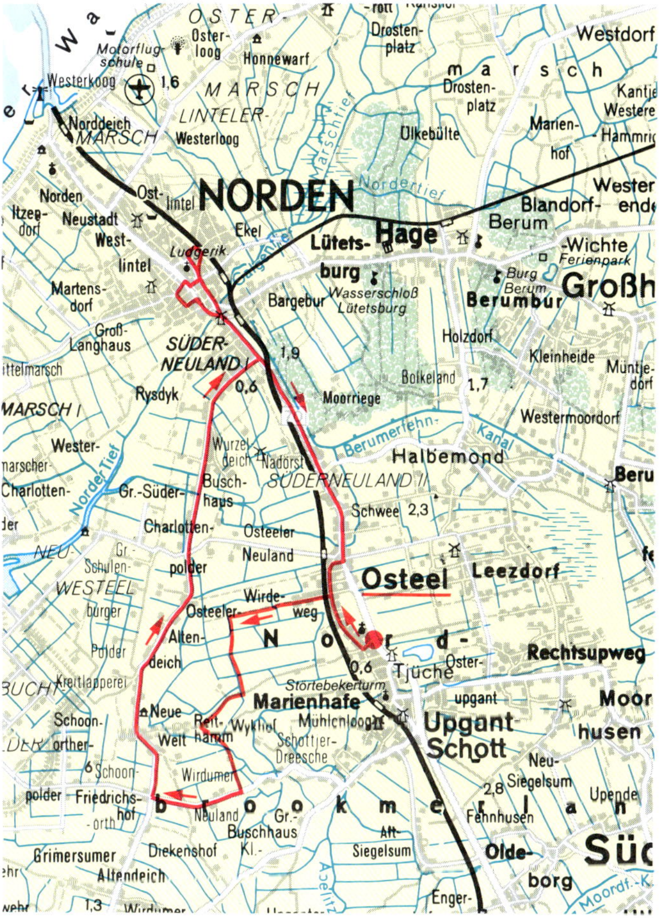

ßen. Nachdem wir nunmehr insgesamt etwa vier Kilometer zurückgelegt haben, fahren wir nach rechts in den *Utlangwehrsweg* ein. Dieser Weg geht nach etwa achthundert Metern in die Straße *Alte Welt* über, die wiederum auf den Reithammer Weg mündet. Vom Eidelweg/Utlangwehrsweg bis hierher sind es etwa 2,5 Kilometer.

Wir fahren nach rechts auf den *Reithammer Weg,* der auf die Landesstraße 4, die Schoonorther Straße, trifft. Dort fahren wir nach rechts auf die Landesstraße in Richtung Süderneuland. Von dort, wo wir auf den Reithammer Weg eingefahren sind, bis Süderneuland sind etwa neun Kilometer zurückzulegen. In *Sü-*

derneuland angekommen, befahren wir einen linker Hand gelegenen Radweg, auf dem wir nach Norden gelangen.

Nachdem wir etwa zwei Kilometer durch Süderneuland hindurchgefahren sind, erreichen wir zunächst die Bundesstraße 70, die nach Norden führt. Wir biegen auf diese Bundesstraße nach links ein, fahren am Bahnhof von Norden vorbei. Etwa einen Kilometer nach dem Abzweig Bundesstraße 70/Süderneuland sind wir an der *Deichmühle,* wo wir nach links zum *Fridericussiel* fahren. Dort kehren wir wieder um und fahren zur Deichmühle zurück. Dort geht es dann nach links zum Hafen und der *Alten Hafenmeisterei.* Hier wenden wir uns nach rechts und befahren nun die *Dammstraße,* die uns zum Neuen Weg bringt.

Wir biegen links in die Fußgängerzone *Neuer Weg* ein. Nun setzen wir die Tour bis zur *Coneruslohne,* einer schmalen Gasse, fort. An ihrem Ende steht das alte Packhaus. Heute ist dort das Umweltschutzzentrum untergebracht. Wir biegen dort nach rechts ab und fahren bis zur nächsten Gasse, der *Großen Neustraße,* in die wir hineinfahren. Sie bringt uns zum *Neuen Weg* zurück.

Bis wir den Synagogenweg erreicht haben, bleiben wir auf dem Neuen Weg und biegen von ihm links ab. Im *Synagogenweg* finden wir die Reste der Synagoge und die Gedenkstätte in Erinnerung an die Norder Juden.

Am Ende des Synagogenwegs wenden wir uns nach rechts, wobei wir an einem Parkplatz und dem Weiterbildungszentrum Norden vorbeikommen. Wir fahren hier in die *Uffenstraße* nach rechts ein. Von der Uffenstraße fahren wir nach links in die Straße *Am Markt* hinein, wobei wir am Haus des Bürgermeisters Lüppen, an den »dree Süsters«, der Mennonitenkirche und dem Rathaus vorbeifahren. Am Ende der Straße Am Markt kommen wir zum *Burggraben,* wo wir nach rechts abfahren. Dann geht es bis zur Westerstraße, wo sich linker Hand das ehemalige Rathaus mit dem heutigen Heimat- und Teemuseum sowie die Theelkammer befinden. Wir wenden uns an der Ampelanlage nach links, überqueren den Burggraben und fahren in die *Westerstraße* hinein. Auf unserem Weg kommen wir dabei an der Posthalterlohne und dem Haus Jatzke vorbei.

Wir fahren weiter durch die *Kleine Westerstraße* und an der Weberslohne vorbei, ehe wir links in die *Knyphausenstraße* hineinfahren. Auf ihr gelangen wir zum *Schwanenteich.* Dort wenden wir uns nach links in die *Hooge Riege,* wo wir an einer Reihe von Bummert vorbeikommen. Sobald wir am *Burggraben* angekommen sind, wenden wir uns nach links, befahren den Burggraben, ehe wir hinter dem Marktplatz auf der Höhe Westerstraße/Burggraben/Am Markt nach rechts abbiegen. An der Ludgeri-Kirche und dem Turm der Kirche vorbeikommend, fahren wir schließlich am alten Friedhof und dem Bismarckdenkmal vorbei bis zur Uffenstraße/Osterstraße. Dort biegen wir nach links in die Straße *Am Markt* ein, fahren an der Post vorbei und gelangen schließlich in die *Klosterstraße.* Dort, wo wir an der nächsten Kreuzung den Hinweis Kreiskrankenhaus sehen, fahren wir nach rechts ab, folgen der Verschwenkung der Straße nach rechts bis zur *Großen Mühlenstraße,* in die wir nach rechts hineinfahren. An der Straße Am Markt, auf die wir nun wieder stoßen, fahren wir zum alten Friedhof hinüber. Dort wenden wir uns nach links und fahren zum *Marktplatz* zurück, um zum Burggraben zu gelangen. Wir biegen nach rechts ab in den *Burggraben.* Den dort angelegten Radweg benutzen wir, um aus Norden herauszufahren und unsere Fahrt auf der Bundesstraße 70, die uns nach Osteel bringt, fortsetzen zu können. Auch entlang der Bundesstraße befindet sich ein Radweg.

Auf der Bundesstraße, der *Brookmerlander Straße,* fahren wir bis zur Osterstraße, die wir etwa vier Kilometer nach dem Orts-

Zu Tour 37, 38, 39 **Wappenschild an der Theelkammer zu Norden**
(Foto: Ferdinand Dupuis-Panther)

ende von Norden erreichen. Wir biegen nach rechts auf die *Osterstraße* ab und sind gleichzeitig wieder in *Osteel* angekommen. An der nächsten Querstraße sind wir wieder am *Alten Postweg,* in den wir nach links hineinfahren, um zur *Fabriciusstraße* zurückzufahren.

38 Norden – Norddeich – Norden

Verkehrsmöglichkeiten Entweder auf der BAB 28 aus Richtung Wilhelmshaven oder auf der BAB 31 aus Richtung Emden oder der BAB 29 aus Richtung Oldenburg bis zur Ausfahrt Filsum. Von dort auf der B 72 bzw. B 70 in Richtung Aurich und über die B 70 über Marienhafe nach Norden. Die Bundesbahn verkehrt von Emden bis Norden – Norddeich. Busverbindungen existieren von Aurich nach Norden und von Esens über Dornum nach Norden. Esens hat Bahnanschluß nach Jever und Sande sowie Wilhelmshaven und Oldenburg.
Parkmöglichkeiten Rund um die Ludgeri-Kirche; in den Straßen Burggraben, Osterstraße, Am Markt; vor dem Weiterbildungszentrum Norden.
Tourenlänge 22,5 Kilometer. **Fahrzeit** 2 Stunden.
Höhenunterschiede Nicht nennenswert.
Karten 1:50000 L 2308 Norderney, L 2508 Norden; 1:200000 Generalkarte, Blatt 3/4.
Wissenswertes *Norden,* siehe auch Tour 37, gilt als älteste Stadt Ostfrieslands. Sehenswert ist das Alte Rathaus mit Theelkammer, mit charakteristischen Sprossenfenstern, das 1542 erbaut wurde. Heute sind hier das Heimatmuseum und das Teemuseum untergebracht.

Die Ostfriesenfamilien Behrends, Bünting und Doornkaat haben sich Verdienste um den Teehandel erworben. Die Behrends waren zunächst Händler von Orientteppichen und Chinaporzellan, gründeten dann 1887 in Norden ein Teehaus. Das bekannte Teekreuz wurde von ihnen 1895 im Patentamt als Warenzeichen für Qualität eingetragen.

Johann Bünting war der Firmengründer des Bünting-Teehauses und stammte aus Leer. Sein Teehaus geht auf eine am 1. 5. 1806 gegründete Kolonialwarenhandlung zurück. Auch die Kornbrennerei Doornkaat, die auf den Holländer Jan ten Doornkaat zurückgeht, der 1806 als Glaubensflüchtling nach Norden kam, ist inzwischen im Teehandel tätig.

Zu Tour 37, 38, 39 **Ludgerikirche zu Norden** (Foto: Ferdinand Dupuis-Panther)

Die Theelkammer ist Sitz der Theelacht, ein bäuerlich-genossenschaftlicher Zusammenschluß von Erbbauern, die erbpachtpflichtigen Grundbesitz zwischen Norden, Berum und Hage verwalten.

In der Osterstraße fällt das Schönighsche Haus, ein Renaissancehaus aus dem Jahr 1567, durch die Sandsteinbänder als Ornamente im Backsteinbau besonders auf.

Die Mennonitenkirche ist Teil eines Ensembles am Marktplatz von Norden und umfaßt eine palaisartige Gebäudegruppe mit einem Mittelbau von 1662 und Flügelergänzungen von 1796 und 1835. Das Rathaus von 1884 steht neben dieser Kirche. Bürgerhäuser vervollständigen das Gesamtensemble.

Neben der Westgaster Mühle, einem Galerieholländer von 1863, existiert noch die Deichmühle von 1900.

Norddeich ist nicht nur wegen seiner Seehundaufzuchtstation bekannt, sondern vor allem durch die gleichnamige Radiostation bekannt geworden. Sendeanlagen stehen in der Ostermarsch. Die Betriebszentrale und Empfangsstation befinden sich in der Westermarsch bei Utlandshörn.

Tourenbeschreibung Vom Parkplatz vor der Post in *Norden,* gegenüber des alten Friedhofs an der Ludgeri-Kirche, beginnen wir unsere Tour und fahren zunächst in Richtung Marktplatz. Am Bismarckdenkmal an der Kreuzung Am Markt/Marktplatz/ Osterstraße fahren wir nach rechts auf die Ludgeri-Kirche zu. Die Straße *Am Markt* führt zwischen dem Kirchenschiff und dem freistehenden Glockenturm hindurch. Hinter der Kirche kommen wir am Alten Weinhaus vorbei. Von 1539 bis 1921 gab es hier ein Wirtshaus. Hinter diesem Wirtshaus überqueren wir den Burggraben und fahren dann in die *Westerstraße* hinein. In der Westerstraße 1 ist das Teemuseum untergebracht.

Auf unserer Tour fahren wir dann an der Westgaster Mühle vorbei, die wir nach etwa einem Kilometer erreicht haben. Auf der linken Seite befindet sich nach weiteren etwa hundert Metern ein Wasserturm, ehe wir am Haus von Fridericus Wieben von 1789 mit der Inschrift »Selden Rüst« im Giebel ankommen. Auf dem Giebel thront eine Neptunfigur. Vor dem Eingang in der Westerstraße 20 »halten« zwei Löwen »Wache«. Etwa sie-

Zu Tour 37, 38, 39 **Windmühlen** (Foto: Kreisbildstelle Norden/Decker)

benhundert Meter hinter Selden Rüst haben wir den Ostausgang von Norden erreicht.

Auf einem Radweg geht es nach *Westermarsch,* das mit »5 km« ausgeschildert ist. Auf der Weiterfahrt kommen wir zum *Langen Weg,* wo die Ausschilderung »Norddeich 9 km«, »Norden 6 km«, »Greetsiel 11 km« und »Neuwesteel 6 km« zu finden ist. Statt geradeaus weiterzufahren, um auf kürzestem Weg nach Utlandshörn zu gelangen, fahren wir an diesem Abzweig nach links ab. Wir radeln weiter bis zum *Altendeichsweg,* in den wir rechts hineinfahren. Nach etwa hundert Metern kommen wir zum Gasthaus Leybucht. Für etwa 1,2 Kilometer befahren wir den Altendeichsweg, an dessen Ende wir auf den Deich stoßen. Dabei sind wir auch an zwei Windkraftanlagen vorbeigeradelt. Am Deich angekommen, wenden wir uns nach rechts.

Die Sendeanlagen von Radio Norddeich erreichen wir, am Deich entlang radelnd, nach einer Fahrt von etwa 1,5 Kilometern. Von dort aus gelangen wir zur *Süderdeichstraße* und *Utlandshörn,* wo wir links abbiegen, um am Deich sofort wieder nach rechts zu fahren. Immer am Deich entlangfahrend, kommen wir, etwa sechs Kilometer von der Süderdeichstraße entfernt, an die Kreuzung Deich-/Ziegeleistraße, wobei wir die Straße am Deich verlassen haben. Wir fahren links in die Deichstraße ein und radeln nach Norddeich, das laut Ausschilderung drei Kilometer entfernt ist. Auf dem Bürgersteig fahrend, kommen wir zum *Dörperweg.* Dort geht es rechts ab und vorbei an der Kurverwaltung, am Wellenschwimmbad und an der Seehundaufzuchtstation. Statt an der Einmündung Dörper-/Lehmweg nach links abzubiegen, um zur B 70 zu radeln, fahren wir geradeaus in den *Lehmweg.*

Der Radweg befindet sich linker Hand auf dem Bürgersteig. Am Ende des Lehmwegs geht es nach links in den *Westlinteler Weg* und zur B 70. An der ampelgeregelten Kreuzung B 70/ Westlinteler Weg fahren wir rechts ab. Wir befahren nun die *Norddeicher Straße,* gelangen wieder an die *Westerstraße* mit dem dort befindlichen Tee- und Heimatmuseum, biegen hier links in die Straße *Am Markt* ein und an der *Osterstraße* wieder nach links, um zur Post zurückzufahren.

39 Norden – Ostermarsch – Neßmersiel – Dornum – Nesse – Hage – Norden

Verkehrsmöglichkeiten Entweder auf der BAB 28 aus Richtung Wilhelmshaven oder auf der BAB 31 aus Richtung Emden oder der BAB 29 aus Richtung Oldenburg bis zur Ausfahrt Filsum. Von dort auf der B 72 bzw. B 70 in Richtung Aurich und über die B 70 über Marienhafe nach Norden. Die Bundesbahn verkehrt von Emden bis Norden – Norddeich. Busverbindungen existieren von Aurich nach Norden und von Esens über Dornum nach Norden. Esens hat Bahnanschluß nach Jever und Sande sowie Wilhelmshaven und Oldenburg.
Parkmöglichkeiten In den Straßen Burggraben, Am Markt, Oster- und Westerstraße.
Tourenlänge 45 Kilometer.
Fahrzeit 5 bis 5½ Stunden.
Höhenunterschiede Nicht nennenswert.
Karten 1:50000 L 2308 Norderney, L 2310 Esens, L 2508 Norden; 1:200000 Generalkarte, Blatt 3/4.
Wissenswertes *Norden* siehe Tour 37 und 38.

Der *Lütetsburger Polder* wurde 1679 eingedeicht, da das Ostermarscher Neuland geschützt werden sollte. Dieser Polder wie auch der Mandepolder wurden allerdings 1686 Raub der See und mußten 1770 durch Neubedeichung erneut sturmflutsicher gemacht werden.

Die *Ostermarsch* ist ein bäuerlicher Marschdistrikt mit Warfen, auf denen Einzelhöfe und kleine Gruppen von Gehöften sturmflutsicher angelegt sind.

Dornum wurde als sogenannter Geestort im 14. Jahrhundert gegründet. Der Ort besaß bis zur Sächsischen Fehde drei Burgen, nämlich die Norder-, Oster- und die Westerburg, die zunächst dem Häuptlingsgeschlecht Attena gehörten. Die sogenannte Beningaburg wurde um 1380 unter Hero Attena erbaut.

Die 1514 zerstörte Westerburg wurde im Gegensatz zu den beiden anderen Burgen nicht wieder aufgebaut. In veränderter Form sind bis heute nur noch die Beningaburg, auch Osterburg genannt, und das aus der Norderburg entstandene Schloß erhalten.

Die am Ortsausgang von Dornum gelegene Bockwindmühle (1626) ist die einzige in Ostfriesland erhaltene Mühle dieses Typs.

In Dornum finden wir auf dem Weg vom Schloß zur St.-Bartholomäus auf der linken Seite eine Synagoge. Grabplatten und Gräber Dornumer Juden sehen wir auf dem kleinen jüdischen Friedhof.

1270 bis 1290 wurde die St.-Bartholomäus-Kirche als Herrlichkeitskirche erbaut. Sie besitzt eine Barockorgel von 1711 (Gerhard von Holy). Dornumer Häuptlinge und Grafen wurden in der Kirche bestattet. Der Altaraufsatz wurde von Meister Cröpelin 1683 geschaffen. Beeindruckend ist auch die doppelgeschossige Empore.

Enno Hektor, ein Sohn Dornums, verfaßte 1850 das Ostfrieslandlied. Er lebte unweit des Schlosses im Amtshaus.

Nesse als Wiek, als Handelsstützpunkt, zwischen dem 8. und 9. Jahrhundert entstanden, hat eine lutherische Kirche aus dem 12. Jahrhundert. Die Barockorgel von 1711 und der Taufstein von 1260/70 sind sehenswerte sakrale Kunstschätze.

In *Hage* steht die höchste Mühle Ostfrieslands, die 1870 in heutiger Form aufgebaut wurde. Sie geht auf eine Mühle von 1597 zurück. Der Luftkurort besitzt mit der lutherischen Kirche eine romanische Einraumkirche mit einem Turm aus dem 14. Jahrhundert. Herausragend der Schnitzaltar mit der Leidensgeschichte Christi aus der Zeit um 1500 und die Barockorgel von 1783.

Die *Lütetsburg* gehört zum Besitz der Grafen zu Inn- und Knyphausen. Der Park mit Barockparterre ist ein romantischer Landschaftsgarten mit Azaleen und Rhododendrongruppen. Im

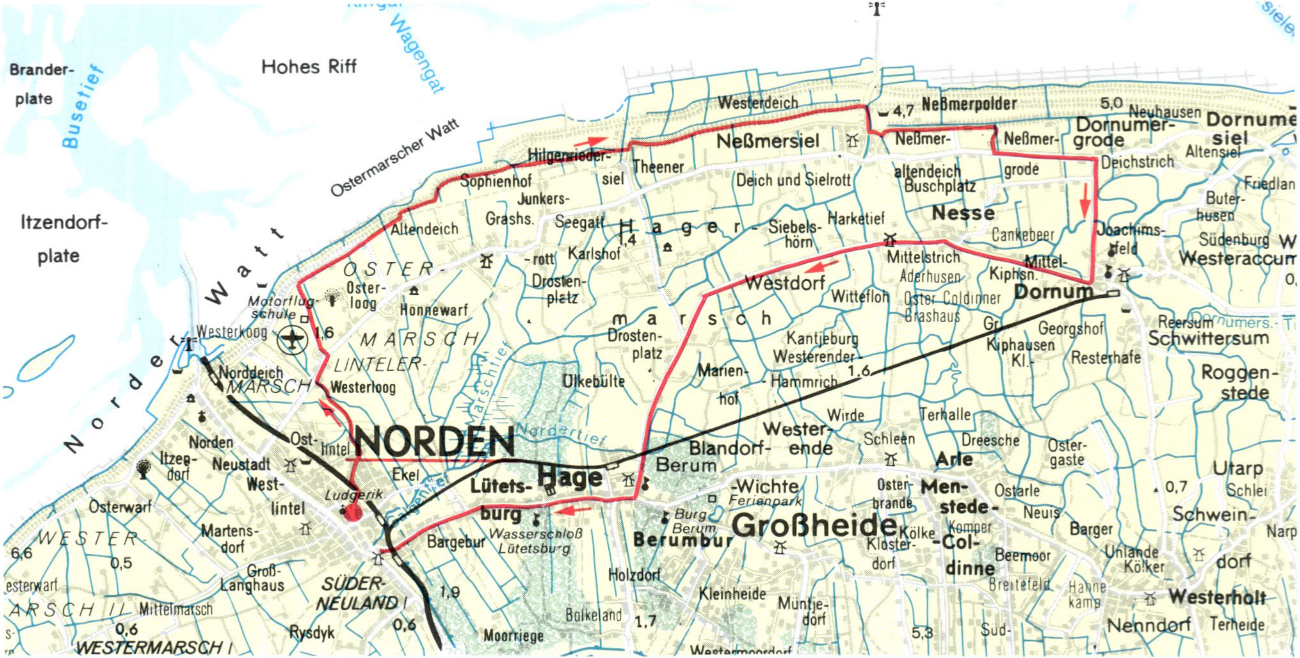
Brander-
plate
Busetief
Hohes Riff
Wagengat
Itzendorf-
plate
Ostermarscher Watt
Norder Watt
Westerdeich
Neßmerpolder
4,7
5,0
Neuhausen
Dornumer-
grode
Dornumersiel
Altensiel
Neßmersiel
Neßmer-
Neßmer-
grode
Deichstrich
Hilgenrieder-
siel
Theener
Sophienhof
Junkers-
Grashs.
Seegatt
Deich und Sielrott
altendeich
Buschplatz
Nesse
Friedlan
Buter-
husen
Südenburg
Westeraccum
Altendeich
Hager-
marsch
Siebels-
hörn
Harketief
Cankebeer
Joachims-
feld
1,4
-rott
Karlshof
Mittelstrich
Mittel-
Kiphsn.
Dornum
OSTER-
Oster-
loog
Honnewarf
Drosten-
platz
Westdorf
Witteflоh
Aderhusen
Oster Coldinner
Grashaus
Motorflug-
schule
Westerkoog
1,6
MARSCH
LINTELER-
Drosten-
platz
Kantjeburg
Westerender-
Hammrich
Gr.
Kiphausen
Kl.
Georgshof
Resterhafe
Reersum
Schwittersum
Roggen-
stede
Norddeich
MARSCH
Westerloog
Ülkebülte
Marien-
hof
1,6
Wirde
Terhalle
Norden
Ost-
lintel
NORDEN
Nordertief
Wester-
ende
Blandorf-
Schleen
Dreesche
Oster-
gaste
Itzen-
dorf
Neustadt
West-
lintel
Ekel
Ludgerik
Lütets-
burg
Hage
Berum
Arle
Oster-
brande
Wichte
Ferienpark
Men-
stede-
Col-
dinne
Ostarle
Neuis
Barger
Utarp
0,7
Schlei
Schwein-
dorf
Narp
Osterwarf
WESTER-
6,6
0,5
Martens-
dorf
Wasserschloß
Lütetsburg
Bargebur
Burg
Berum
Berumbur
Großheide
Kölke
Komper
Kloster-
dorf
Beemoor
Breitefeld
Hahne-
kamp
Unlande
Kölker
Westerholt
Nenndorf
Terheide
esterwarf
ARSCH II
Mittelmarsch
Groß-
Langhaus
SÜDER-
NEULAND I
1,9
Holzdorf
Kleinheide
Müntje-
dorf
0,6
WESTERMARSCH I
Rysdyk
0,6
Bolkeland
1,7
Moorriege
5,3
Sud-

Tordurchgang des Privatschlosses Wappen der Freiherren Friedack zu Gödens.

Tourenbeschreibung Von der Straße *Am Markt* geht es an der Post und am alten Friedhof vorbei in die *Klosterstraße* und von dort in die *Linteler Straße.* Hier fahren wir an einer Schule vorbei und weiter bis zu einem Bahngleis, das wir nach einer Fahrt von insgesamt etwa siebenhundert Metern erreicht haben. Wir überqueren die Bahngleise und folgen dann der halbrechten Straßenverschwenkung. Etwa einen Kilometer, nachdem wir die Gleisanlagen überquert haben, sind wir am Ortsausgang und im *Flökershauser Weg.* Dort, wo dieser Weg auf die Landesstraße 5 trifft, geht es weiter nach rechts in die *Linteler Marsch* und die *Ostermarsch.* Nach etwa 1,5 Kilometern hinter dem Ortsausgang Norden haben wir den *Westerlooge Kreeweg* erreicht, wo sich eine Ausschilderung zum Flughafen befindet. Dort biegen wir links ab. Wir können während der Fahrt rechts die Sendeanlagen von Norddeichradio sehen. Fünfhundert Meter von der Landesstraße entfernt, befindet sich der Flughafen.

Geradeaus fahrend, halten wir auf den Deich zu, wo wir nach rechts abfahren. An der Einmündung befindet sich ein Mast mit Angaben zu den Sturmfluten und Deichhöhen.

Nach etwa drei Kilometern, die wir unterhalb des Deiches gefahren sind, fahren wir nach halblinks zum Außendeich. Wir umfahren dabei den Mande- und den Lütetspolder, bis wir zum Abzweig kommen, der nach rechts in Richtung Hilgenriedersiel führt. Dort fahren wir nicht zum äußeren Deichbereich, sondern bleiben unterhalb des inneren Deichs und am Rande des Nationalparks Wattenmeer, bis wir an den Abzweig nach Neßmersiel kommen.

Dort geht es nach rechts zum Ort, der etwa zweihundert Meter vom Deichbereich entfernt ist. In *Neßmersiel* angekommen, sind wir insgesamt etwa 14,5 Kilometer unterwegs gewesen.

In Neßmersiel angekommen, fahren wir in die erste Querstraße nach links und zum ehemaligen Neßmersiel, das 1779 zur Zeit Friedrich des Großen gebaut wurde. Mit der Verlegung des Deiches im Jahre 1979 verlor es jedoch seine Bedeutung.

Am Siel liegt auch die *Osterdeichstraße,* die unterhalb des eingedeichten Neßmerpolder verläuft. Wir fahren hinter dem Deich auf der Osterdeichstraße bis zum *Schafweg.* Dort biegen wir nach rechts ab. Etwa 2,5 Kilometer vom Neßmersiel entfernt stoßen wir, nachdem wir die Osterdeichstraße und den Schafweg befahren haben, auf *Neßmergrode,* wo wir nach links abbiegen. Nach weiteren etwa 2,5 Kilometern erreichen wir den Abzweig nach Dornum. Dort setzen wir die Fahrt nach rechts abbiegend fort. Neßmersiel ist laut dort ausgestellter Ortsausschilderung »4 km« und Norden »21 km« entfernt. Nach einer Fahrtzeit von 1¾ Stunde sind wir in *Dornum* angekommen.

Nach dem Ortseingang fahren wir links ab zum *Dornumer Schloß,* indem wir nach wenigen Metern in den Schloßpark hineinfahren, um anschließend aus dem Park über einen kleinen Steg in den Schloßhof zu gelangen. Aus dem Schloßhof fahren wir durch das Torgebäude heraus in die *Schloßstraße* und dann geradezu zum *Marktplatz.*

Dort wenden wir uns dann rechts in die *Marktstraße,* der wir bis an ihr Ende folgen, wo sich ein kleiner jüdischer Friedhof befindet.

Auf den Marktplatz zurückgekehrt, fahren wir nach rechts zur erhöht liegenden St.-Bartholomäus-Kirche.

Aus der Kirchstraße herauskommend, fahren wir nach rechts am Friedhof von St.-Bartholomäus vorbei zum Parkplatz vor dem Verkehrsverein Dornum.

Von diesem Parkplatz aus fahren wir nach rechts und bei der nächsten Straßenquerung nach links in Richtung Nesse. Erst in *Nesse* mit seiner lutherischen Kirche, die rechter Hand steht, können wir wieder einen Radweg benutzen, der allerdings bereits am Ortsausgang endet.

Von Nesse aus befahren wir die Kreisstraße 210 in Richtung Hage. An einer Mülldeponie vorbei und die Bahngleise der Museumsbahn Norden – Dornum überfahrend, gelangen wir an die Einmündung der K 210 mit der Kreisstraße 204 und der Landesstraße 6. Dort befindet sich rechter Hand die größte Mühle Ostfrieslands, die allerdings nicht besichtigt werden kann. Wir wenden uns nach rechts und fahren in Richtung Ortsmitte von *Hage.* Dabei benutzen wir den auch als Radweg ausgewiesenen Bürgersteig entlang der Landesstraße 6.

Wir kommen an der romanischen Kirche zu Hage vorbei und haben dann etwa zehn Kilometer, nachdem wir Nesse verlassen haben, *Lütetsburg* mit dem gräflichen Schloß erreicht. Das Schloß befindet sich auf unserer linken Seite, wenn wir nach Norden unterwegs sind. Von hier aus geht es auf der Landesstraße 6 weiter nach Norden.

Sobald wir *Norden* erreicht haben, stehen uns beidseitig Radwege zur Verfügung. Etwa achthundert Meter vom Ortseingang entfernt kommen wir an der sich linker Hand befindenden evangelisch-reformierten Kirche vorbei. Etwa 1700 Meter hinter dieser Kirche erreichen wir die Deichmühle und die Reste der Weerdascher Mühle.

Zu Tour 39, 41 **Dornum, Jüdischer Friedhof** (Foto: Ferdinand Dupuis-Panther)

40 Rund um Norderney

Verkehrsmöglichkeiten Entweder auf der BAB 28 aus Richtung Wilhelmshaven oder auf der BAB 31 aus Richtung Emden oder der BAB 29 aus Richtung Oldenburg bis zur Ausfahrt Filsum. Von dort auf der B 72 bzw. B 70 in Richtung Aurich und über die B 70 über Marienhafe nach Norden. Die Bundesbahn verkehrt von Emden bis Norden – Norddeich. Busverbindungen existieren von Aurich nach Norden und von Esens über Dornum nach Norden. Esens hat Bahnanschluß nach Jever und Sande sowie Wilhelmshaven und Oldenburg.

Mit der Autofähre der Frisia-Reederei zur Insel Norderney.

Parkmöglichkeiten Auf dem Festland unweit des Fähranlegers.

Tourenlänge 21,5 Kilometer.

Fahrzeit 2½ Stunden.

Höhenunterschiede Nicht nennenswert.

Karten 1:50000 L 2308 Norderney; 1:200000 Generalkarte, Blatt 3/4.

Wissenswertes Die erste urkundliche Erwähnung *Norderneys* geht auf das Jahr 1398 zurück. Freiherr Edzard Mauritz von Knyphausen erhob die Insel 1797 in den Rang eines Heilbades. Die Franzosenschanze erinnert uns noch heute an die Besatzungszeit napoleonischer Truppen, an »goldene Gründerzeiten« das Kurhaus von 1850 und das Große Logierhaus, einst die Sommerresidenz der Hannoveranerkönige und 1837/38 erbaut. Das Denkmal für Wilhelm I., aus Steinen deutscher Städte gestaltet, steht mitten im Ort Norderney. Dieses Denkmal in Erinnerung an die Reichsgründung besteht aus Steinen von 61 Städten, so auch aus einem vom Frankfurter Römer.

Ein Galerieholländer von 1862 ist die einzige Mühle auf einer ostfriesischen Insel, die nur 15 Kilometer lang und 2 Kilometer breit ist. Auf ihr existiert das Fischerhaus-Museum, im Alt-Norderneyer Fischerhaus untergebracht, mit einer Sammlung zur Kultur der Inselfriesen und mit Karten- und Bildmaterial zur Geschichte und Entwicklung der Insel. Interessant ist auch das Stadtarchiv im Rathaus mit einer Sammlung zur Geschichte der Seefahrt und zur Heimat- und Volkskunde der ostfriesischen Inseln.

Tourenbeschreibung Nach dem Verlassen der Fähre fahren wir aus dem Hafenbereich heraus und zunächst am Seenotrettungskreuzer »Otto Schülke« vorbei auf den Spülfeldbereich zu, der rechter Hand liegt. Dort, wo es nach rechts zum Ende des Ha-

Zu Tour 40 **Jugendherberge Norderney** (Foto: Deutsches Jugendherbergswerk)

fen- und Spülfeldbereiches und geradezu zur Segelschule abgeht, fahren wir links ab. So gelangen wir auf den sogenannten *Polderweg,* der vom staatlichen Kurhaus über den Südwestdeich, den Hafen, den Parkplatz Ostheller und die Postbarke zur Mövendüne führt.

Unmittelbar hinter einer Ausschilderung mit Hinweis auf das Wander- und Radwegenetz stoßen wir auf den *Alten Postweg.*

Eine Informationstafel über die Landschafts- und Naturschutzgebiete auf Norderney und eine Wanderwegkarte finden wir etwa zwei Kilometer, nachdem wir vom Hafen auf den Polderweg abgebogen sind.

Wir durchqueren nun eine ausgedehnte Dünenlandschaft und erreichen etwa einen Kilometer nach der ersten Informationstafel einen rechter Hand gelegenen Campingplatz. An ihm fahren wir vorbei, bis wir auf der rechten Seite ein Café erreicht haben. Die Straße verschwenkt dabei nach rechts und dann nach links, ehe sie auf eine Autostraße trifft. Diese Straße überqueren wir und wenden uns dann nach links. Wir benutzen bis auf weiteres den Bürgersteig linker Hand, der als Radweg ausgewiesen ist. So kommen wir an einem Golfplatz und am Golfhotel vorbei. Nach einer Fahrt von etwa achthundert Metern auf dieser Straße haben wir den *Grohdepolderdeich* erreicht. Wir wechseln hier auf die andere Straßenseite, um auf der Deichkrone des Grohdepolderdeich unsere Fahrt fortsetzen zu können.

Wir bleiben für die nächsten etwa 3,5 Kilometer auf dem befestigten Deichkronenbereich, ehe wir rechter Hand auf den Hinweis »Wanderweg zum Inselende« stoßen. Der Ausschilderung nach sind es sechs Kilometer bis dorthin. Dabei wird nachdrücklich darauf hingewiesen, daß dieser sandige Weg für Radwanderungen ungeeignet ist.

Von dort setzen wir unsere Fahrt auf dem Deich, der linken Verschwenkung um den Polder herum folgend, fort, ehe wir etwa fünfhundert Meter vom ersten Wanderwegabzweig auf einen weiteren stoßen und schließlich am Parkplatz Ostheller vorbeiradelnd, an das Ende des befestigten Weges gelangen. Nun sind wir insgesamt etwa zehn Kilometer unterwegs gewesen. – Wir nutzen die Informationstafel am Parkplatz Ostheller mit Hinweisen auf Rad- und Wanderwegen als Orientierungshilfe. Wir folgen zunächst der Ausschilderung des Wanderweges 4, der über 8,3 Kilometer in die Stadt zurückführt.

Vom Parkplatz aus fahren wir auf einem Radweg in Richtung Hafen von Norderney. Wir folgen dem Verlauf des Weges und biegen links ab. Dabei kommen wir etwa achthundert Meter hinter dem Parkplatz an einem weiteren Campingplatz und nach weiteren etwa zweihundert Metern am Parkplatz »Camping Eiland« vorbei. Hinter dem »Kiosk Eiland« durchqueren wir ein Birken- und Erlenwäldchen. Etwa hundert Meter von dort entfernt finden wir rechter Hand den Hinweis zum FKK-Strand. Dort wechseln wir auf den Wanderweg 3.

Etwa vierhundert Meter von diesem Abzweig entfernt, fahren wir vom *Kaiserschlootpad* herunter. Wir setzen unsere Fahrt bis

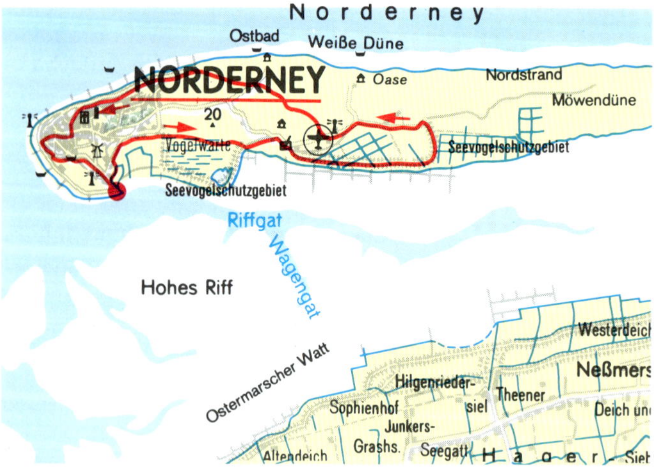

zum nächsten Abzweig mit dem Hinweis auf einen weiteren Zugang zum FKK-Strand fort. Dabei kommen wir am Leuchtturm und Leuchtturmrestaurant vorbei. Wir benutzen dabei nach wie vor den rechter Hand gelegenen Radweg. Sobald wir an die Einmündung zum Dünenpad gelangen, radeln wir rechts ab. Wir durchfahren wieder eine ausgedehnte Dünenlandschaft.

Laut Ausschilderung sind es von hier noch sechs Kilometer bis zur Stadt. Etwa siebenhundert Meter auf dem *Dünenpad* radelnd, haben wir ein Wasserwerk erreicht.

Am Borkenpad vorbeikommend, der links abzweigt, und einem weiteren Pfad nach rechts fahren wir vorbei, bis wir in der Nähe des Middelpad einen Hinweis auf einen Weg in Richtung Aussichtsdüne entdecken. Wir fahren dort zunächst nach links und dann gleich wieder nach rechts, sobald wir auf den *Zuckerpad* stoßen. Etwa fünfhundert Meter auf diesem Weg radelnd, haben wir die eine Aussichtsdüne erreicht. Der Verschwenkung des Zuckerpads folgend, gelangen wir nach weiteren etwa 4,5 Kilometern zur *Emsstraße*.

Wir biegen in sie rechts ein und setzen die Tour bis zum Parkplatz am Straßenende fort. Wir überqueren diesen Parkplatz und fahren nun durch die *Tannenstraße*. Linker Hand befindet sich die ausgedehnte Anlage einer Allergieklinik. Am Ende der Tannenstraße geht unsere Fahrt links ab in die *Knyphausenstraße*. An der Polizeidienststelle vorbei fahren wir nach halbrechts und dann geradeaus bis zur *Bismarckstraße* mit dem Kaiser-Wilhelm-Denkmal von 1898. Von dort wenden wir uns aus der *Friedrichstraße* heraus nach rechts. Am Ende der Bismarckstraße geht es nach links in die *Kaiserstraße*. Der folgen wir, bis sie zur *Brunnenstraße* wird. In dieser Straße setzen wir dann unser Tour fort und biegen von hier aus nach rechts in die Straße *Am Weststrand* und dann links in die *Weststrandstraße* ein. Wir fahren nun unterhalb des Argonnen-Wäldchens, in dem sich das Heimatmuseum von Norderney befindet. Dem verschwenkten Straßenverlauf folgend, stoßen wir auf das »Haus Schiffahrt« mit dem Bundesbahnreisezentrum. Hier fahren wir rechts in die *Bühlowallee* ein, die im weiteren Verlauf zur *Hafenstraße* wird. Auf der Hafenstraße radelnd, komme wir linker Hand an Parkplätzen vorbei. Wir bleiben zunächst bis zur Einmündung der Hafenstraße mit der Deichstraße in der Hafenstraße, biegen dann an der Einmündung rechts ab und an der nächsten Querstraße nach links, um von dort direkt zum Hafen zurückzufahren.

41 Dornum – Aurich

Verkehrsmöglichkeiten Aus Richtung Esens über die Landesstraße 8, dann über die Kreisstraße 46, die zur Kreisstraße 1 und Kreisstraße 210 wird. Alternativ über die Landesstraße 8 bis Bensersiel, anschließend die Landesstraße 5 nach Dornumersiel, die Kreisstraße 243 nach Westeraccum und die Kreisstraße 210 nach Dornum. Von der BAB 28 (Abfahrt Filsum) auf die B 72 nach Aurich, von dort auf der Esener Straße sowie der B 210 und der Landesstraße 7 nach Dornum. Busverbindungen existieren zwischen Emden und Aurich, von dort nach Norden, weiter über Dornum nach Esens, sowie die Linie Aurich – Roggenstede – Utarp – Dornum und von dort aus Anschluß an Linie Esens – Dornum – Norden.
Parkmöglichkeiten Am Marktplatz, vor St.-Bartholomäus sowie auf dem Parkplatz neben St.-Bartholomäus und vor dem Verkehrsverein.
Tourenlänge 21, 5 Kilometer. **Fahrzeit** 2¼ Stunden.
Höhenunterschiede Zu vernachlässigen.
Karten 1:50000 L 2310 Esens, L 2510 Aurich; 1:200000 Generalkarte, Blatt 3/4.
Wissenswertes *Dornum* siehe Tour 39. – *Aurich* siehe Touren 26 und 30.
Tourenbeschreibung Diese Streckentour schließt an die Tour Norden – Ostermarsch – Neßmersiel – Dornum – Nesse – Norden (Tour 37) an. Die Anfahrt von Norden nach Dornum erfolgt entsprechend der oben genannten Tour, bis wir am Parkplatz bei St.-Bartholomäus und dem Verkehrsverein von *Dornum* angekommen sind. Von dort fahren wir nach links ab. Wir folgen der vorfahrtberechtigten Straße und gelangen nach etwa fünfhundert Metern zur *Dornumer Bockwindmühle*. Hier beginnt auch der Radweg. Wir fahren unter schattigen Alleebäumen geradeaus, bis nach etwa 3,5 Kilometern der Radweg endet. Nach etwa 3,5 Kilometern fahren wir an einer rechts gelegenen Windkraftanlage vorbei. *Westerholt* erreichen wir nach etwa sechs Kilometern, wo rechter Hand auch wieder ein Radweg beginnt. An der Post vorbeifahrend, setzen wir unsere Fahrt auf der Landesstraße 3 fort. Wir überqueren an einer mit Stopschild geregelten Kreuzung die Landesstraße 6. Etwa vier Kilometer von Westerholt entfernt passieren wir den Abzweig nach Wittmund. Immer noch auf der Landesstraße 7 unterwegs, überfahren wir die Kreuzung Landesstraße 7 und Kreisstraße 40 (Richtung Berumerfehn und Ewiges Meer).

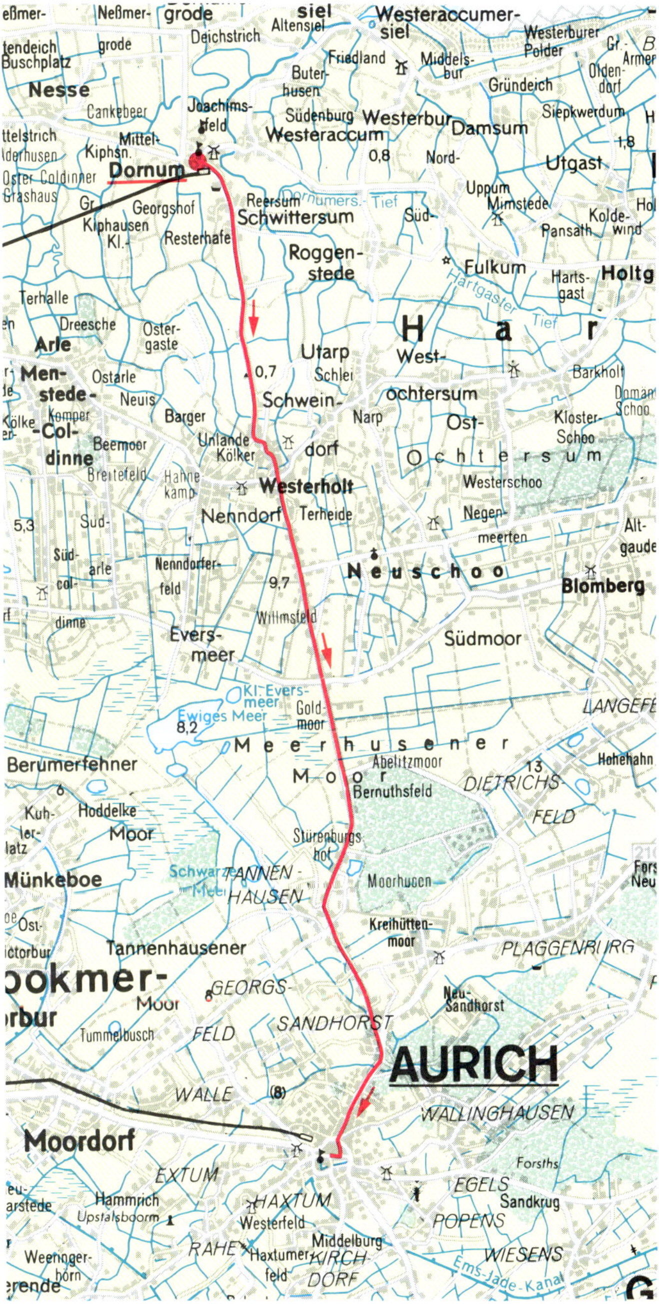

Neßmer-
grode
siel
Westeraccumer-
siel
Deichstrich
Altensiel
Westerburer
Polder
Friedland
Middels-
bur
Buschplatz
Nesse
Buter-
husen
Gründeich
Cankebeer
Joachims-
feld
Südenburg
Westerbur
Damsum
Siepkwerdum
Westeraccum
Mittel-
Kiphsn.
0,8
Nord-
1,8
Dornum
Utgast
Grashaus
Georgshof
Reersum
Dornumer Tief
Uppum
Mimstede
Schwittersum
Süd-
Kiphausen
Kl.
Resterhafe
Pansath
Roggen-
stede
Fulkum
Harts-
gast
Holtg
Hartgaster Tief
Terhalle
Dreesche
Oster-
gaste
Arle
Utarp
West-
Barkholt
Men-
stede-
Ostarle
0,7
Schlei
ochtersum
Schwein-
dorf
Neuis
Narp
Ost-
Kloster-
Schoo
Komper
-Col-
dinne
Barger
Unlande
Kölker
Beemoor
O c h t e r s u m
Breitefeld
Hahne
kamp
Westerholt
Westerschoo
Nenndorf
Terheide
Negen-
meerten
5,3
Süd-
Alt-
gaude
Süd-
arle
col-
dinne
Nenndorfer-
feld
9,7
Neuschoo
Blomberg
Willmsfeld
Evers-
meer
Südmoor
Kl. Evers-
meer
Ewiges Meer
Gold-
moor
8,2
Meerhusener
Moor
Abelitzmoor
Bernuthsfeld
Berumerfehner
DIETRICHS-
FELD
13
Hohehahn
Kuh-
ler-
Hoddelke
Moor
Stürenburgs
hof
Münkeboe
Schwarzes
Meer
TANNEN-
HAUSEN
Moorhusen
Ost-
Kreihütten-
moor
Tannenhausener
Moor
PLAGGENBURG
GEORGS-
FELD
Neu-
Sandhorst
SANDHORST
Tummelbusch
AURICH
WALLE
(8)
WALLINGHAUSEN
Moordorf
EXTUM
Forsths
EGELS
Sandkrug
Hammrich
HAXTUM
Upstalsboom
Westerfeld
POPENS
Middelburg
RAHE
Haxtumer-
feld
KIRCH-
DORF
WIESENS
Weeninger-
horn
Ems-Jade-Kanal

Zu Tour 41 **Bockwindmühle in Dornum** (Foto: Ferdinand Dupuis-Panther)

Noch liegen zehn Kilometer vor uns, dann haben wir Aurich erreicht. Zunächst gelangen wir nach einer Tour von etwa sechzehn Kilometern nach *Tannenhausen* und einen Kilometer danach rechter Hand an den Abzweig Richtung Moordorf, ehe wir in *Sandhorst* ankommen. Von Sandhorst aus biegen wir von der Landesstraße auf die Bundesstraße B 210 nach rechts in Richtung Aurich. Wir befinden uns nun auf der *Esenser Straße*.

Aurichs Stadtgrenze haben wir nach einer Tour von etwa zwanzig Kilometern erreicht. Der Radweg verläuft hier parallel zur Esener Straße. Zum Teil fahren wir unter hohen Buchen in Richtung Ortskern von *Aurich*, den wir bei der Straße *Am Pferdemarkt* erreicht haben.

42 Aurich – Hesel

Verkehrsmöglichkeiten BAB 28 mit Ausfahrt Filsum; danach in Richtung Aurich über die B 72. Busverbindungen bestehen zwischen Leer und Hesel sowie Aurich und Hesel.
Parkmöglichkeiten Hinter der Kaufhalle an der Straße Am Pferdemarkt; Tiefgarage Carolinenhof am Fischteichweg; Parkhaus Große Mühlenwallstraße.
Tourenlänge 22 Kilometer.
Fahrzeit 2¼ Stunden.
Höhenunterschiede Zu vernachlässigen.
Karten 1:50000 L 2510 Aurich, L 2710 Leer; 1:200000 Generalkarte, Blatt 3/4.
Wissenswertes *Aurich* siehe Touren 26 bis 30.

Die Mühle an der B 72 bei *Bagband* ist ein Galerieholländer aus dem Jahr 1812.

Hesel gilt als Verkehrsknotenpunkt der »ostfriesischen Highways«. Der Ort ist umgeben von einer typischen Wallheckenlandschaft mit buntgewürfelten Feldfluren, durchzogen von Wieken und Fehnkanälen. Beachtenswert ist der Staatsforst »Kloster Barthe« mit dem idyllischen Silbersee und der Grabungsstätte des 700 Jahre alten Klosters Barthe, dessen unter Dünensand gelegene Reste freigelegt sind. Nicht nur die B 72, sondern auch der Ostfrieslandwanderweg, der auf einer alten Kleinbahntrasse angelegt wurde und von Papenburg nach Bensersiel führt, durchqueren Hesel.

Tourenbeschreibung Vom Parkplatz hinter der Kaufhalle an der Straßeneinmündung Schützenstraße/Am Pferdemarkt fahren wir in die *Esenser Straße* und an der Straße *Am Pferdemarkt* vorbei. Schließlich biegen wir links auf die *Große Mühlenwallstraße* ab, die zur *Leerer Landstraße* und im Verlauf der B 72 zur *Auricher Landstraße* wird. Sobald wir etwa 1,5 Kilometer zurückgelegt haben, überqueren wir den *Ems-Jade-Kanal.* In Richtung Hesel unterwegs, benutzen wir bis zum Abzweig nach Timmel den rechts gelegenen Radweg.

Nach etwa vier Kilometern haben wir den Abzweig nach Westgroßefehn (Landesstraße 14) erreicht. Wir setzen unsere Fahrt geradeaus auf der B 72 fort und gelangen nach weiteren drei Kilometern an die Kreisstraße 104, die nach Holtrop sowie Ostersander führt. Wir überfahren sie und erreichen nach einer Gesamtstrecke von etwa neun Kilometern *Mittegroßefehn.* Über den *Großefehnkanal* und die *Neue Wieke* hinweg setzen wir unsere Fahrt auf der B 72 nach *Ulbargen* fort. Südlich von Ul-

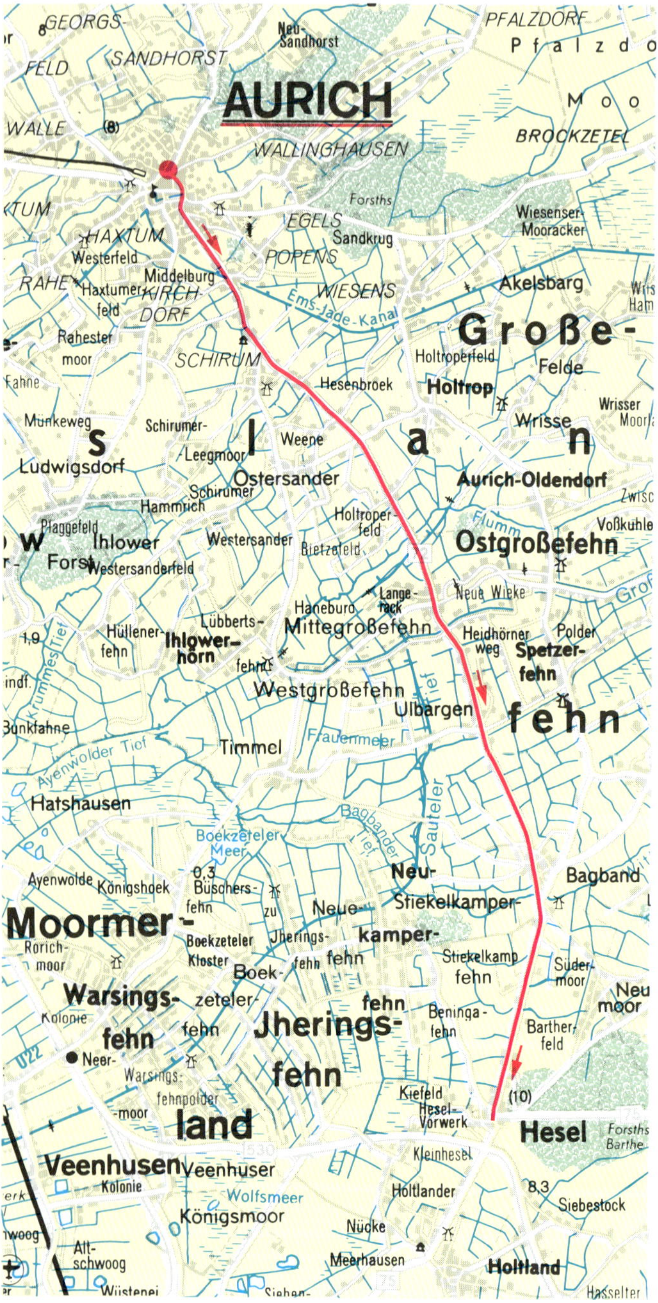

AURICH
GEORGSFELD
SANDHORST
Neu-Sandhorst
PFALZDORF
Pfalzdorfer Moor
WALLE
BROCKZETEL
WALLINGHAUSEN
HAXTUM
Forsthaus
EGELS
Sandkrug
Wiesenser-Mooracker
Westerfeld
POPENS
Middelburg
RAHE
Haxtumerfeld
KIRCHDORF
WIESENS
Akelsbarg
Ems-Jade-Kanal
Rahester moor
SCHIRUM
Holtroperfeld
Großefelde
Hesenbroek
Holtrop
Münkeweg
Schirumer-Leegmoor
Weene
Wrisse
Wrisser Moorland
Ludwigsdorf
Ostersander
Aurich-Oldendorf
Schirumer Hammrich
Holtroperfeld
Voßkuhle
Pfaggefeld
Ihlower Forst
Westersander
Bietzefeld
Flumm
Ostgroßefehn
Westersanderfeld
Neue Wieke
Langerack
Haneburg
Lübbertsfehn
Mittegroßefehn
Heidhörnerweg
Polder
Spetzerfehn
Hüllenerfehn
Ihlowerhörn
Krummes Tief
Westgroßefehn
Ulbargen
Großefehn
Bunkfahne
Ayenwolder Tief
Timmel
Frauenmeer
Hatshausen
Bagbander Tief
Sauteler Tief
Boekzeteler Meer
Ayenwolde
Königshoek
Büschersfehn
Neu-Stiekelkamperfehn
Bagband
Neuekamperfehn
Moormerland
Rorichmoor
Boekzeteler Kloster
Jheringsfehn
Stiekelkampfehn
Südermoor
Warsingsfehn
Kolonie
Boekzetelerfehn
Neumoor
Beningafehn
Barther-feld
Neermoor
U22
Warsingsfehnpolder
Kiefeld
Hesel-Vorwerk
Hesel
Forsthaus Barthe
Veenhusen
Veenhuser Kolonie
Kleinhesel
Wolfsmeer
Holtlander
Siebestock
Königsmoor
Nücke
Altschwoog
Meerhausen
Holtland
Wüstenei
Hasselter

bargen überqueren wir mit dem *Spetzerfehnkanal* einen weiteren Kanal. Der Radweg entlang der B 72 befindet sich nunmehr auf der linken Straßenseite.

Nachdem wir von Aurich aus etwa sechzehn Kilometer geradelt sind, kommen wir an *Bagband* und dem Abzweig nach Wilhelmshaven und Wiesmoor (B 436) vorbei.

Etwa dreihundert Meter südlich dieses Abzweigs und des Bagbander Tiefs steht linker Hand die *Bagbander Mühle.*

Hesel haben wir nach einer Tour von etwa einundzwanzig Kilometern erreicht. Wir fahren nun bis zum Parkplatz von Aldi *(Leeraner Straße),* dem Ausgangspunkt der nächsten Tour.

43 Hesel – Beningafehn – Boekzeteler Meer – Jheringsfehn – Hesel

Verkehrsmöglichkeiten Von der BAB 28 an der Ausfahrt Filsum auf die B 72 nach Hesel. Busverbindungen bestehen zwischen Leer und Hesel sowie zwischen Aurich und Hesel.
Parkmöglichkeiten An der Leeraner Straße.
Tourenlänge 21 Kilometer. **Fahrzeit** 2 Stunden.
Höhenunterschiede Zu vernachlässigen.
Karten 1:50000 L 2710 Leer; 1:200000 Generalkarte 3/4.
Wissenswertes *Hesel* siehe auch Tour 42. Die Heseler Kirche wurde 1742 unter Verwendung von Steinen der alten Kirche, die an gleichem Orte stand, neu aufgebaut. Beachtenswert sind die Kanzel von 1653 und das schöne Altarbild von 1662.

Das Naturschutzgebiet *Boekzeteler Meer* schützt einen See, der in der Nacheiszeit enstanden ist. Die Ausdehnung dieses Meeres ist durch den Bau des Ems-Jade-Kanals und durch den Torfabbau geschrumptt. Nach wie vor gilt das Boekzeteler Meer als Geheimtip für Vogelfreunde.

In der Klosterstraße von *Boekzeteler Fehn* befinden sich die Überreste des Boekzeteler Klosters. 1190 wurde in einer ursprünglichen Moorlandschaft wahrscheinlich ein Benediktinerkloster erbaut. Paul Harsebroek betrieb mit Emder Kaufleuten zusammen den ersten gewerbsmäßigen Torfabbau. Er gilt als Gründer des Boekzeteler Fehn und des ältesten Teils des Theringerfehn, des Harsebroekfehn (1647).

Tourenbeschreibung Vom Parkplatz an der *Leeraner Straße* (Aldi-Supermarkt) aus fahren wir in nördlicher Richtung bis zur nächsten Kreuzung. Dort biegen wir links in Richtung Klein-Hesel und Kiefeld ein. An der Straßeneinmündung gibt es ein Orts-

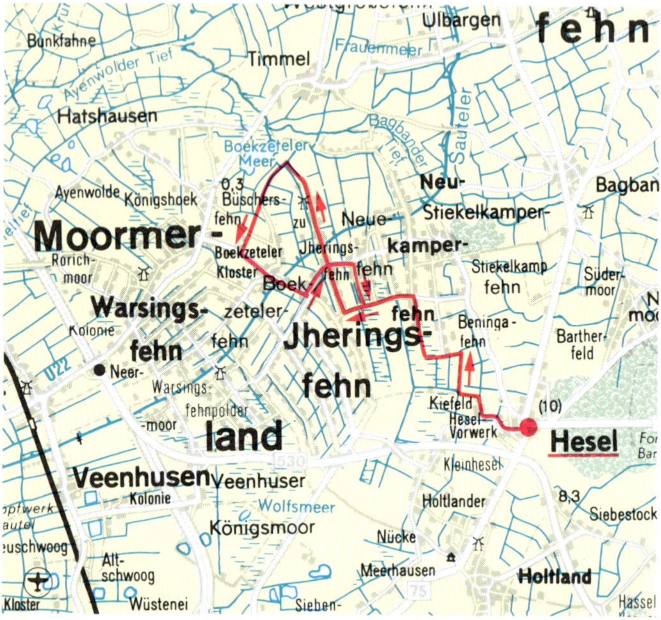

hinweisschild »Beningafehn 3 km«. Wir fahren nun bis zur Kirche geradeaus und dort nach rechts an der Kirche vorbei in die *Kirchstraße* hinein.

Wir kommen auf unserer Fahrt rechts an einer Schule vorbei. Etwa achthundert Meter vom Ausgangspunkt entfernt liegt *Kiefeld,* das zur Gemeinde Hesel gehört. Wir folgen dem Hinweis nach Beningafehn und biegen rechts in die *Kiefelder Straße* ab.

Hesel haben wir nach etwa einem Kilometer verlassen. Der Straßenverschwenkung nach halblinks folgen wir nun und erreichen etwa einen Kilometer nach dem Ortsende Hesel *Beningafehn.* Wir bleiben auf der Kiefelder Straße, wenn wir die Beningastraße rechter Hand passiert haben. Etwa zweihundert Meter vom Ortseingang von Beningafehn entfernt befindet sich die *Sandwieke,* in die wir nach rechts abbiegen. Am Ende der Sandwieke fahren wir nach links in die *Bahnhofstraße.* Auf dieser Straße gelangen wir nach *Neuefehn,* das etwa zwei Kilometer von Beningafehn entfernt ist.

Für die nächsten etwa achthundert Meter führt unser Weg durch den Ort. An der *Hookswieke* biegen wir nach rechts ein. Auf der Hookswieke erreichen wir nach etwa neunhundert Metern die Landesstraße 24, die wir überqueren. Wir setzen unsere Fahrt fort und fahren, achthundert Meter von der Landesstraße entfernt, an einem Mühlenstumpf vorbei. Am *Sommerpad* angekommen, überfahren wir eine kleine Brücke nach links. Hinter der Brücke biegen wir sofort wieder nach rechts ab und bleiben weiterhin an der Hookswieke. Nach zweihundert Metern setzen wir unsere Fahrt auf einem unbefestigten Weg fort.

Nachdem wir dreihundert Meter auf diesem Weg gefahren sind, sind wir am Schöpfwerk und am *Naturschutzgebiet Boekzeteler Meer* angekommen. Hinter dem Schöpfwerk wird aus dem unbefestigten Weg für etwa vierhundert Meter ein sandiger Weg.

Wir setzen unsere Fahrt anschließend auf einem beplatteten Weg fort und biegen aus der Straße *Zum Boekzeteler Meer* rechts in die *Klosterstraße* ein, die etwa 1,5 Kilometer vom Boekzeteler Meer entfernt ist. Wir fahren von ihr links auf einen kleinen Pfad, dem Hinweis »Klosterfriedhof« folgend, ein, der zum Friedhof des ehemaligen Benediktinerklosters führt.

Vom ehemaligen Klostergelände aus fahren wir nach links ab. Wir folgen der Straße *Am Kloster* für etwa vierhundert Meter bis zur *Pappelstraße* (L 24). Dort fahren wir links ab und erreichen *Jheringsfehn* nach weiteren etwa 1,5 Kilometern.

Wir überfahren dann das *Sauteler Tief* und passieren linker Hand die Backsteinkirche. An der folgenden T-Kreuzung biegen wir nach links ab. An der *Westerwieke* entlang setzen wir die Fahrt auf der Pappelstraße über die *Hookswieke* hinweg fort. Der Ort Jheringsfehn ist nach etwa einem Kilometer zu Ende.

Zu Tour 44, 45, 46, 47 **Jugendherberge Emden**
(Foto: Deutsches Jugendherbergswerk)

Geradeaus weiterfahrend haben wir nach weiteren etwa sechshundert Metern die Gesamtgemeinde Hesel erreicht. Wir fahren bis zur *Alten Süderwieke* und biegen dort nach rechts ein. Wir folgen der Straße bis zur *Bahnhofstraße,* in die wir nach links einbiegen.

An der *Sandwieke* biegen wir nach rechts ab und dann an der *Kiefelder Straße* nach links. Wir fahren nach *Kiefeld* und erreichen nach insgesamt 20,5 Kilometern *Hesel.* Nach nochmals etwa einem Kilometer sind wir wieder an unserem Ausgangspunkt angekommen.

44 Mit dem Fahrrad durch Emden

Verkehrsmöglichkeiten Auf der BAB 28 bis AS Filsum, dann auf die B 72, die in die B 530 und BAB 31 übergeht. Bundesbahnverbindung besteht aus Richtung Oldenburg über Leer. Busse verkehren zwischen Leer und Emden sowie zwischen Aurich und Emden.
Parkmöglichkeiten In der Straße »Hinter dem Rahmen« bei der Kunsthalle und »Am Hinter Tief«.
Tourenlänge 4,8 Kilometer. **Fahrzeit** ½ Stunde.
Höhenunterschiede Nicht nennenswert.
Wissenswertes *Emden,* etwa 50000 Einwohner, wurde während des Zweiten Weltkrieges zu 80% zerstört; Industriestandort (Thyssen-Werft, Volkswagen AG) und Hafenstadt. Hier findet der Massenumschlag für Erz, Kohle, Öl und Autos statt. Der Binnenhafen mündet in das Ratsdelft und das Falderndelft. Beachtenswert am Ratsdelft ist das Hafentor von 1635.

Wasserwege waren einstmals auch wichtige Transportwege in der Stadt, wie wir an der Kesselschleuse von 1885/6, einem Knotenpunkt von 4 Wasserstraßen, sehen können.

Die Stadt war in der Vergangenheit Festung und mit Wallanlagen umgeben. Auf dem Stadtwall die Vrouw-Johanna-Mühle (1804) am Marienwehrster Zwinger. Außerdem ist die Rote Mühle erhalten geblieben, heute Gemeindezentrum.

Ein Jugendstil-Wasserturm befindet sich unweit des Stadtgrabens an der Abdenastraße.

Zu den wichtigsten Profanbauten der Stadt gehören das Pelzerhaus von 1600 und das Gödenser Haus von 1551. In der Friedrich-Ebert-Straße steht die Neue Kirche, zwischen 1643 und 1646 als erste calvinistische Barock-Predigerkirche in

Deutschland entstanden. Sie dient heute noch als reformierte Kirche. Die Überreste der Großen Kirche, der Mutterkirche des nordwesteuropäischen Calvinismus, stehen an der Kirchstraße.

Vom einstigen prächtigen Renaissancebau, dem Rathaus, ist nur noch das Portal erhalten geblieben und in das neue Rathaus integriert worden. Am Ratsdelft befindet sich das Ostfriesische Landesmuseum, das in Ausstellungsstücken Einblick in Geschichte und Entwicklung Emdens gibt. Die Kunsthalle von Emden, eine Stiftung des ehemaligen Stern-Chefredakteurs Henri Nannen, zeigt nicht nur die Sammlung Nannens mit Werken des Expressionismus, sondern widmet wechselnde Ausstellungen dieser Stilrichtung.

Tourenbeschreibung Wir beginnen an der *Kunsthalle* (Hinter dem Rahmen). Von dort aus fahren wir in die Straße *Am Hinter Tief* und zum dort befindlichen Parkplatz. Von dort aus geht es links in die *Friesenstraße.* Aus dieser fahren wir links in die Straße *Heuzwinger* und rechts in die *Boltentorstraße,* von der wir wiederum nach rechts in die Wallanlagen einfahren. Wir befahren nun die Wallkrone. Auf dem Weg umfahren wir zwei der ehemaligen Zwinger, deren Anlage im Wegenetz noch zu erkennen ist. Hinter dem zweiten ehemaligen Zwinger überfahren wir den Stadtgraben auf Höhe der stark befahrenen Auricher Straße, die wir an einer Fußgängerampel überqueren können. Auf der anderen Straßenseite setzen wir unsere Fahrt in den Wallanlagen fort.

Die Wallanlagen sind heute eine mit Buchen, Eschen, Ahorn, Ginko, Platanen und Ebereschen bepflanzte Grünanlage. Nachdem wir auch einen weiteren ehemaligen Zwinger umfahren haben, bleiben wir weiterhin in der Anlage oberhalb des Philosophenwegs, bis wir beim nächsten Zwinger die *Frau-Johanna-Mühle* erreicht haben. Von hier aus begeben wir uns zum nächsten ehemaligen Zwinger. Dabei passieren wir rechter Hand einen Bunker. Hinter diesem liegt links die Anlage eines Tennisklubs. Nach wie vor in den Wallanlagen fahrend, gelangen wir in der Nähe der Doelestraße zum Mühlenstumpf der Roten Mühle, heute ein Gemeindezentrum.

Hier fahren wir aus der Anlage nach rechts in die *Brückstraße* hinein, wo sich in Nr. 110 die Bibliothek der Großen Kirche zu Emden befindet. Wir fahren an ihr vorbei, bis wir links in die *Friedrich-Ebert-Straße* einbiegen. Diese Einmündung stößt unmittelbar auf die Neue Kirche. Vorbei am Gödenser Haus fahren wir bis zur Straße *Zum Roten Siel* und von dort hinter dem Roten Siel in die *Brandenburger Straße* nach rechts. Die Fahrt führt nun am *Falderndelft* entlang. Von dort aus geht es über die

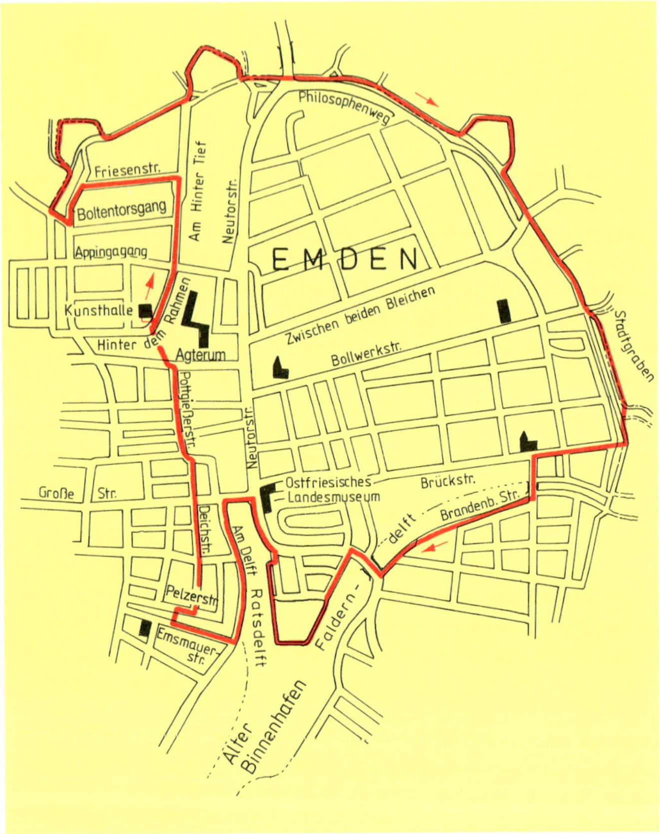

Brücke nach rechts in die *Falderstraße* und hinter ihr links in die *Osterbutvenne* hinein, die auch am Falderndelft liegt. Anschließend radeln wir bei *Schreiershoek* rechts auf die *Georg-Breusing-Promenade.* Auf einer »Landzunge« befindet sich an dieser Stelle eine mechanische Uhr und eine Säule mit astronomischen Informationen.

Breusing, der Wegbereiter des Seenotrettungswesens, ist Namensgeber für die Promenade, an der auch das Feuerschiff mit dem Schiffahrtsmuseum vertäut ist.

Neben dem Feuerschiff stoßen wir auf den Seenotrettungskreuzer »Georg Breusing«, der 1963–1988 auf Borkum stationiert war und 1672 Menschen gerettet hat. Am *Ratsdelft* befindet sich auf der rechten Seite das Rathaus und das Landesmuseum mit Rüstkammer. Am Delft biegen wir links ab, um auf der anderen Uferseite auf der Straße *Am Delft* in Richtung Hafen hinunterzufahren. Durch das *Hafentor* hindurchradelnd, kommen wir zur *Emsmauerstraße,* die rechts abgeht. Wir setzen die Fahrt, nach rechts abfahrend, fort und gelangen zum Pelzerhaus, heute Teestube und Galerie. Die alte Fassade ist allerdings nur dann zu sehen, wenn wir über eine Treppe unser Rad tragen und rechts in den *Pelzergang* hineinfahren.

An der rückwärtigen Front des Pelzerhauses geht es links in die *Klunderburgstraße* hinein und von dort weiter geradeaus in die *Deichstraße.* Über einen Parkplatz und durch eine Passage kommen wir zur Fußgängerzone, wo sich das Standbild von Peterke (1887–1956), einer Straßenfegerin und Emder Original, befindet. Weiter geht es in der *Norderstraße* geradeaus, dann halblinks weiterfahrend und rechts ab in die Fußgängerzone auf den *Neuen Markt,* wo das Radfahren gestattet ist. Wir umrunden die Tonne Westerems I und setzen die Fahrt in der *Pottgießerstraße* fort. Über die *Jungfernbrückstraße,* die an der Einmündung Pottgießerstraße ampelgeregelt ist, fahren wir zum Stadtgraben und der Wallanlage hinüber, um zur *Kunsthalle* und Malschule zu gelangen.

45 Emden – Canum – Sielmönken – Freepsum – Hinte – Osterhusen – Suurhusen – Emden

Verkehrsmöglichkeiten Auf der BAB 28 bis AS Filsum, dann auf die B 72, die in die B 530 und BAB 31 übergeht. Bundesbahnverbindung besteht aus Richtung Oldenburg über Leer. Busse verkehren zwischen Leer und Emden sowie zwischen Aurich und Emden.
Parkmöglichkeiten In der Straße »Hinter dem Rahmen« bei der Kunsthalle und »Am Hinter Tief«.
Tourenlänge 33,5 Kilometer. **Fahrzeit** 3¼ Stunden.
Höhenunterschiede Nicht nennenswert.
Karten 1:50000 L 2708 Emden, L 2508 Norden; 1:200000 Generalkarte, Blatt 3/4.
Wissenswertes *Emden* siehe Tour 44.

In *Canum* stoßen wir auf eine reformierte Kirche, eine Einraumkirche, die zwischen 1270 und 1290 entstanden ist und als die schönste Kirche der Krummhörn gilt.

Das Warfendorf *Freepsum* nimmt für sich in Anspruch, mit –2,30 Meter den tiefsten Punkt der BRD aufzuweisen. Ein befestigter Weg dorthin endet 250 Meter vom tiefsten Punkt entfernt, der südöstlich auf Flur Nr. 3 liegt. An einem dort befindlichen Pfahl sind »ostfriesische Höhen« vermerkt: Seedeich 7,80 Meter, Ostfrieslands höchste Dünen auf Spiekeroog 24,0 Meter.

Sielmönken ist aus dem Kloster Sielmönchen hervorgegangen. Die Sielachten wurden zunächst durch Klöster wie diesem wahrgenommen. Im Jahre 1255 von Benediktinermönchen gegründet, wurde es 1444 von Augustinerchorherren übernommen, ehe es Balthasar von Esens 1531 zerstörte, so daß heute nur noch Domänen üriggeblieben sind.

In *Hinte* ist die Kirche von 1250, eine spätgotische Einraumkirche mit einem Fresko von Christus als Weltenrichter im Chorgewölbe, sehenswert. Die unweit von ihr gelegene Burg Hinte wurde 1421 errichtet und bildet mit der Kirche die Gesamtanlage eines ostfriesischen Häuptlingssitzes des 16. Jahrhunderts. Die Burg mit der beachtenswerten Parkanlage ist im Besitz derer von Freese.

Suurhusens Kirche, von einer Gracht umgeben, ist eine sogenannte Warfenkirche, die 1250 gebaut wurde und heute unter Denkmalschutz steht. Diese Kirche hat den schiefsten Turm der Welt, denn der Turm von Pisa hat bei einer Höhe von 55 Metern nur einen Überhang von 2,25 Metern, der Kirchturm jedoch bei einer Höhe von 27,47 Metern einen von 2,28 Metern.

Tourenbeschreibung Unsere Tour beginnen wir vor der *Kunsthalle Emden* in der Straße *Am Hinter Tief.* Von dort aus fahren wir an der Blumenbrückstraße vorbei zum Parkplatz Am Hinter Tief. Über diesen hinweg geht es nach links zunächst in die *Friesenstraße,* dann in den *Heuzwinger* nach links und dann rechts in die *Boltentorstraße,* bis wir am Stadtgraben sind, den wir überfahren. Wir sind nun im *Steinweg* und fahren an einer dort gelegenen Berufsschule vorbei, die sich linker Hand befindet.

Auch der nun von uns benutzte Radweg befindet sich links der Straße. Vom Steinweg geht es weiter in die *Schützenstraße* nach rechts, ehe wir nach links in den *Sielweg* hineinfahren. Wir durchfahren nun ein Wohngebiet mit Tempolimit 30 km. Die Verlängerung des Sielwegs ist die *Frankfurter Straße,* die über einen Bahndamm führt, bevor sie in einen Fuß- und Radweg übergeht, der rechts abzweigt und parallel zu den Bahngleisen und zu einem Tief liegt. Nach etwa fünf Kilometern vom Start aus befinden wir uns auf dem Weg entlang des *Hintertief.* Der Weg, den wir befahren, ist zunächst unbefestigt, dann mit Verbundsteinen gepflastert.

Wir überqueren auf unserer Tour nun einen Nebenarm des Hintertiefs, lassen die Kanalstraße rechts liegen und fahren nach

Zu Tour 44, 45, 46, 47 **Emden, im Hintergrund das Rathaus**
(Foto: Ferdinand Dupuis-Panther)

halblinks ab in den *Großer Sielweg*. Dort weiter bis zur Landesstraße 3, auf der wir nach Hinte und Westerhusen gelangen.

Wir fahren über diese jedoch hinweg und danach geradeaus auf dem *Großer Sielweg* bis zur *Bahnhofstraße*. Dann biegen wir nach links ab in die Bahnhofstraße, wo wir der Verschwenkung nach halbrechts folgen. Nun fahren wir auf dem Bürgersteig (Radweg!) geradeaus bis *Westerhusen*. Dabei kommen wir an der rechts von uns gelegenen Kirche von Westerhusen vorbei. Hinter der Kirche wechseln wir die Straßenseite, weil der Radweg nun links ausgewiesen ist.

So kommen wir linker Hand am Abzweig nach Emden (K 241) vorbei, setzen von dort aber die Fahrt auf der L 3 fort, bis wir *Groß Midlum* erreicht haben. Der Radweg endet etwa einen Kilometer hinter dem Abzweig Richtung Emden. In Groß Midlum wenden wir uns nach rechts in den *Groß Midlumer Ring* und am *Bahndamm* halblinks auf den dort ausgewiesenen Radwanderweg (Hinweisschild mit 3 Wellen!).

Nach etwa 1,5 Kilometern haben wir *Sielmönken* und die Sielmönkener Kreisstraße, beide rechts von uns liegend, erreicht. Wir bleiben auf dem Radweg, der als sogenannter *Klosterweg* mit einem entsprechenden Symbol gekennzeichnet ist. Auf die-

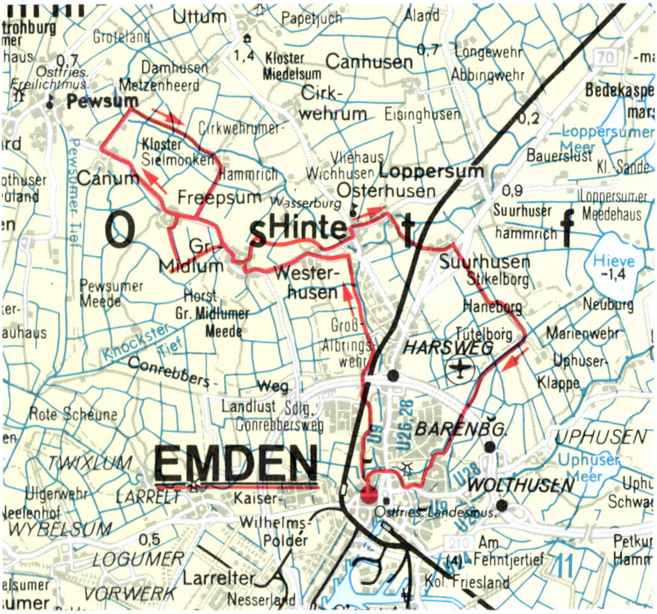

sem Weg erreichen wir auch *Freepsum,* an dem wir vorbeifahren. Wir radeln für weitere etwa 1,5 Kilometer auf einem asphaltierten, rechts der Straße gelegenen Radweg und wechseln etwa zweihundert Meter vor Canum auf die andere Straßenseite.

Am *Canumer Weg* geht es nach etwa vierhundert Metern in den *Bettenwehrster Weg* hinein und bei der ersten Möglichkeit nach rechts, dem Holzschild mit symbolisiertem Kloster folgend. Vom Bettenwehrster Weg ist es etwa ein Kilometer bis zum *Neuen Greetsieler Sieltief.* Wir fahren über dieses Siel hinweg in Richtung Sielmönken, wo wir auf mehrere Gehöfte treffen, die wie in einem Rundling angeordnet sind. Dort biegen wir nach rechts ab, wobei wir der Verschwenkung der Straße folgen. Dabei kommen wir nicht nur an einem Spielplatz, sondern auch an einem Wartehäuschen der Verkehrsgemeinschaft Aurich mit der Busverbindung Hinte – Pewsum – Greetsiel vorbei.

Etwa zwei Kilometer vom Ortskern Sielmönken entfernt, stoßen wir wieder auf die Landesstraße, biegen nach rechts ab und haben nach weiteren etwa zweihundert Metern *Freepsum* und die *Dimtstraße* erreicht. Unsere Fahrt setzen wir nach links, in die Dimtstraße fahrend, fort. Ausgeschildert ist linker Hand »Zum tiefsten Punkt der Bundesrepublik«.

Bei der nächsten Weggabelung fahren wir in die *Wiesenstraße* und von dort sofort nach links, dabei dem Hinweis auf den Meerweg nachfahrend. Hinter einer kleinen Brücke geht es an einer T-Kreuzung nach rechts ab. Wir befinden uns nun in einer Art Sackgasse, die 250 Meter vom tiefsten Punkt der Bundesrepublik entfernt ist.

Von hier aus geht es wieder zum *Meerweg* zurück. Statt nach links abzufahren, setzen wir die Fahrt geradezu fort. Über einen etwa neunhundert Meter langen, überwachsenen Wiesenweg, der zwischen Gräben liegt, müssen wir unser Rad zumeist schieben, bis wir wieder an der Landesstraße angekommen sind.

Wir überqueren die Landesstraße und fahren dann nach rechts auf den Radweg ein und zurück nach Hinte. Wir müssen mit Vorsicht die Landesstraße überqueren und auf den Radweg einfahren, denn wir müssen dabei über einen kleinen hölzernen Steg fahren, der über den Graben läuft.

In *Groß Midlum* fahren wir in den *Nachtweg* nach links, da dieser als Radweg besonders ausgewiesen ist. Nach etwa sechshundert Metern geht es dann wieder nach links ab und am Ende des *Lottmannwegs* links in den *Meerkeweg* hinein.

Anschließend fahren wir auf einem schmalen Weg an der Kirche von *Westerhusen* vorbei. Nach etwa zwei Kilometern, von Groß Midlum kommend, ist *Hinte* erreicht. Der Radweg setzt sich auf dem Bürgersteig links fort. Wir gelangen zur *Bahnhofstraße,* wo wir uns halblinks halten und ein Siel überqueren. Dieser Radweg endet dreihundert Meter, nachdem wir Hinte erreicht haben.

Wir fahren in die Straße *Hinter dem Kirchgang* hinein und zur Kirche sowie zur *Burg Hinte.* Aus dem Gang herauskommend, fahren wir nach rechts und dort, wo wir auf die Osterhuser Straße treffen, wieder nach rechts. Etwa vierhundert Meter von der Burg und Kirche entfernt, liegt der Ortsausgang Hinte. Dort fahren wir rechts in die *Suurhuser Straße.* Nach etwa vierhundert Metern beginnt *Am Goldacker* linker Hand ein Radweg. Dieser endet, sobald wir Suurhusen erreicht haben.

Die Straße verschwenkt im weiteren Verlauf, sobald wir am Krummen Weg vorbeigefahren sind. Wir erreichen *Suurhusen* vom Ortsausgang Hinte aus nach einer Fahrt von etwa einem Kilometer. Wir überqueren vor dem Ortseingang von Suurhusen zunächst Bahngleise. Etwa dreihundert Meter von dort entfernt stoßen wir auf die Bundesstraße 70. Auf ihr befindet sich linksseitig in Richtung Aurich der Radweg. Gegenüber der Einmündung steht die Kirche von Suurhusen mit dem schiefsten Turm der Welt.

Wir wenden uns nach links in Richtung Aurich und bleiben zunächst bis zur Einmündung *Tütelborger Weg* auf dem Radweg. Dort fahren wir nach rechts ab. Nach etwa vierhundert Metern auf dem Tütelborger Weg sind wir am *Trecktief.* Wir folgen dem Weg entlang des Tiefs, nachdem wir am Abzweig Marienwehr rechts abgebogen sind. Sobald wir an der Straße *Tholenswehr* sind, wenden wir uns nach rechts. Wir folgen nun dem Trecktief, das im weiteren Verlauf *Treckfahrtsweg* wird und von dem wir in die Straße *Am Treckfahrttief* rechts abbiegen. Anschließend fahren wir nach links in die Straße *Außer dem Nordertor* hinein.

An der nächsten Straßenmündung geht es nach rechts über den Stadtgraben und danach in die Wallanlagen mit ihren Zwingern. Vom vierten Zwinger fahren wir, nachdem wir an der Johanna-Mühle vorbeigekommen sind, ab. Von dort aus gelangen wir in die Straße *Am Heuzwinger* und von dort links in die *Friesenstraße,* die uns zur Straße *Am Hinter Tief* und zur *Kunsthalle* zurückbringt.

46 Emden – Larrelt – Twixlum – Campen – Loquard – Rysum – Wybelsum – Emden

Verkehrsmöglichkeiten Auf der BAB 28 bis AS Filsum, dann auf die B 72, die in die B 530 und BAB 31 übergeht. Bundesbahnverbindung besteht aus Richtung Oldenburg über Leer. Busse verkehren zwischen Leer und Emden sowie zwischen Aurich und Emden.
Parkmöglichkeiten In der Straße »Hinter dem Rahmen« bei der Kunsthalle und »Am Hinter Tief«.
Tourenlänge 41,7 Kilometer.
Fahrzeit 3¾ Stunden.
Höhenunterschiede Nicht erwähnenswert.
Karten 1:50000 L 2708 Emden; 1:200000 Generalkarte, Blatt 3/4.
Wissenswertes *Emden* siehe Tour 46.

Larrelt wurde 1947 nach Emden eingemeindet. Sehenswert ist das Gotteshaus aus dem 15. Jahrhundert mit dem aus dem 13. Jahrhundert stammenden Glockenturm.

Campen, ein typisches friesisches Rundwarfendorf, besitzt eine reformierte Kirche aus dem 13. Jahrhundert mit farbiger Deckenmalerei und einer Kanzel mit Schnitzwerk von 1794 sowie einen geschlossenen, eigenständigen Glockenturm mit einer Glocke von 1295. Im Ort befindet sich das Ostfriesische Freilichtmuseum Krummhörn mit dem Landwirtschaftsmuseum. Der 65 Meter hohe Campener Leuchtturm, dessen Feuer 21 Seemeilen weit reicht, wurde 1892 erbaut. Im Hofgebäude des verstorbenen Oberdeich- und Sielrichters Jannis Ohling ist eine landestechnische Sammlung untergebracht.

In *Loquard* steht eine massive, einschiffige, geklinkerte Kirche aus dem 13. Jahrhundert mit kostbar geschnitztem Altar, entstanden um 1520.

Völlig unterschiedlich hierzu ist die rechteckige Rysumer Saalbaukirche aus Tuff- und Backstein, im 15. Jahrhundert vollendet, mit ihrer spätgotischen Orgel von 1457. Wie Campen ist auch *Rysum* ein Warfenrunddorf mit äußerem Ring, von dem strahlenförmig Gassen und Straßen auf die auf der Warf gelegene Kirche zu- und wegführen.

Wybelsums Kirche ist im 19. Jahrhundert aus Steinen des Gotteshauses Geeltswehr errichtet worden. Wybelsumer und Larrelter Polder sind zwischen 1910 und 1922 entstanden. 1720 Hektar, aus Baggergut aus der Ems aufgeschüttet, haben die alte Küstenlinie des 19. Jahrhunderts wieder entstehen lassen. Ein

Standbild des Großen Kurfürsten Friedrich Wilhelm (1640–1688) befindet sich am Schöpfwerk am Mahlbusen, ebenso eines für Friedrich II.

Tourenbeschreibung Von der *Kunsthalle Emden* aus beginnen wir diese Tour. Wir bewegen uns zunächst von der Kunsthalle nach rechts zur Straße *Hinter dem Rahmen* und dann in den *Mühlentritt* und geradeaus, danach links über eine kleine Brücke zum Wasserturm. Hier wenden wir uns nach rechts.

Auf dem dortigen Radweg geht es dann über eine Brücke über die Gleisanlagen des Emder Bahnhofs in Richtung Gewerbegebiet und Stadtausgang Emden weiter, die wir nach etwa einem Kilometer erreicht haben. Neben der *Larrelter Landstraße* fahren wir auf dem als Radweg ausgewiesenen Bürgersteig. So erreichen wir nach weiteren etwa zwei Kilometern mit dem Stadtteil *Larrelt* wieder Emden.

Am Larrelter *Deichweg* endet der Radweg rechtsseitig, so daß wir nach links hinüberwechseln müssen, um in die Ortsmitte zur Kirche an der Larrelter *Kirchstraße* zu gelangen. Wir setzen unsere Fahrt auf der *Hauptstraße* fort, in die wir wieder zurückkommen, wenn wir die Kirche besucht haben. Aus der Hauptstraße geht es nach rechts auf den Radweg der *Twixlumer Straße* und nach Twixlum. Nach etwa dreihundert Metern auf dieser Straße haben wir den Ortsausgang Larrelt erreicht.

Wir müssen nochmals einen Kilometer zurücklegen, um nach *Twixlum,* einem weiteren Stadtteil von Emden, zu gelangen. Wir bleiben auf der weiteren Tour auf dem Radweg rechts auf dem Bürgersteig.

Nachdem wir die Kirche erreicht haben, biegen wir von der Twixlumer Straße links in den *Leegeweg* ein und gelangen danach, dem Straßenverlauf folgend, zum *Knockster Tief.* Von hier aus fahren wir in Richtung Kloster Blauhaus und Campen.

Wir erreichen, etwa 2,5 Kilometer vom Tief entfernt, *Woltzeten,* ein Warfendorf, das wir auf dem Dorfring, in den wir nach links eingebogen sind, umfahren. Nach etwa zweihundert Metern auf dem Ring unterwegs, erreichen wir den Ortsausgang und biegen bei der nun folgenden Einmündung nach links ab.

Dreihundert Meter von dort stoßen wir auf den *Groothuser Maarweg,* wo die Tour nach links fortgesetzt wird. Von dieser Straße aus geht es dann rechts in den *Neuen Meedenweg* und über eine Brücke am Campener Tief entlang nach *Campen,* das wir nach einer Gesamttourenlänge von etwa dreizehn Kilometern erreichen.

Wir fahren in die *Rüterslohne* hinein und geradeaus zur Kirche; dann links an der Kirche vorbei in die Straße *Am alten*

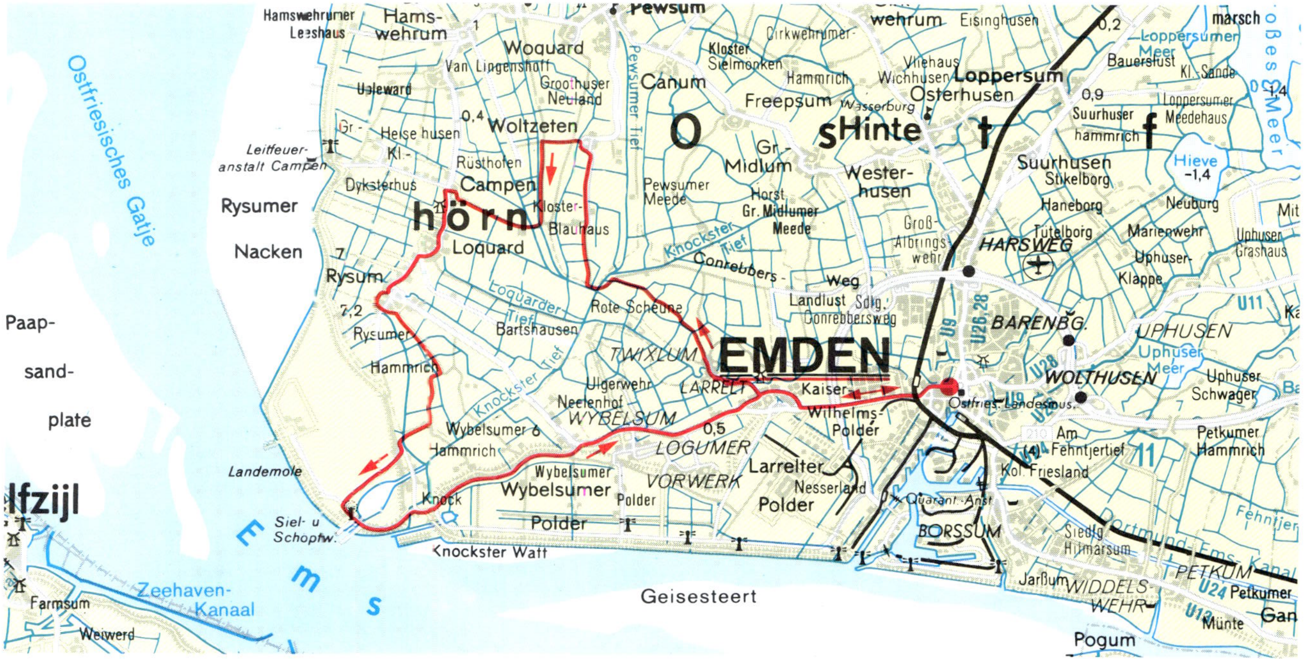

EMDEN
Ostfriesisches Gatje
Paap-
sand-
plate
Rysumer
Nacken
Leitfeuer-
anstalt Campen
Landemole
Siel- u
Schöpfw.
Ems
Zeehaven-
Kanaal
Farmsum
Weiwerd
Knockster Watt
Geisesteert
Hamswehrumer
Leeshaus
Hams-
wehrum
Woquard
Van Lingenshoff
Groothuser
Neuland
Upleward
Woltzeten
Rüsthofen
Campen
Dyksterhus
Loquard
Kloster-
Blauhaus
Rysum
Rysumer
Hammrich
Loquarder
Tief
Bartshausen
Rote Scheune
Knockster Tief
TWIXLUM
Ulgerwehr
Neelenhof
WYBELSUM
Wybelsumer
Hammrich
Wybelsumer
Polder
Knock
LARRELT
LOGUMER
VORWERK
Larrelter
Polder
Nesserland
Kaiser-
Wilhelms-
Polder
Pewsum
Pewsumer Tief
Canum
Pewsumer
Meede
Kloster
Sielmönken
Cirkwehrumer-
Hammrich
Freepsum
Gr.-
Midlum
Horst
Gr. Midlumer
Meede
Knockster
Tief
Conrebbers-
Weg
Landlust
Sdlg.
Conrebbersweg
Wester-
husen
Groß-
Albrings-
wehr
Wasserburg
Vliehaus
Wichhusen
Loppersum
Osterhusen
Hinte
Eisinghusen
wehrum
Suurhusen
Stikelborg
Haneborg
Tütelborg
HARSWEG
Suurhuser
hammrich
Bauerslust
Kl. Sande
Loppersumer
Meedehaus
Loppersumer
Meer
marsch
Hieve
-1,4
Neuburg
Marienwehr
Uphuser-
Klappe
Uphusen
Grashaus
BARENBG.
UPHUSEN
Uphuser
Meer
WOLTHUSEN
Uphuser
Schwager
Ostfries. Landesmus.
Am
Fehntjertief
Kol. Friesland
Quarant.-Anst.
BORSSUM
Petkumer
Hammrich
Fehntjertief
Sledlg.
Hilmarsum
Jarßum
WIDDELSWEHR
PETKUM
Petkumer
Münte
Pogum
Dortmund-Ems-Kanal
U9
U26,28
U11
U24
U12
0,2
0,4
0,5
0,9
-1,4
7,2

Zu Tour 46 **Standbild des Großen Kurfürsten Friedrich Wilhelm**
(Foto: Ferdinand Dupuis-Panther)

Friedhof und in den *Kirchgang* hinein. Durch ihn hindurchfahrend, kommen wir zum *Tannenweg,* aus dem wir links herausfahren, um zur Landesstraße 2 zu gelangen. dort geht es nach links ab, wobei wir am dort gelegenen Landwirtschaftsmuseum vorbeikommen.

Wir fahren von hier auf dem Radweg auf der rechten Straßenseite in Richtung Loquard und haben nach etwa einem Kilometer *Loquard* mit seiner rechts von uns liegenden Kirche erreicht. Die Fahrt am Ort entlang bringt uns nach etwa sechshundert Metern zum Ortsausgang. Von dort aus bewegen wir uns auf Rysum zu.

In *Rysum* biegen wir von der L 2 in die *Blumenstraße* und fahren zur Rysumer Kirche. An ihr rechts vorbei und dann wieder rechts ab in die *Denkmalstraße* fahrend, gelangen wir zur Äußeren Ringstraße. Wir biegen nach links ab, passieren *Mühlenlohne* linker Hand und setzen unsere Fahrt bis zur *Burgwegster Lohne* fort. Hier biegen wir nach rechts ein und sehen dort ein Hinweisschild »Muschelweg 8 km«.

Auf unserer weiteren Fahrt dient uns der Deich, der linker Hand in einiger Entfernung zu sehen ist, als Orientierung. Wir fahren über den *Mönckeweg* nach rechts in die Straße *Mahlbusen,* wo sich links ein Campingplatz befindet.

Aus der Straße Mahlbusen heraus gelangen wir zu den Spülbecken des Rysumer Nacken. – Wir wenden uns dort nach links und kommen zu einem Infostand vor der Radarzentrale an der Ems. Anschließend überqueren wir dann den *Mahlbusen* am Schöpfwerk.

Dahinter befinden sich die Standbilder des Großen Kurfürsten Friedrich Wilhelm und des preußischen Königs Friedrich II.

Auf der weiteren Fahrt radeln wir am Sielwerk von 1881 vorbei. Vom Deich und der Ems weg- und dem Verlauf des Tiefs nachfahrend, gelangen wir auf der *Knockster Straße* nach *Wybelsum.* An der L 2 angelangt, fahren wir rechts ab nach Emden. Dort befindet sich die Bushaltestelle der Linie Pewsum – Loquard – Emden.

Wir fahren nach Emden, zunächst ohne einen Radweg benutzen zu können. Auf Höhe des Abzweigs zum Logumer Vorwerk steht wieder ein Radweg auf der *Larrelter Landstraße* zur Verfügung. Dort, wo der Radweg endet, sind auf der Landesstraße vier Kilometer nach Emden zurückzulegen. Wir queren hier die L 2 nach links und fahren dann rechts beim Ortseingang *Larrelt* auf die *Hauptstraße.*

Für die nächsten etwa 1,5 Kilometer bleiben wir auf dieser Straße, die wir ja bereits zu Beginn unserer Tour benutzt haben.

Dann biegen wir nach links in die Straße *Am Constantiadeich* ein. Am Ende dieser Straße beginnt ein 2,5 Kilometer langer Wanderweg nach Emden. Dieser Weg ist zwar unbefestigt aber befahrbar. Das Umweltamt Emden hat auf verschiedenen Infotafeln entlang des Weges heimische Flora und Fauna erklärt.

Während unserer Fahrt müssen wir unser Rad über eine Treppe an der B 210 tragen, die wir überqueren müssen, um unsere Tour durch das Landschaftsschutzgebiet *Schafdeich Constantia* fortsetzen zu können.

Wir finden hier dichte Schilfgürtel, Feuchtwiesen und einen kleinen Erlenwald. Wir verlassen den Weg am Larrelter Tief dort, wo rechter Hand ein Flachwasserbiotop und eine Wildkräuterwiese existieren.

Zu Tour 46, 48 **Campen** (Foto: Ferdinand Dupuis-Panther)

Von dort aus kommen wir zum *Kaiser-Wilhelm-Schloot.* Kurz hinter dem Klubgelände eines Kanuclubs fahren wir links über eine Brücke und dann sofort rechts entlang der *Groote Gracht* weiter. Wir durchfahren nun den verkehrsberuhigten Stadtteil *Constantia.* Wir biegen von der Gracht rechts ab, um danach links in den *Bojenweg* und über eine Brücke und einen Parkplatz zu fahren. Über *Leysand, Mövensteeg, Ratjebogen, Leybogen* und *Koppersand* kommen wir zur Fachhochschule Emden. An der dort befindlichen Ampel beigen wir nach links auf die *Larrelter Straße* in Richtung Bahnhof und Stadtmitte ab. Hinter der Brücke am Bahnhof fahren wir nach links ab, dann bei der nächsten Einmündung nach rechts bis zum Stadtgraben und zu den

Wallanlagen. Dort geht es wieder nach rechts zum Wasserturm. Von dort radeln wir nach links über den Stadtgraben hinweg bis in den *Mühlentritt.* Aus dem Mühlentritt heraus geht es bei der Naturforschenden Gesellschaft links in die *Grasstraße.* Von dieser fahren wir dann über die *Meister-Geerd-Straße* zur *Boltentorstraße.* Hier radeln wir links in die Boltentorstraße und rechts in den *Boltentorgang.* Von dort gelangen wir rechts in die Straße *Am Hinter Tief* und zur Kunsthalle.

47 Emden – Petkum – Uphuser Meer – Uphusen – Emden

Verkehrsmöglichkeiten Auf der BAB 28 bis AS Filsum, dann auf die B 72, die in die B 530 und BAB 31 übergeht. Bundesbahnverbindung besteht aus Richtung Oldenburg über Leer. Busse verkehren zwischen Leer und Emden sowie zwischen Aurich und Emden.
Parkmöglichkeiten In der Straße »Hinter dem Rahmen« bei der Kunsthalle und »Am Hinter Tief«.
Tourenlänge 28 Kilometer.
Fahrzeit 2¼ Stunden.
Höhenunterschiede Zu vernachlässigen.
Karten 1:50000 L 2708 Emden; 1:200000 Generalkarte, Blatt 3/4.
Wissenswertes *Emden* siehe Tour 44.

Petkum ist erstmals um 900 urkundlich erwähnt worden. Die Kirche auf einer Warf stammt aus dem 13. Jahrhundert. Besonders sehenswert ist die Deckenbemalung des spätgotischen Hochchores.

Uphusen: Die Uphusener Einraumkirche besitzt eine schöne Bentheimer Taufe aus dem 13. Jahrhundert.

Tourenbeschreibung Am Parkplatz *Am Hinter Tief* beginnen wir unsere Tour. Wir fahren zunächst von dort bis zur *Blumenbrückstraße,* auf die wir nach links abbiegen, um am Ende der Straße nach rechts in die *Neutorstraße* hineinzufahren. An der Volkshochschule vorbeikommend, fahren wir auf einem Radweg in Richtung Rathaus und Hafen.

Wir gelangen so zunächst zur Straße *Am Delft* und zum Rathaus. Dort geht es nach rechts und gleich vor dem Beginn der Fußgängerzone links ab. Wir folgen der Ausschilderung zum Borkumkai, wenn wir am *Ratsdelft* entlangfahren. Dabei den Bürgersteig linker Hand nutzend, der auch Radweg ist.

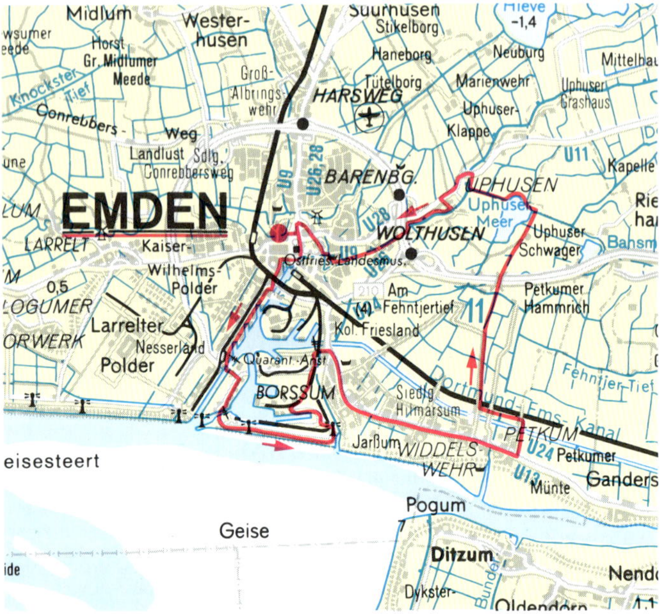

Über den *Schweckendieckplatz* hinweg fahren wir zur Straße *Am Tonnenhof*. Aus der Nessellander straße heraus überqueren wir dort die Straße. Links geht es nach Borßum, rechts zum Außenhafen. Wir wenden uns nach rechts. Zunächst einmal überqueren wir Bahngleise. Wir bleiben weiterhin auf dem Bürgersteig, der nach wie vor ein ausgewiesener Radweg ist. Nun müssen wir ein weiteres Mal versenkte Gleisanlagen überfahren. Auf dem weiteren Weg kommen wir an diversen Schiffsausrüstern und den Thyssen-Nordseewerken vorbei. Wir haben endlich nach etwa drei Kilometern die Hafenanlagen erreicht und fahren dort durch ein Flutschutztor nach links in Richtung Große Seeschleuse ab.

Nach etwa zweihundert Metern erreichen wir die Klappbrücke am Außenhafen. Wir setzen unsere Fahrt auf der *Hafenstraße,* teils kopfsteingepflastert, teils asphaltiert, fort. Die Straße verschwenkt in ihrem Verlauf nach rechts. An der nächsten Straßeneinmündung fahren wir nach links und bald danach wieder nach rechts, um über die Seeschleuse hinweg näher an den Außendeich heranzufahren.

Die Straße, auf der wir nun radeln, liegt zwischen den Eisenbahnanlagen und dem Deich. Am Binnenhafen passieren wir, nachdem wir im Hafenbereich etwa zwei Kilometer zurückgelegt haben, ein Leuchtfeuer. Der Deichbereich ist hier als Schafzuchtgebiet eingezäunt. Die Straße endet in einer Sackgasse nahe am Borßumer Siel bzw. schwenkt nach links entlang des Borßumer Kanals, der durch einen hohen Zaun gesichert ist.

Wir queren auf unserem Weg zum Jachthafen zum wiederholten Male einige Bahngleise. Der Hafenbereich liegt etwa hundert Meter hinter dieser Querung. Nach weiteren etwa fünfhundert Metern haben wir dem *Jarßumer Hafen* erreicht. Wir verlassen diesen Hafenbereich, indem wir am Ende des Hafenbekkens nach halbrechts abbiegen. Dort kreuzen wir erneut Bahngleise, die sich auf Höhe des Logistik-Zentrums befinden. Wir folgen nun der weiteren Straßenführung und erreichen auf diesem Wege auf Höhe *Eichstraße* eine Eisenbahnbrücke.

Dort wechseln wir auf den rechten Bürgersteig, da dieser als Radweg ausgeschildert ist. Auf der weiteren Fahrt überqueren wir den *Borßumer Kanal.* Links liegt hier der *Borßumer Hafen,* wenn wir aus der Straße Nordkai kommen. Nachdem wir erneut Bahngleise gequert haben, sind wir an der *Hans-Böckler-Allee.*

Von dort geht es nach wenigen Metern rechts in die *Petkumer Straße.* Ein Radweg befindet sich in Richtung Borßum auf dem rechten Bürgersteig. Wenn wir *Borßum,* einen Stadtteil von Emden, erreicht haben, haben wir insgesamt etwa 10 Kilometer zurückgelegt. – Etwa achthundert Meter von der Stadtteilgrenze entfernt liegt links eine Kirche. An der Stadtgrenze von Emden bzw. Borßum steht ein Ortshinweisschild »Petkum 2 km«.

Wir benutzen an der *Leeraner Straße* nach wie vor den vorhandenen Radweg. Etwa 1,4 Kilometer hinter dem Ortsausgang Borßum haben wir die Ortsgrenze von *Petkum* erreicht. Geradeaus weiterfahrend kommen wir zur *Hohen Straße,* die zur Petkumer Kirche führt. Auf sie biegen wir nach rechts ein und stehen dann alsbald vor der Kirche.

Wir wenden uns vor der Kirche nach rechts und dann an der *Krugstraße* wieder nach rechts, um zur *Leeraner Straße* zurückzukehren.

An der Leeraner Straße setzen wir die Fahrt nach rechts fort. Wir kommen an der *Fährstraße* vorbei, wo sich eine Ausschilderung zur Fähre nach Ditzum befindet. Wir fahren jedoch nicht nach rechts, sondern geradeaus zum Ortsausgang. Dort radeln wir auf den *Klappweg* nach links hinein, um den Ems-Seitenkanal zu erreichen.

Hier fahren wir dann nach rechts auf einen unbefestigten Weg ab und unter einer Brücke, die über den Kanal führt, hindurch. Auf einem Weg entlang des links von uns gelegenen Kanals bleiben wir für die weitere Fahrt und erreichen nach etwa vierhundert Metern eine kleine Brücke. Nun muß das Rad über die Brücke, die das *Petkumer Sieltief* überbrückt, geschoben werden. Wir setzen unsere Fahrt bis zum Gelände des Vereins für Deutsche Schäferhunde fort. Erst geht es dort nach rechts, dann wieder links zum *Ems-Seitenkanal* zurück. Wir können von dort aus den auf der gegenüberliegenden Kanalseite befindlichen Sportplatz ausmachen. Nachdem wir diesen »passiert« haben, fahren wir bei der nächsten Möglichkeit rechts vom Kanal ab, überqueren sogleich Bahngleise und befinden uns danach im *Eiskeweg.*

Auf unserem weiteren Weg erreichen wir das *Fehntjer Tief* und etwa dreihundert Meter dahinter die BAB 31. Hinter dieser geht es auf dem gleichen Weg in Richtung Uphuser Meer. An der nächsten Straßeneinmündung fahren wir nach rechts. Etwa zwei Kilometer vom Fehntjer Tief entfernt haben wir bereits eine Uferseite des Meeres abgefahren. Dort biegen wir nach links ein. Wir fahren nun in Richtung Uphusen bis zum *Riepster Weg.* Unsere Tour setzt sich dann dort nach links fort. Etwa vierhundert Meter vom Abzweig entfernt überqueren wir den *Ems-Jade-Kanal* und fahren in der *Uphuser Straße* weiter. Erst ab Osteingang *Uphusen* existieren Radwege auf dem Bürgersteig. Sobald wir bei der Straße *Osterhörn* angekommen sind, gibt es beiderseits der Straße Radwege. Wir fahren dort links ab, lassen rechts die Kirche liegen und erreichen schließlich wieder den *Ems-Jade-Kanal.* Auf einem unbefestigten Weg, der rechts abzweigt, geht es zurück nach Emden. Wir befahren dabei einen Deich entlang des Kanals.

Nachdem wir für etwa einen Kilometer den unbefestigten Weg benutzt haben, unterfahren wir die BAB 31. Der Weg besteht nunmehr teils aus Sand, teils aus Schotter und teils aus abgefahrenen Grasnarben. Etwa siebenhundert Meter von der BAB entfernt passieren wir die nächste Klappbrücke. Dort fahren wir geradezu auf dem Ems-Jade-Wanderweg bis zur *Kesselschleuse,* einer Schleuse am Schnittpunkt von Stadtgraben, Hafen-West, Fentjer Tief und Ems-Jade-Kanal. Unsere Fahrt am Kanal entlang erfolgte über etwa drei Kilometer.

Wir passieren die Schleusenanlage und fahren in die dort gelegene Grünanlage rechts hinein. Nun sind wir in den Wallanlagen. Wir kommen an der Roten Mühle vorbei und fahren etwa zweihundert Meter hinter diesem Gemeindehaus mit Kindertagesstätte aus der Wallanlage heraus. Wir fahren erst nach links ab und dann sofort hinein in die Straße *Marienwehrster Zwinger* und zur Vrouw-Johanna-Mühle. Unterhalb des nächsten Zwingers beginnt der *Philosophenweg,* dessen Verlauf wir folgen.

An der nächsten Kreuzung biegen wir links ein und radeln über Wester- und Neutorstraße bis zur *Blumenbrückstraße*. Dort geht es dann rechts zur Straße *Am Hinter Tief*, wo wir nach rechts bis zum Parkplatz weiterfahren.

48 Pewsum – Canum – Woltzeten – Heiselhusen – Campen – Upleward – Groothusen – Pewsum

Verkehrsmöglichkeiten Von Emden über die Bundesstraße 70 und die Landesstraße 3. Von Emden und von Greetsiel aus Bus nach Pewsum.
Parkmöglichkeiten Parkplatz an der Manninga-Burg.
Tourenlänge 24 Kilometer. **Fahrzeit** 2¼ Stunden.
Höhenunterschiede Zu vernachlässigen.
Karten 1:50000 L 2508 Norden; 1:200000 Generalkarte, Blatt 3/4.
Wissenswertes *Pewsum* war im 14. Jahrhundert Sitz des Häuptlingsgeschlechts Manninga. Pewsumer Wasserburg ist heute Teil des Ostfriesischen Freilichtmuseums. Bereits 1360 wurde die lutherische Kirche zu Pewsum erwähnt. Sehenswert ist vor allem ihre Kanzel von 1680. Der Mühlenmuseum Pewsum in der Manningastraße ist in einer Mühle mit Lager- und Gulfhaus aus dem Jahr 1843 untergebracht.

Woltzeten besitzt eine Kirche, die 1727 entstanden ist und als schlichter Saalbau konzipiert wurde, mit überdimensioniertem geschlossenen Glockenstuhl auf.

Heiselhusen war 1446 ein Johanniterkloster.

Campen siehe Tour 46.

In *Upleward* ist als historisches Baudenkmal nur die reformierte Backsteinkirche aus dem 14. Jahrhundert übriggeblieben.

Von friesischen Wanderkaufleuten wurde *Groothusen* an der offenen Bucht von Sielmönken zwischen dem 8. und 9. Jahrhundert als Handelssiedlung, als Wiek, angelegt. Von den einstigen 3 Burgen wurde nur die Osterburg wieder aufgebaut, die von einer Gracht umgeben ist. Sie gehört den Nachfahren der Benninga. Die Kirche zu Groothusen wurde bereits im 13. Jahrhundert errichtet. Das langgestreckte Kirchenschiff aus Tuff- und Backstein, das wir heute sehen, stammt aus dem 15. Jahrhundert. Sehenswert ist die als überregional bedeutsam eingestufte historische Orgel von J. Fr. Führer von 1798/1801.

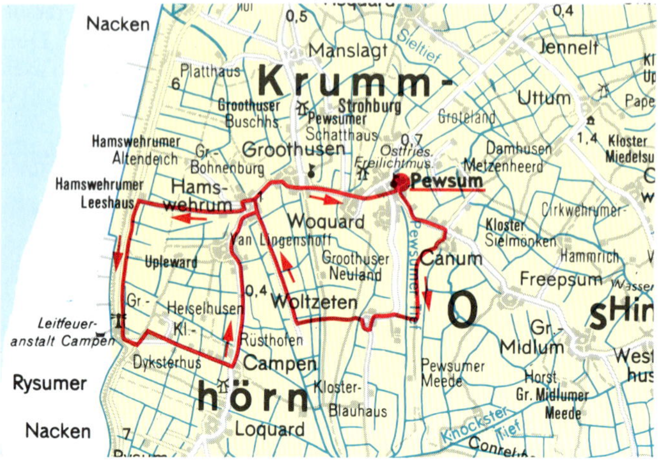

Der *»Dom zu Woquard«* ist eine der drei lutherischen Kirchen der Krummhörn und ist insofern eine Besonderheit, als Kanzel und Altar übereinander angeordnet sind. Die Kirche stammt aus dem Jahre 1789.

Tourenbeschreibung Vom Parkplatz an der Manninga-Burg in *Pewsum* aus fahren wir rechts ab zum nach Emden ausgeschilderten Maisweg (8 km). Wir befinden uns dann in der *Cirksenastraße* und radeln auf ihr in Richtung Gewerbegebiet. An der *Raiffeisenstraße* beginnt rechts ein Radweg.

Nachdem wir etwa einen Kilometer zurückgelegt haben, biegen wir rechts in die *Canumer Straße* ein. Am Eingang von Canum umfahren wir den Ort, indem wir uns wieder nach rechts wenden. An der nächsten T-Kreuzung – nun sind wir insgesamt etwa vier Kilometer unterwegs –, fahren wir nach rechts ab, um dann über das Pewsumer Tief in Richtung Woltzeten die Fahrt fortzusetzen. Von der T-Kreuzung aus sind es etwa achthundert Meter bis *Woltzeten.* Dort geht es links in den Dorfring hinein, an der Kirche vorbei und dem Verlauf der Ringstraße folgend, um dann bei der nächsten Straßeneinmündung links abzubiegen.

Auf der weiteren Fahrt kommen wir zunächst zum *Pewsumer Tief.* Von dort bis zum *Groothuser Tief,* das wir als nächstes erreichen, sind es etwa zwei Kilometer. Wir überfahren dieses Tief und folgen der Straße in Richtung Hamswehrum bis zu einer Rechtskurve mit der Ausschilderung Hundkamp, die etwa achthundert Meter vom Groothuser Tief entfernt ist.

Am Ende des Hamswehrumer Meedeweg, den wir bisher befahren haben, haben wir *Hamswehrum* erreicht und biegen nach links in die Straße *Ant Geele Börg* ein. Dann fahren wir rechts in die *Kommunechaussee* hinein. Von ihr geht es links in die *Leeshauser Straße,* auf der wir den Ortsausgang von Hamswehrum erreichen. Die Straße verschwenkt links-rechts und wird im Verlauf zum *Altendeichweg,* auf dem wir am Ende den Deich erreichen.

Am Deich wenden wir uns nach links in Richtung Campingplatz Upleward, den wir nach einer Fahrt von etwa fünfhundert Metern erreicht haben. Von hier aus sind es noch etwa zwei Kilometer, bis der Leuchtturm von Campen erreicht ist. Dort angekommen, umfahren wir den Leuchtturm und biegen dann hinter dem Hofgebäude, über eine kleine Brücke kommend, rechts ab. Links von uns befinden sich ein Parkplatz und die »Leuchtturmklause«.

An der nächsten Querstraße biegen wir, etwa vierhundert Meter hinter dem Leuchtturm, nach links ab und fahren, aus der Straße Am Leuchtturm kommend, geradeaus bis zur *Heiselhuser Straße.* Dort geht es nun nach links weiter. Etwa 1,3 Kilometer vom Leuchtturm entfernt sind wir in *Heiselhusen.*

Campen ist erreicht, wenn wir geradeaus bis zur Landesstraße, der Krummhörner Straße, gefahren sind. Dort angekommen setzen wir unsere Tour in der *Arend-Weber-Straße* geradeaus fort, von der wir rechts in den *Tannenweg* und wieder rechts in den *Kirchgang* hineinfahren. Dann geht es über die Straße *Am alten Friedhof* zur Kirche von Campen.

Zu Tour 48 **Pewsum, Burg** (Foto: Ferdinand Dupuis-Panther)

Von dort aus fahren wir über die Straßen *Am alten Schulplatz* und *Am Glockenturm* links in die *Arend-Weber-Straße* hinein, von dort rechts in die Straße *Am alten Graben* und links in die *Jannamööhslohne,* die etwa dreihundert Meter von der Kirche entfernt ist. Von hier aus gelangen wir zur Landesstraße 2.

Wir fahren nach links auf dem Radweg an der Landesstraße 2 in Richtung Groothusen. Nach etwa zwei Kilometern erreichen wir *Upleward,* ein Straßendorf. Am Uplewarder Ring befindet sich das Ende des Radweges. Nach Hanswehrum ist es laut Ortsausschilderung »1 km«. Auf der *Uplewarder Landstraße* fahrend, kommen wir nach *Hamswehrum.* Wir fahren durch den Ort hindurch, um nach Groothusen zu gelangen.

Nach etwa einem Kilometer kommen wir in *Groothusen* an. Auf der *Van-Wingene-Straße* radelnd, kommen wir am Ortseingang an der ehemaligen Burganlage, der Westerburg, linker Hand gelegen, vorbei, ehe wir nach links in *Wiard-Meckema-Straße* hineinfahren. Dort liegt an der nächsten Querstraße rechts die *Osterburg.* Wir fahren von hier zurück zur Van-Wingene-Straße und zweigen links ab.

Sobald wir, auf der Woquarder Straße radelnd, *Woquard* erreicht haben, biegen wir rechts ab in die *Laugstraße,* umfahren die Kirche, halten uns danach links bis zum *Norder Ring,* fahren dort rechts und dann sofort wieder links ab bis zu *Grimersumer Reihe,* wo wir Woquard verlassen.

Wir biegen dort rechts ab und fahren nun auf einem Radweg in Richtung Pewsum, bis wir zur *Kempestraße* gelangen. Dort

geht es nach links weiter bis zur *Burgstraße,* wo wir rechts abbiegen. An der *Cirksenastraße* fahren wir nach links zur Manningaburg zurück. Von Campen aus sind wir etwa 45 Minuten unterwegs gewesen, bis wir wieder am Ausgangspunkt der Tour angelangt sind.

49 Leer-Loga – Amdorf – Stickhausen – Leer-Loga

Verkehrsmöglichkeiten Von der BAB 28 Oldenburg – Leer – Emden sowie von der B 70 Papenburg – Leer – Aurich oder der BAB 31 Meppen – Leer nach Leer. Züge der Deutschen Bundesbahn auf der Strecke Emden – Oldenburg halten in Leer. Busse verkehren zwischen Emden und Leer.
Parkmöglichkeiten Parkplatz in der Anlage vor der Evenburg.
Tourenlänge 30 Kilometer.
Fahrzeit 3 Stunden.
Höhenunterschiede Nicht erwähnenswert.
Karten 1:50000 L 2710 Leer; 1:200000 Generalkarte, Blatt 3/4.
Wissenswertes *Leer,* eine Stadt nördlich des Rheiderlandes an der Leda und Jümme gelegen, blickt auf eine mehr als tausendjährige Geschichte zurück.

Wichtigstes Ereignis in Leer ist der Gallimarkt. Die Waage am Leeraner Hafen ist 1714 entstanden und im Stil des niederländischen Barocks gehalten. Das Rathaus, das 1894 eingeweiht wurde, fällt durch seinen historischen Entwurf auf. In der nahen Rathausstraße finden wir Häuser im Stile der Spätrenaissance, aus dem Ende des 16. und dem Beginn des 17. Jahrhunderts (Haus Samson von 1560).

Die Haneburg, im Renaissancestil erbaut, beherbergt heute die Volkshochschule. Die Harderwykenburg nahe der reformierten Kirche, von Efeu umrankt, hat durch das Zuschütten der Gräben den Charakter einer Feste ein wenig verloren. Unweit von hier stoßen wir auf dem reformierten und katholischen Friedhof Leers auf die Krypta, die aus dem 12. oder 13. Jahrhundert stammt.

Die Evenburg ist eine in einem schönen Park mit altem Baumbestand gelegene Wasserburg, deren Kern aus der Barockzeit stammt, deren heutige Gestalt aber klassizistisch ist. Dieser neogotische Bau liegt unweit der Leda und Jümme im Stadtteil Loga.

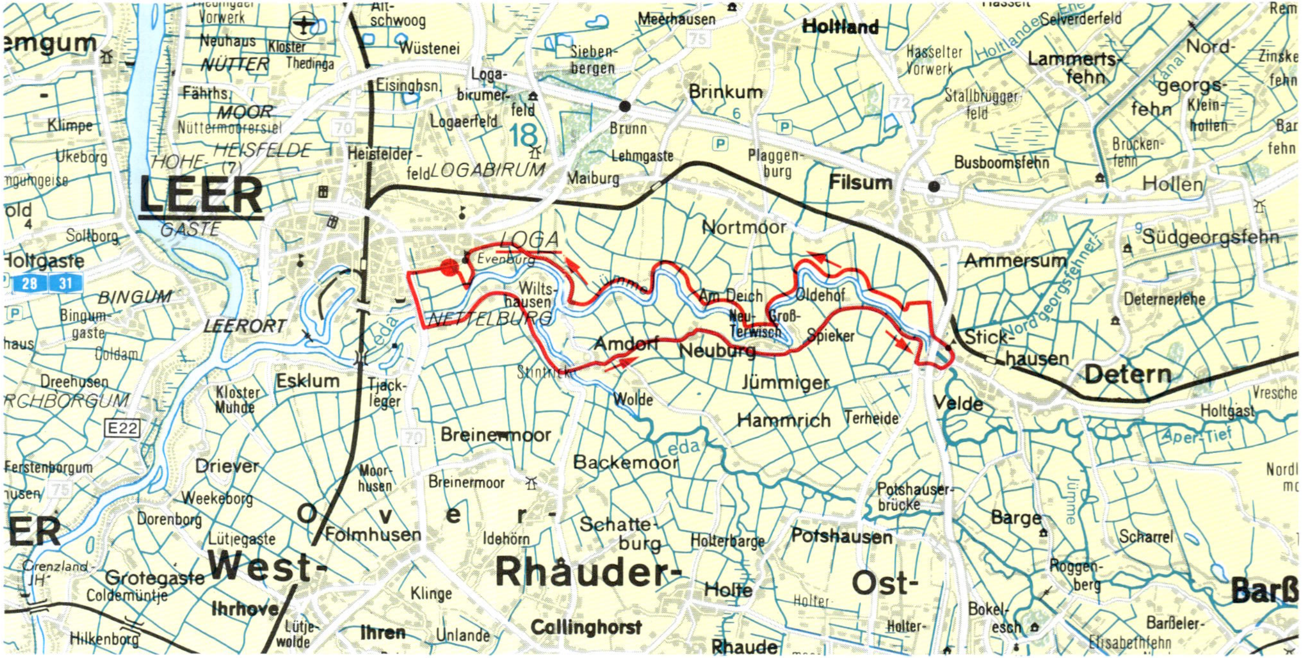

LEER
GASTE
Loga
LOGA
Evenburg
Wilts-hausen
NETTELBURG
Amdorf
Neuburg
Am Deich
Neu-Terwisch
Groß-
Oldehof
Spieker
Nortmoor
Stick-hausen
Detern
Velde
Ammersum
Filsum
Brinkum
Holtland
Meerhausen
Logabirumer-feld
LOGABIRUM
Heisfelder-feld
HEISFELDE
Maiburg
Lehmgaste
Brunn
Plaggen-burg
Busboomsfehn
Hollen
Südgeorgsfehn
Deternerlehe
Lammerts-fehn
Nord-georgs-fehn
Leda
Jümme
Jümmiger
Hammrich
Terheide
Wolde
Stinkrick
Breinermoor
Backemoor
Esklum
Tjack-leger
LEERORT
Overledingen
West-
Rhauder-
Ost-
Schatte-burg
Holterbarge
Potshausen
Potshauser-brücke
Barge
Scharrel
Holte
Rhaude
Collinghorst
Ihrhove
Folmhusen
Idehörn
Grotegaste
Driever
Weekeborg
Dorenborg
Lütjegaste
BINGUM
Holtgaste
Soltborg
Ukeborg
Klimpe
Wüstenei
Eisinghsn.
Logaerfeld
Sieben-bergen
Stallbrügger feld
Hasselter Vorwerk
Nordgeorgsfehner
Aper Tief
Holtgast
Vresche
E22

Im Zusammenhang mit der Einwanderung calvinistischer Leinenweber entstand die reformierte Kirche von Leer, ein Zentralbau mit einem griechischen Kreuz als Grundriß und einem Zwiebeldach auf dem quadratischen Glockenturm. Wir finden die Lutherkirche, die um 1675 erbaut wurde. Erweiterungen im 18. und 19. Jahrhundert haben den einschiffigen Backsteinbau allerdings erheblich verändert.

Bemerkenswert ist auch die Friedens-Kirche zu *Loga* mit einem achteckigen Turm, der eher einem Leucht- denn einem Glockenturm gleicht. Im Stadtteil Loga befindet sich auch das Schloß Philippsburg. Unweit von hier liegt der alte jüdische Friedhof.

Amdorf ist ein altes Warfendorf, in dem die Häuser um den Meentewarf, also den Dorfplatz, herumgruppiert sind. Die Kirche im Ort aus dem Jahre 1796 besitzt eine beachtenswerte Orgel von 1773. Nur noch der Turm der ehemaligen Burg Stickhausen ragt, versteckt hinter Bäumen, in den Himmel von Stickhausen. Neben dem Turm, in dem eine Ausstellung zum Leben der Moorkolonisten untergebracht ist, existiert noch der Rest des Grabens und des Walls.

Unweit von Stickhausen liegt der 37,8 Kilometer lange *Nordgeorgsfehnkanal.* Er stellt eine Verbindung mit dem Ems-Jade-Kanal her. Auf ihm wurde bis in die 70er Jahre auf flachbodigen Torfschiffen Torf, Sand und Steine zur Jümme, Leda und Ems transportiert.

Tourenbeschreibung Von der *Evenburg* in *Leer-Loga* aus radeln wir durch die buchenbestandene *Evenburgallee,* die nur von Radfahrern und Fußgängern benutzt werden darf. Das Schloß, heute Musikschule und Volkshochschule, befindet sich dabei in unserem Rücken. Nachdem wir für etwa neunhundert Meter durch die Allee gefahren sind, kommen wir zur Bundesstraße 70. Dort biegen wir nach links ein. Ein Fahrradweg befindet sich nun linksseitig. Rechts liegen Bundeswehreinrichtungen. In Richtung Nettelburg unterwegs, überqueren wir auf der B 70 etwa achthundert Meter nach der Evenburgallee die Leda. Hinter der Brücke fahren wir nach links ab und haben nach einer Gesamtstrecke von etwa zwei Kilometern *Nettelburg* erreicht. – Wir fahren weiter nach Amdorf, wobei wir zunächst die *Nettelburger Straße,* dann die *Stintrickerstraße* befahren. Am Hinweis auf die mittelalterliche Pünte über die Jümme nach Wiltshausen fahren wir über eine kleine, ampelgeregelte Brücke links ab nach *Amdorf.* Aus dem *Trappenweg* kommend, gelangen wir in die *Fährstraße.* Linker Hand befindet sich die Amdorfer Kirche. Wir folgen der Ausschilderung nach Stickhausen und radeln nach rechts abfahrend weiter. Von hier aus sind es etwa fünfhundert Meter bis zum Abzweig Wolde. Wir fahren dort geradeaus, der Straßenverschwenkung folgend. Nun geht es auf der Kreisstraße 18, die von Alleebäumen gesäumt wird, nach Neuburg.

Die Kreisstraße wird etwa zweihundert Meter vor Neuburg zur Turmstraße. In *Neuburg* kommen wir an der Kirche, rechter Hand gelegen, vorbei. Nun setzen wir auf dem *Beiteweg* unsere Tour fort und passieren etwa zwei Kilometer hinter Nettelburg, etwa auf Höhe Pieperweg, den Altarm der Leda.

Nach weiteren etwa 1,5 Kilometern sind wir unterhalb eines Deiches angekommen, an dem wir bis Stickhausen entlangradeln. Unter einer Brücke unter der Bundesstraße 72 hindurchfahrend, erreichen wir nach einer Gesamttour von etwa vierzehn Kilometern *Stickhausen.*

Hinter der Brücke geht es links ab über die Jümme in die *Burgstraße,* dann geradeaus weiter zur *Burg Stickhausen.* Die Bürgersteige sind hier auch als Fahrradwege zu nutzen. Zweihundert Meter von der Jümmequerung entfernt sind wir an der Burg angekommen. Die Burg, von der nur noch ein Turm steht, ist mit hohen Bäumen dicht umgeben.

Am Ausgang von Stickhausen befindet sich rechts ein Radweg in Richtung Filsum. Etwa siebenhundert Meter von der Burg entfernt überfahren wir den *Nordgeorgsfehnkanal.* Wir befinden uns nun auf der Kreisstraße 13, die wir etwa zweihundert Meter vor dem Bahnübergang, nach links abzweigend, verlassen. Nach weiteren etwa achthundert Metern fahren wir wiederum nach links ab, dann gleich wieder nach links und nach weiteren etwa zweihundert Metern nach rechts. Wir passieren etwa zwei Kilometer von der K 13 entfernt ein altes Siel von 1870 und das Schöpfwerk Filsum, ehe wir nach etwa 1,5 Kilometern dahinter nach halblinks auf die Straße *Am Deich* hineinfahren. Wir kommen auf unserer weiteren Fahrt, etwa fünf Kilometer vom Filsumer Schöpfwerk entfernt, am *Schöpfwerk Nortmoor* (1962) vorbei. – Wir fahren nun weiter an der Jümme entlang und haben nach weiteren etwa drei Kilometern den Anleger der *Pünte von Wiltshausen* erreicht. Hier biegen wir nach links in Richtung Leer-Loga ab, das wir nach etwa 1700 Metern erreicht haben.

In *Loga* befahren wir die *Meierstraße* bis zur Einmündung Ritter-/Meierstraße. Dort fahren wir nach links, dann weiter über die *Schloßstraße* und anschließend halblinks in die *Fährstraße.* Über einen Deich radelnd und rechts entlang des Schloßgrabens fahrend, gelangen wir zurück zum Parkplatz am Ende der *Evenburgallee.*

50 Bunde – Bunderhee – Ditzumerverlaat – Ditzum – Ditzumerverlaat – Bunde

Verkehrsmöglichkeiten Von der BAB 28 und BAB 31 aus Emden und Leer bis zur Ausfahrt Bunde-Weener und in Richtung Bunde auf der B 75 weiter. Busverbindungen existierten zwischen Leer über Weener nach Bunde. Züge der Deutschen Bundesbahn auf der Strecke Leer – Groningen halten nur in Weener und in Nieuweschans.
Parkmöglichkeiten Entlang der Weenerstraße.
Tourenlänge 46 Kilometer.
Fahrzeit 4¾ Stunden.
Höhenunterschiede Zu vernachlässigen.
Karten 1:50000 L 2708 Emden, L 2710 Leer, L 2908 Bunde, L 2910 Papenburg; 1:200000 Generalkarte, Blatt 3/4.
Wissenswertes *Bunde,* im Rheiderland, dem Südzipfel Ostfrieslands, war Ende des 14. bis Ende des 15. Jahrhunderts ein Häuptlingssitz. Herausragendes Bauwerk ist die Martinskirche, ein romanischer Bau, 1220 bis 1270 erbaut. Hervorzuheben sind die Wandbemalung aus dem 13. Jahrhundert, die Reste eines Chorumganges, die Orgel und das Gestühl von 1791. Die Huisinga-Windmühle von 1911 ist ein sich im Privatbesitz befindlicher Galerieholländer mit Jalousieflügeln.

Im 14. Jahrhundert wurde das Steinhaus von *Bunderhee* errichtet. Heute ist hier die Norddeutsche Orgelakademie untergebracht.

Marienchors Wahrzeichen ist die von 1668 stammende Kirche, die zur linken Seite kippt, da die Glocken des an das Kirchenschiff 1798 angesetzten Glockenturms durch ihre Schwingungen die Kirche »ins Rutschen gebracht« haben.

Der wie ein Leuchtturm gestaltete Turm der Kirche (romanischer Bau aus dem 13. Jahrhundert) von *Ditzum* ragt weithin sichtbar in den Himmel. Von Ditzum aus verkehrt eine Fähre nach Petkum.

Tourenbeschreibung Wir beginnen an der Einmündung *Weidenstraße/Weenerstraße* unsere Tour und fahren in Richtung Ortskern, indem wir von der Weidenstraße nach rechts abbiegen. Die Bürgersteige sind hier auch Radwege. Auf der *Weenerstraße* unterwegs, kommen wir auf die Höhe der Birkenstraße unmittelbar an der *Huisinga-Windmühle* von Bunde vorbei. An der alt-reformierten Kirche fahren wir danach vorbei und bei *Kellingwold* zum *Kirchring,* wo linker Hand die Martinskirche steht. Wir fahren geradeaus in den Kirchring hinein, der in einer rechten Straßenverschwenkung zur *Mühlenstraße* wird. Wir sind

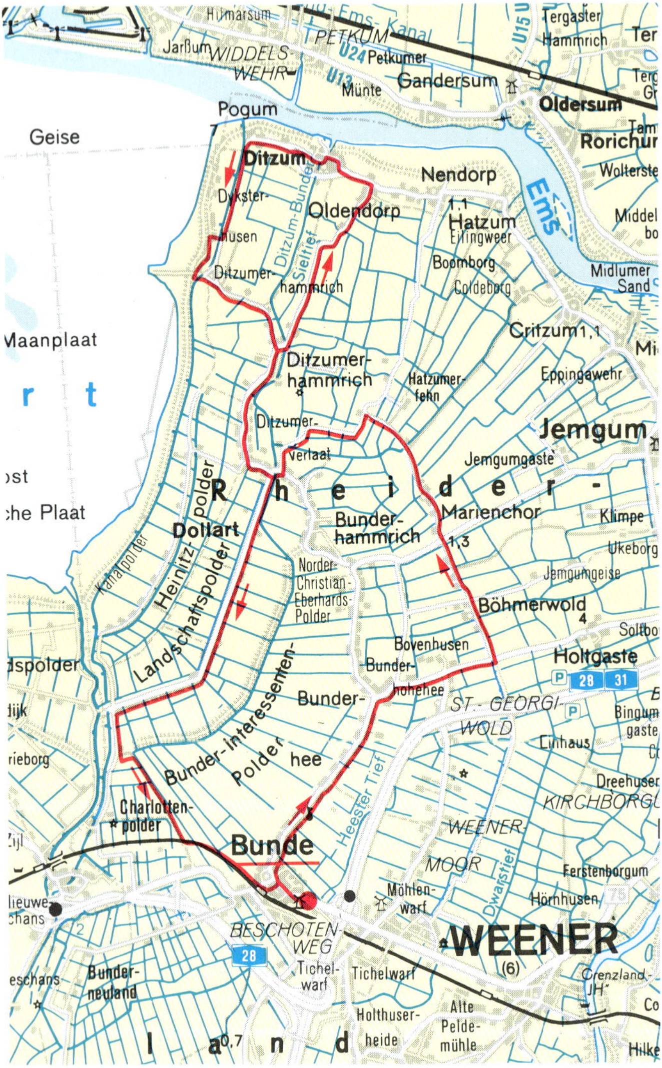
Hilmarsum
Ems-Kanal
PETKUM
U15
Tergaster
Hammrich
Jarßum
WIDDELSWEHR
U24
Petkumer
U13
Münte
Gandersum
Oldersum
Pogum
Geise
Rorichum
Ditzum
Nendorp
Wolterste
Dykster-
husen
Ditzum-Bunder Sieltief
Oldendorp
Hatzum
Eilingweer
Ems
Middel
Ditzumer-
hammrich
Boomborg
Coldeborg
Midlumer
Sand
Maanplaat
Critzum
Ditzumer-
hammrich
Hatzumer-
fehn
Eppingawehr
Ditzumer-
Verlaat
Jemgum
Jemgumgaste
R h e i d e r -
Dollart
Heinitz-polder
Kanalpolder
Landschaftspolder
Bunder-
hammrich
Marienchor
Klimpe
Ukeborg
Norder-
Christian-
Eberhards-
Polder
Jemgumgeise
Böhmerwold
Bunder-Interessenten-
Polder
Bovenhusen
Bunder-
hohehee
Holtgaste
28
31
Bunder-
hee
ST.-GEORGI-
WOLD
Bingum
gaste
Einhaus
Heester Tief
Dreehuser
KIRCHBORGUM
Charlotten-
polder
WEENER-
MOOR
Bunde
Dwarstief
Ferstenborgum
Nieuwe
Schans
Möhlen-
warf
Hörnhusen
BESCHOTEN-
WEG
WEENER
(6)
28
Bunder-
neuland
Tichel-
warf
Tichelwarf
Grenzland-
JH
Holthuser-
heide
Alte
Pelde-
mühle
l a n d

jetzt etwa 1,5 Kilometer gefahren und kommen nun an der evangelisch-lutherischen Kirche vorbei.

Zweihundert Meter nach der Kirche steht auf der linken Seite ein alter Mühlenstumpf. Die *Steinhausstraße* (Landesstraße 16) in *Bunderhee* haben wir nach weiteren vierhundert Metern erreicht. Ab der Reithalle in der Steinhausstraße ist ein Radweg auf dem Bürgersteig ausgewiesen. Auf ihm geradeaus weiterfahrend, gelangen wir zum *Steinhaus Bunderhee.* Hinter diesem fahren wir an der Eichenstraße vorbei, bis wir an eine Y-Straßengabelung gelangen. Fünf Kilometer nach Tourbeginn biegen wir dort nach rechts auf die *Molkereistraße* ein. Auf dem Radweg, der etwa achthundert Meter von der Y-Gabelung entfernt endet, fahren wir an der Molkerei Rheiderland eG vorbei. Wir befinden uns nunmehr auf dem Weg in Richtung Jemgum und Bingum.

Wir verlassen die Kreisstraße 36 an der übernächsten Kreuzung und fahren nach links Richtung Böhmerwold. Nunmehr sind wir etwa 7,5 Kilometer unterwegs. Wir befahren die Kreisstraße 37, kommen an der Kirche von *Böhmerwold* vorbei und fahren in Richtung Marienchor.

1,5 Kilometer hinter Böhmerwold sind wir in *Marienchor* angelangt, nachdem wir das Jemgumer Sieltief überfahren haben. Hinter ihm befindet sich die Kreuzung mit der Kreisstraße 38 mit Ortshinweisen nach Bunderhammrich (nach links) und Jemgum (nach rechts). Nach der Überquerung der Kreisstraße 38 setzen wir die Fahrt auf der *Dorfstraße* durch Marienchor fort und kommen 1,5 Kilometer hinter der Kreisstraße 38 an der Kirche von Marienchor vorbei.

Wenn wir die rechts abgehende Bülthausstraße etwa vierhundert Meter hinter der Kirche erreicht haben, sind wir am Ortsausgang angelangt. Wir folgen dem weiteren Straßenverlauf, wobei wir hinter Marienchor ein Sieltief überfahren. Einen Kilometer hinter dem Sieltief setzen wir die Tour nach links abbiegend fort. Wir sind nun in *Hatzumerfehn.* Nachdem wir einen weiteren Kilometer zurückgelegt haben, haben wir die *Denkmalstraße* erreicht. Links befindet sich ein Wanderweg mit Kiebitzmarkierung. Wir bleiben auf der Denkmalstraße, bis wir an der Landesstraße 16 in *Ditzumerverlaat* angekommen sind. Gegenüber der Einmündung steht die Kirche von Ditzumerverlaat.

Wir biegen hier nach rechts ab und benutzen für die weitere Tour den gegenüberliegenden Bürgersteig, der als Radweg ausgewiesen ist. An der nächsten Abzweigung, der Kreisstraße 40 in Richtung Kanalpolder, befindet sich auf der linken Seite eine Informationstafel mit den Wanderwegen in der Gemeinde Dollart und Angaben zur Eindeichung in dieser Gemeinde. Davor ist das Standbild eines Dollartfischers mit einem Schlickschlitten aufgestellt. Wir durchfahren anschließend die Nordbecker Siedlung und erreichen *Ditzumerhammrich* nach einer Gesamttour von etwa 16 Kilometern.

Der Ort Ditzumerhammrich zieht sich über etwa dreihundert Meter an der Landesstraße entlang und geht dann in den Ort Aaltukerei über. In *Aaltukerei* fahren wir nach rechts auf die Straße nach *Oldendorper Hammrich.* Aus der Straße Oldendorper Hammrich wird die *Oldendorper Straße.* Etwa drei Kilometer, nachdem wir den Ort Aaltukerei verlassen haben, erreichen wir *Oldendorp.* Von der Straße, die an der Kirche vorbeiführt, biegen wir an der folgenden T-Kreuzung mit der Landesstraße 15 nach links in Richtung Ditzum ab.

In *Ditzum* angekommen, fahren wir nach rechts ab. Von der *Kirchstraße* biegen wir rechts in die *Mühlenstraße,* wo wir an einem Mühlenstumpf vorbeikommen. Kurz dahinter biegen wir nach links in die *Holstraße.* Auf diesem Weg haben wir das Ditzumer Sieltief in Hafennähe überquert und sind an der Ditzumer Kirche vorbeigekommen. Von der Holstraße fahren wir nach rechts ab in die *Molkereistraße* und von dort nach rechts in die *Pogumer Straße.* Hier befindet sich ein Radweg auf dem Bürgersteig, der am Ortsausgang von Pogum endet.

Wir fahren von dort auf der Kreisstraße 42 über *Dyksterhusen* und *Ditzumerhammrich* zurück nach *Ditzumerverlaat.* Durch Ditzumerverlaat fahren wir hindurch bis zur Abzweigung zum Landschaftspolder. Bis hierher haben wir eine Strecke von insgesamt etwa vierunddreißig Kilometern zurückgelegt.

Hundert Meter hinter der Abzweigung befindet sich der Beginn des Ortes Landschaftspolder. Nach etwa sechs Kilometern sind wir am *Wymeerer Sieltief* angekommen und biegen nach links ab. Bei der nächsten Möglichkeit biegen wir wieder nach links ab und dann sofort wieder nach rechts. Wir befinden uns nunmehr auf dem *Heerenweg,* der uns nach Bunde zurückführt. Dort, wo der Heerenweg an Bahngleise stößt, biegen wir nach links ab und benutzen Teile des Radweges Bunde – Nieuweschans, um nach Bunde zurückzufahren.

Dieser Radweg endet an der *Neuschanzer Straße,* in die wir vom Radweg aus nach links einbiegen. Aus der Neuschanzer Straße biegen wir dann nach halblinks in den *Kirchring* ein, kommen so am Rathaus und der Martinskirche vorbei und stoßen schließlich wieder auf die *Weenerstraße.* In diese biegen wir rechts ab und fahren zum Ausgangspunkt unserer Tour zurück.

51 Bunde – Wymeer – Stapelmoor – Weener – Holthusen – Bunde

Verkehrsmöglichkeiten Auf der BAB 28 und BAB 31 aus Emden und Leer zur Ausfahrt Bunde-Weener, anschließend in Richtung Bunde auf die B 75. Busverbindungen bestehen zwischen Leer über Weener nach Bunde. Züge der Bundesbahn auf der Strecke Leer – Groningen halten nur in Weener und Nieuweschans.
Parkmöglichkeiten Entlang der Weenerstraße.
Tourenlänge 30,5 Kilometer.
Fahrzeit 3¼ Stunden.
Höhenunterschiede Zu vernachlässigen.
Karten 1:50000 L 2908 Bunde, L 2910 Papenburg; 1:200000 Generalkarte, Blatt 3/4.
Wissenswertes *Bunde* siehe Tour 50.

Die beiden Straßendörfer *Boen* und *Wymeer* sind einstmals als Fluchtorte für die Bewohner des Dollartgebietes gegründet worden. Urkundlich wurden sie bereits zu Beginn des 14. Jahrhunderts erwähnt. Die Kirche zu Wymeer stammt ursprünglich von 1590, wurde aber mehrfach erneuert.

Auf die mittelalterliche Binnenkolonisation der Moorlandschaften Ostfrieslands geht der Ort *Stapelmoor* zurück. Die Kreuz- oder Andreaskirche von 1300 ist eine Backsteinkirche mit bemerkenswertem Grundriß. So verlaufen Quer- und Längs-

Zu Tour 51, 54, 55, 56 **Weener, St.-Georgs-Kirche**
(Foto: Ferdinand Dupuis-Panther)

schiff nicht im rechten Winkel. Neben der Kirche steht das zweigeschossige Pfarrhaus mit einer Giebelinschrift von 1429.

Die St.-Georgs-Kirche, eine spätgotische Kirche in *Weener,* verfügt über eine prachtvolle Arp-Schnitger-Orgel von 1710. Die Kaake an der Friesen- und Norderstraße, ein dreieckiger Platz, war der Platz des Prangers. In der Norderstraße steht das älteste Haus der Stadt, das Frones-Haus von 1660 und weitere historische Bürgerhäuser. Sehenswert sind auch die Speicher und typisch holländisch anmutenden Fassaden am kleinen Binnenhafen. In der Querstraße fallen die Waage, heute Hotel zum Weinberg, von 1750/60, das Neue Amtshaus, heute Rathaus, von 1861 und der Glockenturm der reformierten St.-Georgs-Kirche ins Auge.

In der heutigen Hindenburgstraße 32 befanden sich die Synagoge (1828), ein Ritualbad für Frauen, die Lehrerwohnung und eine Schule. Der jüngste der drei jüdischen Friedhöfe, auf dem 1982 die letzte Beisetzung stattgefunden hat, wurde 1896 seiner Bestimmung übergeben und befindet sich zwischen Brunnenstraße und Buchenweg.

Das Verkehrsbüro Weener hält einen Kurzführer durch die Altstadt bereit, in dem weitere historische Bauten der Norderstraße aufgeführt sind.

Tourenbeschreibung Von der *Weenerstraße* aus fahren wir zunächst in Richtung Weener. An der *Winkelstraße* biegen wir nach rechts ein und fahren geradezu in die Straße *Am Katjedeep* bis zu den Bahngleisen, die wir überqueren müssen. Auf der gegenüberliegenden Seite kommen wir auf einem kleinen Weg an einem Spielplatz vorbei. Wenn wir an der Straße *Langer Acker* angelangt sind, halten wir uns rechts. Wir fahren die Straße Langer Acker bis zur *Molkereistraße.* Dort biegen wir nach links ein und setzen die Fahrt auf einem Radweg entlang der Bahngleise fort. An der *Neuschanzer Straße* (B 75) angelangt, fahren wir ein kurzes Stück auf der Bundesstraße 75 bis zur *Boensterstraße* und dann erneut nach links. Die Ausschilderung dort besagt »Wymeer 7 km«. Auf Höhe des Tjüchenweg ist der rechte Bürgersteig in der Boensterstraße (Kreisstraße 33) als Radweg zu benutzen. Am Ortsausgang Bunde befindet er sich auf der linken Seite. An der folgenden Y-Kreuzung Richtung Boen und Möhlenwarf fahren wir nach rechts in die *Hauptstraße* hinein und weiter nach Boen. Die Hauptstraße (Landesstraße 17) haben wir nach etwa 4,5 Kilometern erreicht.

Wir fahren durch *Boen,* einem Straßendorf, hindurch und am nächsten Abzweig nach rechts. *Wymeer* haben wir etwa 3 Kilometer, nachdem wir Bunde verlassen haben, erreicht. Wymeer

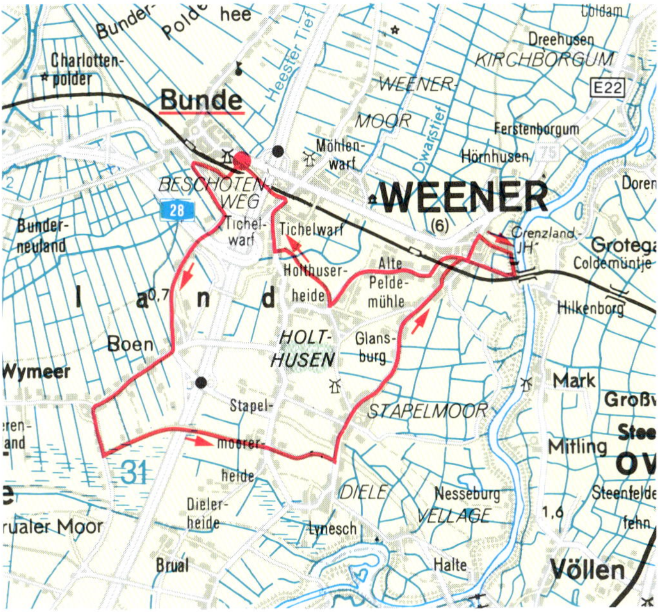

ist wie Boen ein Straßendorf, durch das wir über etwa einen Kilometer hindurchfahren. An Kirche und Friedhof vorbei fahren wir nach links in die Kirchstraße (K 33) und benutzen dann den dortigen Radweg. An der nächsten Kreuzung fahren wir nach links ab in Richtung Stapelmoor.

Dabei überqueren wir die BAB 31 ebenso wie den Abzweig nach Brual und Diele. Etwa einen Kilometer von diesem Abzweig entfernt passieren wir ein Umspannwerk. Wir fahren nun weiter geradeaus, bis wir in *Stapelmoor* (Stadt Weener) angekommen sind. An der nun folgenden T-Kreuzung radeln wir nach links in Richtung Weener weiter. Auf der linken Seite befindet sich auf dem Bürgersteig der von uns zu benutzende Radweg. Wir kommen nach einer Strecke von insgesamt etwa sechzehn Kilometern zur Stapelmoorer Kirche. Von der Kirche aus setzen wir die Fahrt Richtung Weener fort. An der nächsten Straßengabelung halten wir uns halbrechts. Auf der *Stapelmoorer Straße* fahren wir weiter, bis wir im Straßenverlauf auf die *Graf-Ulrich-Straße* gelangen. Am Ende dieser Straße halten wir uns halblinks und benutzen die *Mühlenstraße*. Dabei fahren wir, seitdem wir den Ortseingang von *Weener* erreicht haben, auf dem Bürgersteig (linke Straßenseite), der für Radfahrer freigegeben ist. Etwa vierhundert Meter vom Ortseingang entfernt existieren zu beiden Seiten der Straße auf den Bürgersteigen Radwege. Die Mühlenstraße setzt sich als *Poststraße* fort. Auf ihr bleiben wir bis zur *Hindenburgstraße.* Dort biegen wir nach rechts ab. Dabei kommen wir an der Post (rechts) vorbei. Eine Gedenktafel am Bankhaus der Deutschen Bank in der Hindenburgstraße 32, wie aber auch jeweils an den Straßeneinmündungen, erinnert daran, daß sich in dieser Straße einst eine Synagoge mit einer Schule und einer Lehrerwohnung befunden hat. An ihrer Stelle steht heute das Bankhaus.

Am Ende der Hindenburgstraße biegen wir rechts in die *Marktstraße* ein und stehen dann vor der reformierten *St.-Georg-Kirche.* Von hier aus verlassen wir den Kirchenbereich nach rechts durch die *Kaake.* Von dort aus biegen wir nach links in die sehr schmale *Norderstraße* ein. Wir kommen am Frones-Haus, Nr. 19 rechts in der Norderstraße, am Hesse-Haus Nr. 34 und am Conring-Haus Nr. 42, beide auf der linken Seite, vorbei, wenn wir zum Binnenhafen unterwegs sind.

An der dreigeschossigen Stadtvilla mit neugotischer Fassade in Nr. 81 biegen wir nach rechts zum Hafen ab. Am Hafen 27 bis 31 befinden sich die um 1820 entstandenen Speicher, deren Fassaden jedoch durch Rauhputz verunstaltet worden sind. Aus der Straße *Am Hafen* – hier gibt es Parkplätze – fahren wir über die Straße *Zum Schöpfwerk* an einer Papierfabrik vorbei zur *Kammerschleuse.* Wir queren diese und fahren dann in Richtung Friesenbrücke weiter.

Über den *Schleusenweg* fahrend, radeln wir nicht nur am Seglerverein, sondern auch am Campingplatz, etwa vierhundert Meter von der Schleuse entfernt gelegen, vorbei. Nach weiteren etwa dreihundert Metern biegen wir nach rechts in die *Friesenstraße* ab und fahren auf der linken Seite, auf dem für Radfahrer freigegebenen Bürgersteig, in Richtung Norderstraße, bis wir am Schwimmbad vorbeikommen. Von da an wechseln wir nach rechts hinüber, da nun auf beiden Seiten Radwege ausgewiesen sind. Über die *Friesen-* und dann die *Osterstraße* fahren wir zur Kaake und zur Hindenburgstraße zurück. Vor der Einmündung Osterstraße/Norderstraße befinden sich rechts das Neue Amtshaus, das heutige Rathaus, und schräg gegenüber die alte Waage. Rechter Hand steht auch der Turm der St.-Georgs-Kirche von 1738.

Wenn wir die Hindenburgstraße erreicht haben, haben wir eine Strecke von insgesamt etwa 23,5 Kilometern zurückgelegt. Die Hindenburgstraße dürfen Radfahrer trotz Einbahnstraßenregelung in beiden Fahrtrichtungen benutzen, so daß wir aus der

(Foto: Ulrich Schnabel)

Osterstraße in die Hindenburgstraße hineinfahren. Wir kommen erneut an der Deutschen Bank vorbei. Über die Kreuzung Post-/Risius-/Hindenburg- und Bahnhofstraße fahren wir in die *Bahnhofstraße* hinein.

Nachdem wir an einer Kirche und an einem Friedhof vorbeigekommen sind, überfahren wir die Bahngleise und sind anschließend in der *Graf-Edzard-Straße*, der wir bis zur *Brunnenstraße* auf einem Radweg folgen. Wir biegen nach links in die Brunnenstraße ein, dann wieder nach links in den *Fliederweg* und dann links in die *Johann-Schüür-Straße*. Von dort aus geht es wiederum nach links in den *Buchenweg* hinein. Dort befindet sich der Eingang zum jüdischen Friedhof.

Von dort aus fahren wir über die Johann-Schüür-Straße zur *Lindenstraße*, dort links ab und dann rechts in die Brunnenstraße und zurück zur Graf-Edzard-Straße.

Zunächst auf der linken Seite und dann auf der rechten Seite benutzen wir den Fahrradweg in Richtung Holthusen. Nach einer Tour von etwa neunundzwanzig Kilometern haben wir den Ort *Holthusen* erreicht. Von der *Katzenburger Straße* aus biegen wir bei der Freiwilligen Feuerwehr rechts in die Straße *Zum Sportplatz* ein. Wir kommen auf unserer Weiterfahrt nicht nur an den Sportanlagen, sondern auch am Stadtwald vorbei. Dabei benutzen wir von der Straße *Alte Siedlung* an den sich linker

Hand auf dem Bürgersteig befindlichen Radweg. Wenn wir den Stadtwald passiert haben, liegen rechter Hand zwei Seen und das Dwarftief.

Dort biegen wir links in die Straße *Am Dwarstief,* danach rechts in den *Kapellenweg* ein. Von dort aus biegen wir am Ende des Weges nach links ab und fahren geradeaus bis zur *Tichelwarfer Straße,* in die wir nach rechts hineinfahren. An der folgenden T-Kreuzung fahren wir rechts ab in den *Boenster Weg,* überfahren dort die Bahngleise und biegen hinter diesen nach links in den *Beschotenweg* ein. Bis zur B 75 (Weenerstraße) bleiben wir auf diesem Weg. An der B 75 biegen wir nach links ab und fahren auf dem Bürgersteig zurück zum Ausgangspunkt.

52 Bunde – Holtgaste – Jemgum – Critzum – Marienchor – Böhmerwold – Bunde

Verkehrsmöglichkeiten Auf der BAB 28 und BAB 31 aus Emden und Leer zur Ausfahrt Bunde-Weener, anschließend in Richtung Bunde auf der B 75. Busverbindungen bestehen zwischen Leer über Weener nach Bunde. Züge der Bundesbahn auf der Strecke Leer – Groningen halten nur in Weener und Nieuweschans.
Parkmöglichkeiten Entlang der Weenerstraße.
Tourenlänge 40 Kilometer. **Fahrzeit** 4½ Stunden.
Höhenunterschiede Zu vernachlässigen.
Karten 1:50000 L 2708 Emden, L 2710 Leer, L 2908 Bunde, L 2910 Papenburg; 1:200000 Generalkarte, Blatt 3/4.
Wissenswertes *Bunde* siehe Tour 50.

Die heute privat genutzte Mühle in *Möhlenwarf* stammt von 1899.

Die *Jemgumer* Kirche stammt aus dem Jahr 1847 und hat klassizistische Züge. Bemerkenswert ist die komplett erhaltene, im Jugendstil gestaltete Inneneinrichtung wie die Bestuhlung und die Emporen.

Die aus dem 13. Jahrhundert stammende evangelische-reformierte Kirche in *Midlum* ist ein gedrungener Backsteinbau, der durch seinen wehrhaften, separat stehenden Turm auffällt.
Tourenbeschreibung Auf dem Bürgersteig fahren wir über die *Weenerstraße* in Richtung Weener. Nach 1,5 Kilometern haben wir, immer auf einem Radweg entlang der Bundesstraße 75 fahrend, *Möhlenwarf,* zur Stadt Weener gehörend, erreicht. Wir

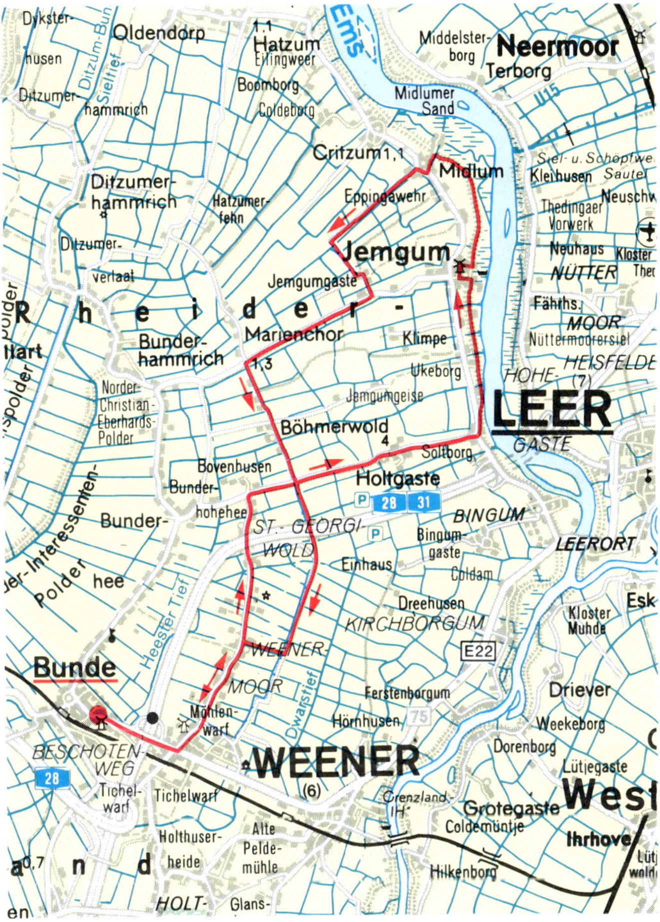

fahren nach links in die Straße *Zur Mühle* ein. Nach etwa zweihundert Metern kommen wir zur Mühle (links). Die Straße Zur Mühle wird im Verlauf der Tour zur *Weenermoorstraße,* wenn wir etwa siebenhundert Meter hinter dem Abzweig von der Bundesstraße nach *Weenermoor* hineinfahren. Diese Straße ist von Alleebäumen dicht gesäumt. Wir fahren weiter bis *St. Georgiwold,* das etwa vier Kilometer vom Abzweig Weenerstraße/Zur Mühle entfernt ist. Etwa zweihundert Meter hinter dem Ortsanfang unterfahren wir die BAB 28/31.

Das Großsoltborger Sieltief überfahren wir etwa vierhundert Meter hinter der BAB-Brücke, wenn wir auf der Straße St. Georgiwold (Kreisstraße 35) radeln. Etwa einen Kilometer vom Tief entfernt biegen wir nach rechts auf die Kreisstraße 36 nach Holtgaste ein. Nach etwa zwei Kilometern haben wir *Holtgaste* erreicht. Rechter Hand am Ortseingang befindet sich die Kirche des Ortes mit separatem Glockenturm. Lichte Alleebäume säumen die Kreisstraße (Holtgaster Straße).

Nach einer Fahrt über zwei Kilometer erreichen wir von Holtgaste aus *Soltborg*. Dort fahren wir bis an den Emsdeich heran und biegen dort nach links ab. Hier befindet sich die Ausschilderung »Jemgum 3 km«. Wir radeln für die nächsten drei Kilometer am Deich entlang und biegen dann nach links ab in Richtung Ortsmitte *Jemgum*.

Von dem unbefestigten Weg, den wir dabei benutzen müssen, fahren wir nach rechts in die *Lange Straße* und von dort links zur Kirche ab. Von der Kirche aus setzen wir unsere Tour fort, indem wir nach rechts abbiegen und an der *Kreuzstraße* wieder nach rechts fahren. Rechter Hand steht die *Ahtensche Mühle,* ein rietgedeckter Galerieholländer. Am Ende der Kreuzstraße fahren wir rechts in die *Deichstraße* und dann am Sielhuus vorbei bis zum kleinen Hafen. Vor den Deichtoren fahren wir nach links auf dem Deichweg und nach Midlum.

Wir kommen auf der Weiterfahrt an einem Spülfeld vorbei, müssen hin und wieder an den geschlossenen Deichtoren das Rad über einen kleinen Steg schieben, setzen unsere Fahrt dennoch unverdrossen fort und erreichen etwa einen Kilometer nach den Spülfeldern linker Hand einen Weg, der vom Deich wegführt. Wir fahren dort hinein und weiter geradeaus, bis wir die *Midlumer Straße* (Landesstraße 15) erreicht haben. Auf ihr fahren wir weiter, nachdem wir rechts abgebogen sind. Von der Landesstraße fahren wir in den *Denkmalsweg* rechts hinein und zur Backsteinkirche von *Midlum*. Diesen Weg wählen wir auch in umgekehrter Richtung, um unsere Tour fortsetzen zu können.

Auf der Landesstraße 15 geht es bis *Eppingawehr*. Hier biegen wir nach rechts ab, nachdem wir nunmehr insgesamt etwa zweiundzwanzig Kilometer zurückgelegt haben. Zwischen zwei Gehöften verschwenkt der Weg zum erstenmal. Der Weg mit teilweise verworfenen Verbundsteinen führt uns über etwa zwei Kilometer bis zum Abzweig nach Jemgumgaste/Jemgum. Wir fahren vom Eppinger Wehr links ab und kommen durch Jemgumgaste hindurch. Über *Jemgumgaste* fahren wir bis zur Kreisstraße 38. Vom Ort Jemgumgaste aus legen wir dabei etwa einen Kilometer zurück.

An der Kreisstraße fahren wir nach links Richtung Marienchor. Die Dorfstraße von *Marienchor* ist etwa drei Kilometer

Zu Tour 53 **Nieuweschans, Hoofdstraat** (Foto: Ferdinand Dupuis-Panther)

vom Abzweig K 38/Jengumgaste entfernt. Wir fahren nach links in Richtung *Böhmerwold.* Diese Gemeinde haben wir nach weiteren etwa sechshundert Metern erreicht. Wir durchfahren die Gemeinde und setzen unsere Tour über den Abzweig nach Holtgaste und Bunderhee hinwegradelnd fort. Etwa 2,5 Kilometer von der Gemeinde Böhmerwold entfernt stoßen wir auf das Schöpfwerk St. Georgiwold. Auf dem weiteren Weg unterfahren wir die BAB 28/31 wie schon zu Beginn unserer Tour und biegen hinter der Bundesautobahn auf den *Vennenweg* in Richtung Weenermoor ein. Dort, wo der Vennenweg auf den Weenermoorweg trifft, geht die Tour nach links weiter. Von *Weenermoor* aus wählen wir die gleiche Route wie auf unserem Hinweg, um nach Bunde zurückzufahren.

53 Bunde – Nieuweschans – Oudeschans – Bellingwolde – Bunde

Verkehrsmöglichkeiten Auf der BAB 28 und BAB 31 aus Emden und Leer zur Ausfahrt Bunde-Weener, dann in Richtung Bunde auf der B 75. Busverbindungen existieren von Leer über Weener nach Bunde. Züge der Deutschen Bundesbahn auf der Strecke Leer – Groningen halten nur in Weener und in Nieuweschans.
Parkmöglichkeiten Entlang der Weenerstraße.
Tourenlänge 36 Kilometer.
Fahrzeit 3½ Stunden.
Höhenunterschiede Zu vernachlässigen.
Karten 1:50000 L 2708 Emden; 1:200000 Generalkarte, Blatt 3/4.
Wissenswertes *Bunde* siehe Tour 50.

Als Mitte des 16. Jahrhunderts der Dollart seine größte Ausdehnung besaß, blieben nur höher gelegene Landstücke von der Flut verschont. Diese Landstücke hießen »De Lange Akkeren«, aus denen die Siel- und Deichschanzen wie auch die Neuschanz entstanden, und zwar dort, wo heute *Nieuweschans* (Neuschanz) liegt. In der Kerkstraat liegt die Garnisonskirche (1751). In der 1e Kannonierstraat 2 ist das Vestingsmuseum, das Festungsmuseum, untergebracht. Unweit von hier befindet sich im Achterweg die Synagoge (1811), die heute eine Kunstgalerie beherbergt.

In *Oudeschans* führt ein Wanderweg (Wandelroute) an den alten, teilweise noch erhaltenen Befestigungsanlagen entlang. Das

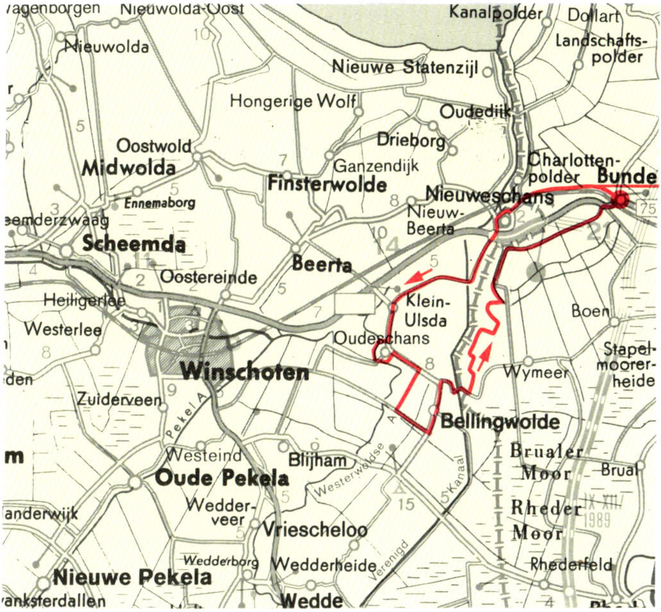

Dorf war das kleinste Festungsdorf in Ost-Groningen und wurde 1593 gegründet. Die Anlage der Festung war gleichzeitig auch der erste Dollartdeich. Teil der Festungsanlage ist ein Altarm der Westerwoldse Aa, die gleichsam Gracht und Graben ist. Sehenswert sind die Garnisonskirche (1626) mit bemaltem Orgelprospekt und das Vestingsmuseum, das Festungsmuseum.

Bellingwolde, Teil der Gemeinde Bellingwedde, weist eine Reihe interessanter historischer Gebäude auf: Magnuskirche im Hoofdweg 225, ein Kirchenbau aus dem 15. Jahrhundert, das Rechthuis von 1643, gleichfalls im Hoofdweg, die Witte Molen, die weiße Mühle, von 1885 und Reste der Befestigungsanlagen entlang der deutsch-niederländischen Grenze.

In der Magnuskirche oder *Magnuskerk* finden wir eine wertvolle Kanzel von 1660 und die von Schnitger und Freytag geschaffene Orgel von 1729, die als eine historische Orgel von europäischer Bedeutung gilt.

Tourenbeschreibung Von der *Weenerstraße* in Bunde aus fahren wir zum Kirchring. Am *Kirchring* fahren wir geradeaus weiter bis zur nächsten Straßengabelung und dort nach links weiter in den Kirchring hinein. Dabei kommen wir am Rathaus der Samtgemeinde Bunde und der Martinskirche vorbei. Sobald wir die *Neuschanzer Straße* erreicht haben, biegen wir nach rechts ab. Nach einer Fahrt über etwa zwei Kilometer kommen wir an die Eisenbahnlinie Leer – Groningen. Vor dem Bahnübergang biegen wir nach rechts und dann sofort nach links auf den Radwanderweg Bunde – Neuschanz ein. Dieser Weg liegt parallel zu den Bahngleisen. Am Beginn des Radweges sehen wir rechter Hand einen Grillplatz.

Wir müssen nach einer Tour von insgesamt etwa drei Kilometern die Bahngleise queren, um auf der linken Seite entlang der Bahnstrecke Richtung Neuschanz weiterfahren zu können. Vom Radweg gelangen wir auf die Kreisstraße 39. Wir folgen ihr bis zu einer Rechtsverschwenkung. An dieser Stelle biegen wir nach links ab und überfahren das *Wymeerer Sieltief.* Nach dem Passieren einer kleinen Brücke sind wir in den Niederlanden. Wir folgen der Ausschilderung nach Groningen und biegen nach der Brücke rechts ab. Auf der Weiterfahrt kommen wir linker Hand an Sportanlagen vorbei. Wir setzen unsere Fahrt in der *Troelstrakade* entlang einer Gracht fort, bis wir an der *H.-F.-Dresselhuisstraat* angekommen sind. Dort wenden wir uns, der Ausschilderung »Post/Bahnhof« nachfolgend, nach rechts. An der nächsten Einmündung folgen wir der Ausschilderung »Vestingsmuseum«, verlassen die H.-F.-Dresselhuisstraat und biegen nach links in die *Hoofdstraat* ein. Dort, wo diese an die Singlestraat stößt, wenden wir uns nach halbrechts, um unsere Fahrt in der *Voorstraat* bis zur *Kerkstraat* fortzusetzen. Wir fahren nach rechts in die Kerkstraat ein und kommen zur Garnisonskirche (Kerkstraat 1). Geradeaus weiterfahrend, gelangen wir zum Kurbad. Dort biegen wir nach links ab und radeln bis zur Kreuzung Hamdijk/Zuideinde. Wir fahren nach links in die Straße *Zuideinde* hinein und dann weiter bis zur *Voorstraat.* Dort biegen wir links ab, kommen nun am VVV Nieuweschans, dem örtlichen Fremdenverkehrsbüro, vorbei und fahren bis zur *1e Kanonierstraat,* wo wir nach rechts abbiegen, um zum Vestingsmuseum zu gelangen.

Durch die verwinkelten Gänge der Kannonierstraat gelangen wir zur Synagoge am *Achterweg.* Wir fahren nach rechts in den Weg hinein, folgen ihm im weiteren Verlauf, gelangen zurück in die Straße Zuideinde, setzen dort die Fahrt fort und biegen am Ende nach links in den *Hamdijk* ein, um nach Oudeschans zu fahren. – Auf dem Hamdijk fahrend, kommen wir nach *Bonneschans.* Hinter dem Ort überqueren wir mehrere Kanäle. Ab Abzweig Klein Ulsda können wir wieder einen Radweg benutzen, wenn wir weiter nach Oudeschans fahren. Etwa 4,5 Kilometer von Booneschans entfernt liegt *Oudeschans.*

Wir halten am *Molenweg,* fahren nach rechts und folgen einer »Wandelroute« um die Schanzenanlage. Bei der nächsten Weggabelung halten wir uns nach rechts, überqueren über eine rekonstruierte, hölzerne Klappbrücke den Altarm der Westerwoldsche Aa und biegen nach der Brücke sofort aus dem Poortweg heraus nach links in den *Dijkweg* ein. Zum Teil müssen wir unser Fahrrad nun schieben, wenn wir unseren Weg vom Dijkwal bis zur Voorstraat auf der ehemaligen Festungsanlage fortsetzen. Wir biegen dann links in die *Voorstraat* ein, um zum Vestingsmuseum zu gelangen. Von dort fahren wir weiter bis zur *Molenstraat.* Aus dieser herausfahrend, gelangen wir zum *Oude Schanskerweg.* Dort geht es nach rechts weiter, an der Doodenbastion vorbei, in Richtung Bellingwolde. Auf Höhe der Einmündung Voorstraat können wir linker Hand einen Radweg benutzen.

Zu Tour 53 **Oudeschans** (Foto: Ferdinand Dupuis-Panther)

Wir fahren auf ihm bis zur Einmündung Nieuwlandse Weg. Dort überqueren wir die Straße nach rechts, um auf dem *Nieuwlandse Weg* weiterzufahren. Die Einmündung ist etwa siebenhundert Meter von der Voorstraat/Oudeschans entfernt. Die von uns gewählte Radstrecke von Oudeschans nach Bellingwolde führt über etwa 3,5 Kilometer.

Wir stoßen auf *Bellingwolde,* wenn wir von Nieuwlandse Weg in den Tweekarspelenweg nach links einbiegen und dann geradeaus weiterfahren. Der *Tweekarspelenweg* stößt in Bellingwolde auf den *Hoofdweg*. Hier steht rechter Hand das Gemeindehaus von 1915. Wir fahren nach links in den Hoofdweg ein und setzen unsere Fahrt bis zur spätgotischen Magnuskerk fort. Sie ist etwa fünfhundert Meter vom Gemeindehaus entfernt. Dicht dabei befindet sich das Rechtshuis. Wir setzen die Fahrt geradeaus weiterfahrend fort und gelangen zur *Witte Molen,* der sogenannten weißen Mühle, etwa sechshundert Meter von der Magnuskirche entfernt gelegen.

Von dort aus fahren wir vom Hoofdweg aus in den *Wijnmeesterweg.* Auf ihm gelangen wir an einen Kanal, der gleichzeitig die Grenze zwischen der Bundesrepublik Deutschland und dem Königreich der Niederlande ist.

Wir passieren eine Brücke und sind wieder im Landkreis Leer. Vom *Grenzübergang Dünebroek* aus fahren wir links in den *Grenzweg* hinein. Wenn wir an der ersten T-Kreuzung angelangt sind, geht es nach links weiter. Dort, wo der Grenzweg an die *Prikkereistraße* stößt, bleiben wir, links abfahrend, auf dem Grenzweg. Wir folgen dem Verlauf des Wegs, der nach rechts auf die Alte Schöpfwerkstraße zuläuft. Wir zweigen nach links auf die *Alte Schöpfwerkstraße* nach Bunderneuland ab. *Bunderneuland,* das wir dann erreichen, liegt auf unserer Tour etwa fünf Kilometer von der Grenze entfernt.

Wir setzen nun die Fahrt geradeaus fort und biegen an der nächsten Straßeneinmündung nach rechts auf die *Neuschanzer Straße* in Richtung Bunde ein. Nach einer Tour von etwa zweiunddreißig Kilometern sind wir wieder in Bunde angelangt.

Wir fahren von der Neuschanzer Straße halbrechts in den *Kirchenring* und dann an der nächsten Straßeneinmündung in die *Weenerstraße* nach rechts. Auf diesen Straßen setzen wir die Fahrt fort, bis wir den *Leegeweg* erreicht haben. Hier biegen wir dann rechts ein und fahren bis zum jüdischen Friedhof von Bunde. Gegenüber befinden sich dort die Sportanlagen der Gemeinde. Von dort aus fahren wir wieder zum Ausgangspunkt unserer Tour zurück.

Zu Tour 53 **Nieuweschans, ehemalige Synagoge**
(Foto: Ferdinand Dupuis-Panther)

54 Weener – Diele – Stapelmoor – Weener

Verkehrsmöglichkeiten Auf der BAB 28 und BAB 31 aus Emden und Leer zur Ausfahrt Bunde-Weener, anschließend in Richtung Weener auf der B 75 (Bunder Straße) und dann über Komerzienrat-Hesse-Straße bis Norderstraße. Dort rechts ab zur Straße Am Hafen. Züge der Bundesbahn in Richtung Niederlande halten in Weener. Busse verkehren zwischen Leer und Weener.
Parkmöglichkeiten »Am Hafen«, Kirchhofstraße, Friesenstraße am Schwimmbad, Osterstraße am Rathaus.
Tourenlänge 19,1 Kilometer.
Fahrzeit 1¾ Stunde.
Höhenunterschiede Zu vernachlässigen.
Karten 1:50000 L 2908 Bunde, L 2910 Papenburg; 1:200000 Generalkarte, Blatt 3/4.
Wissenswertes *Weener* und *Stapelmoor* siehe Tour 51.

Reste alter Schanzen- und Festungsanlagen finden wir überall im Ems-Dollart-Gebiet, so auch in *Diele*. Die Überbleibsel der Hauptschanze, die ihre besondere Bedeutung in den münsterschen-niederländischen Kriegen (1665/66) besaß, finden wir am Ende des Schanzenweges, einer Seitenstraße der Dieler Straße.

Tourenbeschreibung Von der Straße *Am Hafen* fahren wir in die Straße *Zum Schöpfwerk*, von dort rechts über die Schleuse zum *Schleusenweg* und dann weiter am Campingplatz vorbei in Richtung Friesenstraße. Dort, wo der Schleusenweg auf die Friesenstraße (Schwimmbad links) stößt, biegen wir nach links ab. Wir sind seit Startbeginn etwa einen Kilometer unterwegs.

Wir fahren unter der Eisenbahnbrücke, die über die Ems führt, hindurch und zunächst geradeaus weiter. Dabei kommen wir an einem Bundeswehrdepot vorbei. Wir bleiben auf der weiteren Fahrt auf der Straße unterhalb des Deiches. Das Fahrrad muß dabei zu Beginn über einen kleinen Steg geschoben werden, da die Zufahrt durch eine Schranke gesichert ist. Etwa einen Kilometer von der Eisenbahnbrücke entfernt, kommen wir am *Schöpfwerk Stapelmoor* vorbei.

3,5 Kilometer hinter diesem Schöpfwerk stoßen wir auf die Straße *Nesseburg*. Den Ort gleichen Namens haben wir 3,5 Kilometer hinter dem Schöpfwerk Stapelmoor erreicht. Nach weiteren etwa fünfhundert Metern fahren wir nach rechts. Hinter Gewächshäusern und einem Teich auf der linken Seite biegen wir nach links auf die *Halter Straße* ein. Auf Höhe des Hotels »Rei-

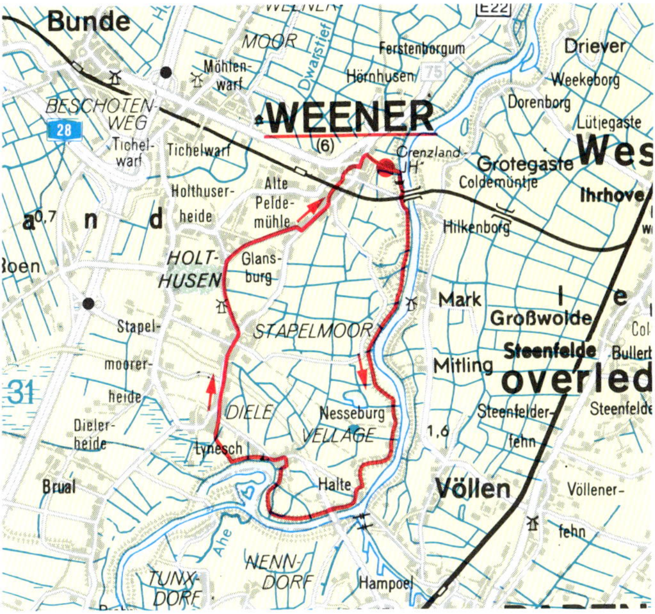

herhorst« fahren wir zum Deich, wobei wir das Hotel rechts liegen lassen.

Dort halten wir uns rechts und passieren einige Gärtnereibetriebe. Wir fahren nun, dem Straßenverlauf folgend, nach Vellage, stoßen auf ein Naturschutzgebiet linker Hand und fahren halbrechts auf den *Dronweg.* An der *Vellager Straße* angekommen, biegen wir nach links ab. Von der Vellager Straße aus fahren wir zum *Fährweg,* wobei wir auf dem Bürgersteig auf der linken Straßenseite (Radweg) bleiben. Am Ende des Fährwegs geht unsere Fahrt nach rechts weiter. Unterhalb des Deiches entlang der Alten Ems fahren wir bis zur Schützenstraße. Hin und wieder müssen wir dabei unser Rad über kleine Stege, die neben geschlossenen Schranken bestehen, schieben. Die Schützenstraße haben wir etwa achthundert Meter, nachdem wir den Fährweg verlassen haben, erreicht. Wir biegen in die *Schützenstraße* nach rechts ein.

An der ersten Straßengabelung halten wir uns halbrechts bis zur Straße *Lynesch,* dann wieder halblinks, um in die Straße *Neue Diele* hineinzufahren. Wir können den Bürgersteig auf der linken Straßenseite von Diele nach Stapelmoor benutzen, da er als Radweg ausgewiesen ist. Nach einer Tour von insgesamt etwa dreizehn Kilometern sind wir in *Stapelmoor.*

Wir fahren auf der *Hauptstraße* an der Kirche vorbei und biegen an der Gabelung mit dem *Möhlenweg* nach links ab. Nach wie vor benutzen wir den linken Bürgersteig und erreichen, auf dem Möhlenweg fahrend, *Wichers Mühle,* einen Galerieholländer von 1909. Etwa zwei Kilometer, nachdem wir den Ort Stapelmoor erreicht haben, kommen wir an der Straße *Am Gehölz* vorbei. Nach weiteren etwa achthundert Metern haben wir die *Holthuser Straße* erreicht.

Diesen Klinkerweg benutzen wir, nach rechts abfahrend, bis zur Einmündung mit der *Graf-Ulrich-Straße.* An dieser Einmündung haben wir *Weener* wieder erreicht.

Wir biegen hier nach links ab. Ab der Einmündung der Unnerlohne in die Graf-Ulrich-Straße steht ein Radweg auf dem Bürgersteig zur Verfügung. Wir erreichen unseren Ausgangspunkt über die *Mühlenstraße,* die wir bis zur Hindenburgstraße fahren, die *Hindenburgstraße,* die wir bis Norderstraße befahren, und die *Norderstraße.* Der Radweg endet an der Kreuzung Mühlen-/Hindenburgstraße.

55 Weener – Bingum – Weener

Verkehrsmöglichkeiten Auf der BAB 28 und BAB 31 aus Emden und Leer zur Ausfahrt Bunde-Weener, anschließend in Richtung Weener auf der B 75 (Bunder Straße) und dann über Kommerzienrat-Hesse-Straße bis zur Norderstraße. Dort rechts ab zur Straße Am Hafen. Züge der Bundesbahn in Richtung Niederlande halten in Weener. Busse verkehren zwischen Leer und Weener.
Parkmöglichkeiten »Am Hafen«, Kirchhofstraße, Friesenstraße am Schwimmbad, Osterstraße am Rathaus.
Tourenlänge 16,5 Kilometer. **Fahrzeit** 1¼ Stunde.
Höhenunterschiede Zu vernachlässigen.
Karten 1:50000 L 2710 Leer, L 2910 Papenburg; 1:200000 Generalkarte, Blatt 3/4.
Wissenswertes *Weener* siehe Tour 51.

Die Kirche von *Bingum* stammt ursprünglich aus dem 13. Jahrhundert.

Tourenbeschreibung Wir beginnen in Weener *Am Hafen.* Von dort aus fahren wir *Zum Schöpfwerk* und biegen nach links vor dem Papierwerk Klingele in die Straße *Faltrock* ein und wieder links in die *Pannenborgstraße.* Dort, wo sie auf die Norderstraße

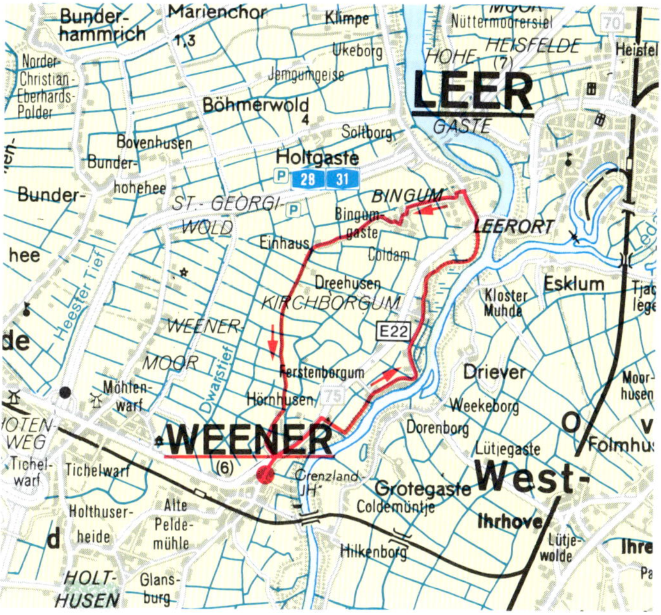

trifft, setzen wir die Fahrt nach rechts fort. Wir gelangen zur Bundesstraße 75 und biegen nach rechts auf einen parallel zur B 75 bestehenden Radweg in Richtung Leer ein.

Nach der Straßeneinmündung Norderstraße/B 75 überfahren wir ein Sieltief und kommen, nachdem wir insgesamt etwa einen Kilometer zurückgelegt haben, am Abzweig Sägewerk und etwa achthundert Meter dahinter am Weener Vorwerk vorbei. Hinter dem Vorwerk fahren wir rechts ab zum Deich. Am Deich biegen wir nach links ab und erreichen anschließend *Ferstenborgum.*

Nachdem wir von dort aus weitere etwa zwei Kilometer unterwegs gewesen sind, erreichen wir *Middelstenborgum* und nach etwa einem weiteren Kilometer *Kirchborgum.* Wir setzen unsere Fahrt entlang des Deiches weiter fort und erreichen etwa fünfhundert Meter nach Kirchborgum *Bingum* (Stadt Leer).

Wenn wir auf die B 75 stoßen, fahren wir nach rechts auf einen Radweg und dann entlang der Bundesstraße bis zur *Utthörner Straße.* Dort fahren wir nach links in die *Ziegeleistraße* ein.

Etwa fünfhundert Meter hinter dem Abzweig Bundesstraße/Ziegeleistraße passieren wir das Sportgelände des BSV Bingum. Hinter ihm biegen wir in die *Bingumgaster Straße* nach rechts ein, um zur Kirche zu fahren. Von dort aus fahren wir wieder zurück in die Ziegeleistraße und dann in den *Einhauser Weg* nach rechts. Ihn benutzen wir für etwa zwei Kilometer, ehe wir auf den *Geiseweg* einbiegen. Wir fahren bis zum Industriegebiet von Weener, wo der Weg in einer Sackgasse (Ausschilderung) endet. Vor dem Anfang der Sackgasse biegen wir rechts ab und dann links in die *Industriestraße,* die auf die Bundesstraße stößt. Über die B 75 fahren wir hinweg und dann wieder in die *Norderstraße* und zur Straße *Am Hafen.*

56 Weener – Driever – Esklum – Folmhusen – Ihrhove – Weener

Verkehrsmöglichkeiten Auf der BAB 28 und BAB 31 aus Emden und Leer zur Ausfahrt Bunde-Weener, anschließend in Richtung Weener auf der B 75 (Bunder Straße) und dann über Kommerzienrat-Hesse-Straße bis Norderstraße. Dort rechts ab zur Straße Am Hafen. Züge der Bundesbahn in Richtung Niederlande halten in Weener. Busse verkehren zwischen Leer und Weener.
Parkmöglichkeiten »Am Hafen«, Kirchhofstraße, Friesenstraße am Schwimmbad, Osterstraße am Rathaus.
Tourenlänge 28 Kilometer. **Fahrzeit** 2½ Stunden.
Höhenunterschiede Nicht erwähnenswert.
Karten 1:50000 L 2710 Leer, L 2910 Papenburg; 1:200000 Generalkarte, Blatt 3/4.
Wissenswertes *Weener* siehe Tour 51. – *Folmhusen* und *Ihrhove* siehe Tour 57.

Die *Eisenbahnbrücke* zwischen Weener und Hilkenborg über die Ems wurde 1924 bis 1926 erbaut. Sie ist 335,4 Meter lang. Die Pfeilertiefe beträgt 13,7 bis 15,5 Meter. Der Schiffsdurchlaß ist 25 Meter weit bei einer 29,1 Meter langen Klappbrücke.

Driever hat eine kleine Kirche aus der 2. Hälfte des 19. Jahrhunderts.

Zu den ältesten Kirchbauten in Oberledingen zählt die um 1250 entstande Kirche zu *Esklum.* Der wuchtige Turm, wohl als Wehrturm gedacht, da Schießscharten vorhanden sind, stammt aus dem 15. Jahrhundert.

Tourenbeschreibung Wir beginnen *Am Hafen* und fahren *Zum Schöpfwerk.* Dann passieren wir das Schöpfwerk mit Schleuse. Es geht weiter in den *Deichweg* und von dort am *Friesenweg* rechts ab zur Eisenbahnbrücke. Hier fahren wir zunächst ge-

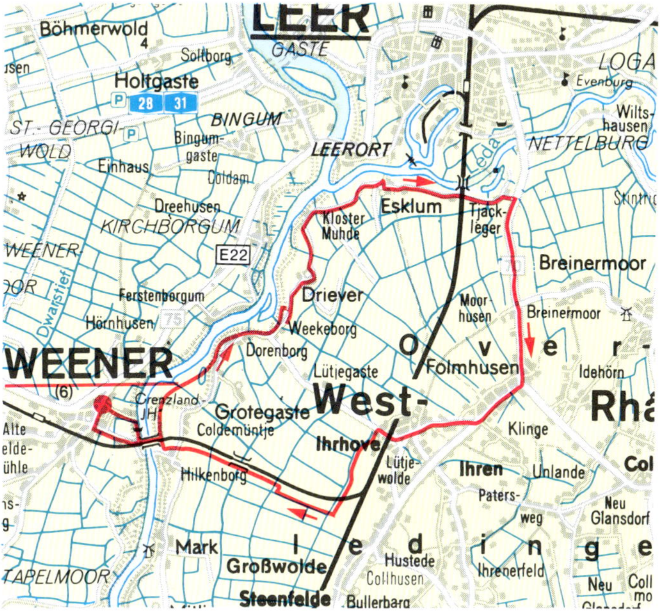

radeaus und biegen dann gleich hinter der Brücke nach links ab, befahren dabei einen kleinen Weg zur Brücke hinauf, überfahren die Ems und sind nach einer Fahrt von insgesamt etwa zwei Kilometern am anderen Emsufer angelangt.

Dort fahren wir von der Brückenanlage hinunter und dann nach links. Wir fahren nun unter der Eisenbahnbrücke durch. Unsere Fahrt setzen wir dann in nördlicher Richtung am Emsdeich entlang fort. Wir kommen dabei am *Schöpfwerk Collingwolde* vorbei, wenn wir den als Radwanderweg Leer – Papenburg ausgewiesenen, beplatteten Weg benutzen. Unsere Fahrt geht weiter, bis wir am historischen Sieltor von Weekeborg am *Weekeborger Sieltief* und einem Deich rechter Hand vorbeigefahren sind. Bei der nächsten Möglichkeit fahren wir nach rechts auf die *Klosterstraße*. Wir wenden uns dort erneut nach rechts, um etwa zweihundert Meter zurückzufahren, um das Sieltor besichtigen zu können. Von dort aus fahren wir statt auf dem Radweg am Deich nunmehr auf der Klosterstraße nach Driever.

Nachdem wir von Weener aus insgesamt etwa sieben Kilometer geradelt sind, haben wir *Driever* erreicht. Nach weiteren etwa vierhundert Metern biegen wir nach rechts ab. Wir gelangen zur Kirche und finden dort eine Hinweistafel auf einen markierten Wanderweg, den Deichpfad. An ihm kommen wir auf unserer Weiterfahrt über eine kopfsteingepflasterte Straße am Ortsausgang von Driever nochmals vorbei.

Die Straße nach Esklum ist vom Ort Driever an asphaltiert. Etwa vierhundert Meter nach dem einstigen Kloster Muhde sind wir in *Esklum* (Gemeinde Westoverledingen). Wir lassen die Kirche rechts liegen, halten uns halblinks und fahren dann geradeaus weiter. Nach der Überquerung des *Esklumer Sieltief* verlassen wir den Ort. Etwa zwei Kilometer, nachdem wir Esklum verlassen haben, überfahren wir Eisenbahngleise (Eisenbahn Papenburg – Leer) und nach weiteren etwa sechshundert Metern den Polderkanal. Nach dem Kanal sind es noch etwa fünfhundert Meter bis zur Leerer Straße (B 70).

Wir fahren dort rechts ab in Richtung Rheine und benutzen auf dem weiteren Weg den Radweg entlang der B 70. Am *Loogweg* biegen wir nach rechts ab. Der Weg verschwenkt dort nach links und bringt uns zur *Turmstraße.* Dort biegen wir nach links ab zur *Leerer Straße* und befinden uns dann am Schulmuseum, das in der ehemaligen Schule untergebracht ist.

Vom Museum aus geht es zunächst nach rechts in Richtung Rheine weiter. Für die weitere Tour benutzen wir hier den ausgewiesenen Radweg, der uns, nach halbrechts verschwenkend, nach *Ihrhove* bringt. Wir folgen dabei der für Radfahrer angezeigten Ausschilderung. Nun kommen wir durch die *Bahnhofstraße,* überqueren auch hier die Eisenbahn und setzen die Fahrt in der *Deichstraße* fort. Der Radweg befindet sich dort linker Hand. Ausgeschildert ist dort auch der Freizeitpark Am Emsdeich. Nachdem wir nunmehr seit Tourbeginn etwa zwanzig Kilometer zurückgelegt haben, verlassen wir Ihrhove wieder.

Dreihundert Meter hinter dem Ortsausgang biegen wir nach links ab. Wir fahren geradeaus in die Straße *Westergaste* hinein und weiter bis zur Eisenbahnlinie, überqueren diese und fahren bei der nächsten Möglichkeit nach rechts. Vom Ortsausgang Ihrhove bis hierher sind es etwa zwei Kilometer. Entlang des Weges stehen Bänke und Unterstände.

Die folgende Route liegt parallel zur Eisenbahn in westlicher Richtung, bis wir auf einen kleinen Kiesweg stoßen, auf den wir nach links einbiegen. An den Bahngleisen angekommen, fahren wir nach links ab. Wenn wir uns weiter geradeaus halten, gelangen wir schließlich zurück an den Radwanderweg Papenburg – Leer und an die Eisenbahnbrücke bei Hilkenborg.

Wir überqueren dort die Ems erneut. Am anderen Emsufer fahren wir von der Brücke nach links ab und dann sofort rechts in die *Friesenstraße,* der wir bis zum Beginn der *Osterstraße* folgen. Wir wenden uns, nachdem wir am Rathaus vorbeigefahren sind, nach rechts. Der Kirchturm der St.-Georgs-Kirche und der Friedhof befinden sich auf unser Weiterfahrt in die *Burgstraße* auf der linken Seite. Durch die Burgstraße gelangen wir wieder an den Ausgangspunkt unserer Tour zurück.

57 Westrhauderfehn – Ihrhove – Folmhusen – Rhaudermoor – Westrhauderfehn

Verkehrsmöglichkeiten Über die BAB 28 bis Leer-Ost. Dann über die B 438 zu unserem Zielort. Busverbindungen existieren zwischen Leer und Westrhauderfehn. Nach Leer existiert eine Bahnverbindung auf der Strecke Oldenburg – Emden.
Parkmöglichkeiten Parkplatz am Schiffs- und Fehnmuseum Westrhauderfehn.
Tourenlänge 23 Kilometer.
Fahrzeit 2½ Stunden.
Höhenunterschiede Keine.
Karten 1:50000 L 2910 Papenburg; 1:200000 Generalkarte, Blatt 3/4.
Wissenswertes *Westrhauderfehn* ist Teil der Gemeinde Rhauderfehn und Verwaltungszentrum. Die typische Fehnkultur und Moorkolonisation sind am Ortsbild ablesbar. Der Kanal zur Leda wurde 1774 fertiggestellt. Heute noch existieren der Hauptfehnkanal und der Westrhauderfehnkanal; letzterer entlang Rajen (Kreisstraße 49). Die Windmühle Hahnentange, ein Galerieholländer von 1885, ist neben dem Schiff- und Fehnmuseum sehr sehenswert.

Die typische Landschaft dieser Region, durch die der *Ostfrieslandwanderweg* zwischen Ihrhove und Rhauderfehn führt, sind die Wallhecken und die Fehnkanäle.

Ihrhove, heutiger Verwaltungssitz von Westoverledingen, einstmals Häuptlingssitz. Sehenswert ist die romanische Kirche aus dem 13. Jahrhundert.

In der alten Schule ist in *Folmhusen* das beachtenswerte Ostfriesische Schulmuseum untergebracht.

Tourenbeschreibung Wir beginnen am Schiffs- und Fehnmuseum und fahren links vom Parkplatz weg und danach entlang des Kanals. Statt auf der Kreisstraße fahren wir jedoch auf der anderen Kanalseite. Zunächst müssen wir deshalb über eine kleine Klappbrücke fahren, um den Westrhauderfehnkanal links liegen zu lassen. Nach etwa einem Kilometer haben wir den er-

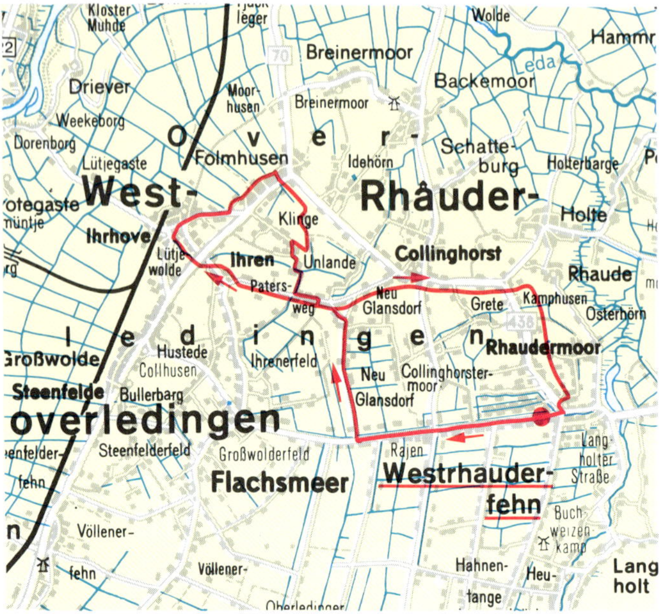

sten Abzweig rechter Hand erreicht, nach etwa zwei Kilometern die rechts abgehende *Nordstraße* und kurze Zeit später gleichfalls rechter Hand den Abzweig nach Collinghorst. Nach weiteren etwa fünfhundert Metern sind wir am Ortsende von Westrhauderfehn angekommen.

Etwa 1,5 Kilometer hinter dem Ortsende erreichen wir die *Glansdorfer Straße* Richtung Glansdorf; dort fahren wir nach rechts. Linker Hand befindet sich, etwa fünfzig Meter von der Kreuzung entfernt, ein Unterstand; ein weiterer ist, etwa 1,5 Kilometer vom Abzweig entfernt, vorhanden. Von der Glansdorfer Straße, die in den Lehmweg übergeht, fahren wir nach einer zurückgelegten Gesamtstrecke von etwa 6,5 Kilometern links ab. – Wir befinden uns nun in der Gemeinde *Glansdorf*. Wir setzen hier unsere Fahrt auf dem *Rhauderweg* fort, ehe wir auf dem *Ostfrieslandwanderweg* weiterradeln. Wir durchfahren dabei die typische Wallheckenlandschaft mit Rot- und Sanddorn, Hagebutten, Erlen und Eichen. Entlang des Wanderweges befinden sich mehrere Unterstände.

Nach fast zwei Kilometern auf dem Ostfrieslandwanderweg stoßen wir auf eine asphaltierte Straße, der wir bis zur nächsten Hauptstraße, Kreisstraße 24, folgen. Linker Hand finden wir dort eine Informationstafel mit dem Hinweis auf den Kreiepad, einen Rundwanderweg von Ihren über Folmhusen nach Ihren. Er hat die Markierung schwarzes A auf weißem Grund.

Wir überqueren die Ihrener Straße (Kreisstraße 24), die nach Klinge und Reinkebark führt, und setzen die Tour auf dem Ostfrieslandwanderweg fort. Nach wie vor säumen Wallhecken, Eichen und Erlen unseren Weg. Nachdem wir die Kreisstraße überquert haben, fahren wir noch weitere etwa 1,5 Kilometer, bis wir *Ihrhove* erreicht haben.

Unter einer Brücke am Ortseingang hindurch fahren wir auf der *Plankstraße* weiter, biegen an der nächsten Kreuzung rechts ab und benutzen, wie vorgesehen, den Bürgersteig als Radweg. Wir befinden uns dann in der *Großwolder Straße,* wo auch die Post und das Rathaus zu finden sind. An der nächsten Straßeneinmündung fahren wir rechts ab in die *Bahnhofstraße* Richtung Folmhusen. Wir fahren geradeaus, biegen aber, statt in Richtung B 70 weiterzuradeln, vorher nach links und gleich wieder nach rechts ab. Nach einer Gesamttour von etwa 11,5 Kilometern verlassen wir Ihrhove und kommen nach Folmhusen.

Hinter Gehöften setzen wir die Fahrt bis zur *Turmstraße* fort. Der Weg zum Schulmuseum ist hier ausgeschildert. Wir folgen dieser Ausschilderung, biegen nach rechts in die Turmstraße ein und gelangen an die B 70. Das *Schulmuseum Folmhusen* liegt linker Hand.

Auf der anderen Seite der Bundesstraße befindet sich der *Kleenweg,* auf dem wir die Tour fortsetzen. Etwa sechshundert Meter von der Bundesstraße entfernt, geht es nach rechts in den *Dänekasweg.* Wir fahren an der nächsten Straßeneinmündung nach links und etwa fünfhundert Meter weiter in die *Unlande* nach rechts. Auf ihr bleiben wir, bis wir auf den *Paterweg-Nord* stoßen. Nach links fahren wir nun auf dem Radweg in Richtung Westrhauderfehn und Rhaudermoor bis zum *Kreismoorweg,* wo wir nach rechts zum Ostfrieslandwanderweg zurückradeln.

Nunmehr sind etwa fünfzehn Kilometer von uns zurückgelegt worden. Nach etwa hundert Metern radeln wir nach links auf den Ostfrieslandwanderweg, teils unbefestigt mit abgefahrenen Grasnarben, teils Schotter, teils Bitumen. Die erste Straße quert den Wanderweg nach etwa einem Kilometer. Wir müssen hier wie auch bei den nächsten beiden die Vorfahrtsregelung beachten. Wallhecken, Wiesen und Weiden, aber auch Maisfelder prägen die Landschaft. Nachdem wir auf dem Wanderweg etwa drei Kilometer zurückgelegt haben, überqueren wir die Straße nach Cloppenburg und Westrhauderfehn. Wir fahren in Richtung Stickhausen links ab und dann wieder nach rechts, um erneut auf den Ostfrieslandwanderweg einzubiegen.

Auf dem weiteren Weg haben wir mehrere Straßen zu kreuzen. Auch hier müssen wir auf die Vorfahrt achten. Die Wälle sind nur selten zu sehen; der Baumbestand links und rechts des Weges ist nun lichter.

Nach einer Fahrt über insgesamt etwa zweiundzwanzig Kilometer fahren wir vom Ostfrieslandwanderweg rechts in die *Pastor-Nellner-Straße.* Wir überqueren danach die Bundesstraße 438 am Ortseingang *Rhaudermoor.* Auf der rechten Seite, den Bürgersteig benutzend, wenden wir uns nach links und fahren bis zum Kreisverkehr. Dort biegen wir nach rechts ab und queren den Kanal bei der zweiten Brücke, einer holländischen Zugbrücke. Unmittelbar vor dieser Brücke liegt ein Plattbodensegler im Kanal. Über die Brücke hinwegfahrend, gelangen wir wieder zu unserem Ausgangspunkt zurück.

Verhalten im Straßenverkehr

Jeder Radfahrer hat es weitgehend selbst in der Hand, sich zu schützen, indem er einige Regeln beachtet.

Vor Beginn einer Fahrt sollte er prüfen:

- ob das Fahrrad verkehrstüchtig ist: Klingel, Reifen, Bremsen, Sattel und Lenker und die lichttechnische Einrichtung;
- ob die Werkzeugtasche alles Notwendige enthält: Flickzeug oder Ersatzreifen, Schraubenzieher, Zehnlochschlüssel (»Knochen« genannt) und Speichenspanner.

Wichtig sind auch:

- eine Diebstahlsicherung
- der Fahrradpaß.

Für das richtige Verhalten im Straßenverkehr muß auch der Radfahrer die Bedeutung der wichtigsten allgemeinen Verkehrszeichen und natürlich derjenigen für Radfahrer kennen.

- beim Geradeausfahren immer äußerst rechts auf der rechten Fahrbahn fahren, aber nötigen Abstand von der Bordkante einhalten
- sind Fahrradwege vorhanden, müssen sie benutzt werden
- immer links, niemals rechts überholen
- mehrere Fahrradfahrer müssen hintereinander fahren
- das Fahrrad ist nur für eine Person gedacht (ausgenommen das Tandem)
- Kinder bis zum vollendeten achten Lebensjahr müssen auf dem Gehweg fahren, sie dürfen nicht die Straße benutzen
- an einer Kreuzung ohne Verkehrszeichen gilt der Grundsatz »rechts vor links«

- an einer Kreuzung besonderes Augenmerk auf Autos richten, die rechts abbiegen wollen, dabei die eigene Fahrtrichtung verständlich anzeigen
- bei Dämmerung, Dunkelheit und trübem Wetter möglichst auffallende oder lichtreflektierende Kleidung tragen
- an parkenden Fahrzeugen grundsätzlich langsam vorbeifahren und wenn möglich bis zu einem Meter Sicherheitsabstand halten: Immer damit rechnen, daß sich plötzlich die Autotür öffnet. Wenn sich der Radfahrer im »toten Winkel« des Autofahrers befindet, wird er von diesem nicht gesehen
- Ende oder Unterbrechung eines Radwegs kann leicht übersehen werden, daher ist auch hier besondere Vorsicht geboten
- Schlenker auf stark befahrenen Straßen vermeiden – der Radfahrer gefährdet sich und andere Verkehrsteilnehmer
- Verkehrserziehung für Kinder nicht den Schulen oder Organisationen überlassen, auch sonntägliche Ausfahrten oder ein Stadtbummel bieten sich dazu an
- wer sich als Fahrradfahrer nach den Verkehrsregeln richtet, wird von anderen Verkehrsteilnehmern ernstgenommen
- daran denken: Ein Fahrrad hat keine Knautschzone.

Verschiedenen Paragraphen der Straßenverkehrsordnung wie auch der Straßenverkehrszulassungsordnung sind einige Absätze hinzugefügt worden, speziell für Radfahrer:

Vorgeschriebene lichttechnische Einrichtungen sind Lichtmaschine (Nennleistung 3 W), Scheinwerfer (Lampe) und Schlußleuchte (Rückstrahler), und nach neuesten Bestimmungen müssen Vorder- und Hinterrad mit mindestens je zwei einander gegenüberliegenden Speichenrückstrahlern versehen sein. Diese Einrichtungen müssen fest angebracht und ständig betriebsbereit sein. Ersatz für Speichenrückstrahler sind ringförmige retroreflektierende weiße Streifen an den Reifen.

Radfahrer müssen einzeln hintereinander fahren und dürfen nur dann nebeneinander fahren, wenn dadurch der Verkehr nicht behindert wird. Sie haben *rechte* Fahrwege zu benutzen, rechte Seitenstreifen dann, wenn keine Radwege vorhanden sind und Fußgänger nicht behindert werden. Linke Radwege dürfen sie nur benutzen, wenn diese für die Gegenrichtung freigegeben sind.

Radfahrer, die rechts oder links abbiegen wollen, müssen sich rechts von den Kraftfahrzeugen halten, die in der gleichen Richtung abbiegen wollen (u.a.m.).

(Entnommen aus: »DJH-Wegweiser: Radwandern – gut vorbereiten«, Deutscher Wanderverlag, Stuttgart.)

Anschriftenverzeichnis

Deutsches Jugendherbergswerk
Bismarckstraße 8, D-32756 Detmold

Deutsches Jugendherbergswerk,
Landesverband Unterweser-Ems
Woltmershauser Allee 8, D-28199 Bremen

Bund Deutscher Radfahrer
Otto-Fleck-Schneise 4, D-60528 Frankfurt

Touristenverein »Die Naturfreunde«, Bundesgruppe Deutschland,
Großglocknerstraße 28, D-70327 Stuttgart

Fremdenverkehrsverband Nordsee – Niedersachsen – Bremen e. V.
Postfach 1820, D-26008 Oldenburg

Landkreis Friesland, Friesland Ferienservice
Postfach 224, D-26436 Jever

Arbeitsgemeinschaft Ostfriesisches Binnenland
Postfach 1150, D-26633 Wiesmoor

Feriengebiet »Südliches Ostfriesland«
Postfach 1640, D-26766 Leer

Jugendherbergen

D-26603 Aurich
Am Ellernfeld

D-26757 Borkum
Jann-Berghaus-Straße 63

D-26409 Wittmund 2 (Carolinen-
siel), Herbergsmense 13

D-26725 Emden
An der Kesselschleuse 5

D-26736 Krummhörn 3 (Greet-
siel), Kleinbahnstraße 15

D-26441 Jever
Mooshütter Weg 12

D-26571 Juist
Loogster Pad 20

D-26465 Langeoog
Domäne Melkhörn

D-26789 Leer
Süderkreuzstraße 7

D-26506 Norden (Norddeich)
Strandstraße 1

D-26548 Norderney-Südstraße
Südstraße 1

D-26548 Norderney-Dünensender
Am Dünensender 3

D-26340 Zetel-Neuenburg
(Ruttelerfeld), Zollweg 27

D-26434 Wangerland (Schillig-
hörn), Inselstraße 6

D-26474 Spiekeroog
Bid' Utkiek 1

D-26486 Wangerooge
Westturm

D-26826 Weener
»Rheiderland«, Friesenstraße 38

D-26386 Wilhelmshaven
Freiligrathstraße 131

Naturfreundehaus Zetel
An der Hasenweide, D-26340 Zetel
Information bei: Annemarie Loßek, Alter Postweg 4, D-26340 Zetel

100 Rund- und Streckenwanderungen und Naturlehrpfade durch Buchenwälder, zu Seen, Gutshöfen und Dörfern. Ausgewählt, begangen und beschrieben von *Annemarie Klimm.*

Wanderführer Ostseeküste, Rügen und Usedom

Rund- und Streckenwanderungen im Klützer Winkel, zwischen Salzhaff und Warnow-Mündung, in der Rostocker Heide und auf Rügen. Beschrieben von *Hildegard Frey und Professor Dr. Wolfgang Frey.*

Wanderführer Sächsische Schweiz

Rund- und Streckenwanderungen im Elbsandsteingebirge von unterschiedlicher Länge und Schwierigkeit. Beschrieben von *Norbert Forsch.*

Wanderführer Region Ems-Weser

100 Rund- und Streckenwanderungen, Wittekinds- und Pickerweg, Friesenweg, Oldenburger Wanderweg. Von *Franz Hausen.*

KOMPASS Radwanderführer

Rad-Wanderführer Hamburg/Umland

Elbmündung/Dithmarschen/Nordfriesland. Die schönsten Radtouren. Von *Ferdinand Dupuis-Panther.*

Rad-Wanderführer Mecklenburg und Vorpommern

Rund- und Streckentouren um Schwerin, im Mecklenburgischen Hügelland, Großseenlandschaft, Neustrelitzer Kleinseeplatte, Neubrandenburg. Beschrieben von *Erich Hobusch.*

Rad-Wanderführer Mark Brandenburg II (Ost)

Rund- und Streckentouren in der Schorfheide, im Oderbruch, auf dem Barnim, in der Märkischen Schweiz. Beschrieben von *Günter Ermlich.*

Rad-Wanderführer Ostsee/Holsteinische Schweiz

Die schönsten Rund- und Streckentouren zwischen Lübeck und Flensburg. Touren um Travemünde, Heiligenhafen, Malente und Plön, Kiel, Eckernförde oder Kappeln. Ausgewählt, abgeradelt und beschrieben von *Gerhard Eckert.*